장소 철학 1: 장소의 발견

이 저서는 2018년 대한민국 교육부와 한국연구재단의 지원을 받아 수행된 연구임 (NRF-2018S1A5A2A03035920)

장소 철학 1: 장소의 발견

김성환, 조광제, 황희숙, 심재휘,
최석완, 최경숙 전병권, 김덕삼 지음

서광사

장소 철학 1: 장소의 발견

김성환, 조광제, 황희숙, 심재휘,
최석완, 최경숙, 전병권, 김덕삼 지음

펴낸이 | 김신혁, 이숙
펴낸곳 | 도서출판 서광사
출판등록일 | 1977. 6. 30.
출판등록번호 | 제 406-2006-000010호

(10881) 경기도 파주시 회동길 77-12 (문발동)
대표전화 (031) 955-4331   팩시밀리 (031) 955-4336
E-mail: phil6161@chol.com
http://www.seokwangsa.co.kr | http://www.seokwangsa.kr

제1판 제1쇄 펴낸날 — 2020년 7월 20일

ISBN 978-89-306-0233-4   93100

왜 장소인가?

1. 장소가 존재를 결정한다

먹고 자고 입는 일은 생활의 기초다. 그리고 무엇을 먹느냐, 어떻게 자느냐, 어떤 옷을 입느냐 하는 것은 생활 양식을 결정하기도 하고 표현하기도 한다. 이는 개인에게도 해당하고 집단에도 해당한다. 그래서 이를테면 우리는 가정식과 외식의 비율을 따지고, 아파트와 단독 주택 또는 주택 소유자와 무주택자의 여부를 가리고, 또 작업복과 평상복을 구분하고 대중적인 기성복과 고급 명품을 가늠한다. 이러한 구별은 세밀하게 분화되면서 의식적인 차원을 넘어 무의식적인 차원으로 파고든다. 그리하여 사회적인 관습으로까지 자리를 잡는다. 그래서 비록 변화 과정을 거치겠지만, 의식주를 중심으로 한 구별은 암암리에 체계적인 그물망을 형성한다.

그 구별의 체계는 부르디외가 말한 것처럼 구별에 대한 상징을 바탕으로 해서 이루어진다. 무의식적인 차원에까지 파고든 이러한 구별의 상징체계는 헤겔이 말한 사람들 간의 인정 관계를, 또는 푸코가 말한 권력 관계를 떠받쳐 지탱하는 기능을 발휘한다. 나에게 비치는 너의 정체, 그리고 너에게 비치는 나의 정체는 각자의 내면적인 자기반성에 의해 드러나는 것이 아니라 이러한 의식주를 둘러싼 구별의 상징체계에 따른 구별로써 결정된다. 각자의 성별, 신분, 계급만 결정하는 것이 아니라, 그와 관련된 품위와 가치 그리고 무엇보다 권력을 결정한다. 당연히 그에 따라 다른 사람을 대하는 눈빛과 표정이 달라지고 언사와 행동거지가 달라진다. 사회적인 인정 관계에서 나는 너와 다르다는 것이 중요해진다. 함부로 웃어도 안 되고, 쉽게 공감을 표할 수도 없거니와 표해도 안 된다.

그런데 인정 관계에 의한 구별의 상징체계에서 빠질 수 없는 중요한 요소가 있다. 장소다. 누구나 드나들 수 있는 장소가 있고, 아무나 드나들 수 없는 장소가 있다. 공존 가능한 장소가 있고, 특권적인 배제의 장소가 있는 것이다. 어디에서 자고 어디에서 먹고 어디에서 그런 옷을 입느냐 하는, 이른바 장소의 자발적 또는 비자발적 선택에 의한 결정은 각자의 사회적인 존재가 지닌 높낮이의 수준을 드러낸다. 이에 우리는 구별의 상징체계가 작동하기 위해서는 그 바탕에서 장소 결정의 체계가 아울러 작동하지 않으면 안 된다고 말하게 된다.

원리적으로 보아, 장소는 공간과 달리 그 속에서 사람들의 활동이 이루어지지 않으면 성립하지 않는다. 사람들의 활동은 계기와 기능에 따라 다종다양하게 이루어진다. 매일 아스팔트 도로를 깎아내고 새로 까는 일을 하는 사람도 있고, 멋지고 권위적인 실내 장식의 쾌적하고 넓은 사무실에서 업무를 보는 고위 관료나 CEO 같은 사람도 있다. 밤마다 가식적인 표정과 몸짓을 파는 홍등가의 여종업원이 있는가 하면, 수시로 해외에서 호텔을 전전하며 각종 문화생활을 즐기는 여유로운 여행객도 있다. 장소는 어떤 방식의 어떤 종류의 것이든, 이를테면 일이건 여가건 사람이 활동하는 데서 잠정적으로 그리고 현행적으로 성립한다. 일시적으로 형성될 수도 있고 해체될 수도 있다. 공간이 비교적 고정된 것이라면, 장소는 비교적 유동적이다.

장소가 갖는 유동성은 인간 활동의 자유와 연결된다. 어느 한 장소를 벗어나 다른 장소로 이동해 갈 가능성에 따라, 저 나름의 욕망을 실현할 수 있는 장소를 형성할 가능성에 따라 그 사람이 누리는 자유의 폭은 작아지거나 커진다. 부엌이라는 공간을 자신의 주된 장소로 삼을 수밖에 없다면, 그만큼 그 주부는 차별받는 가운데 자유를 상실한 것이다. 고독사를 면할 수 없는 하층 계급에 속한 노인의 차단된 장소는 그가 어떻게 자유의 부재에 시달리는가를 여실히 드러낸다. 벗어날 수 없는 닫힌 장소는 닫힌 인간의 존재를 곧이곧대로 함축하는 것이다.

한편, 개인적 차원에서 작동하는 개별적인 장소는 집단적 차원에서 이루어지는 거대 장소에 의해 규정되는 경향을 띤다. 교육, 의료, 상거래, 문화 및 편의 시설 등을 둘러싼 집단적 장소의 분화와 분리는 자본주의적인 자유주의와 맞물려 '자연스럽게' 형성된다. 밀집된 도시와 공동화되는 농촌, 쾌적하고 질서 잡힌 부유한 지역과 무질서하고 오염된 빈곤한 지역, 거대 빌딩들이 들어찬 도심과 공장들이 위치한 도시 외곽 지역 등 집단적 장소의 거시적 차원의 분화와 분리는 그곳들에서 사는 사람들의 개별적인 장소의 성격을 규정한다. 그에 따라 사람들의 생활 양식과 존재의 의미와 가치가 달라짐은 물론이다. 달리 말하면, 장소가 각종 욕망을 생산하고, 욕망 충족의 서로 다른 방식들을 결정하는 것이다.

2. 누구나 다른 장소를 찾는다

니체는 아직 가보지 않은 천 개의 길이 있다고 말했다. 로버트 프로스트는 "가지 않은 길"을 읊었다. 길은 어느 장소를 향한 것이고, 또 어느 장소를 떠나는 것이다. 시인 강은교는 "문을 나서면 길이 일어선다"라고 되뇌인다. 여기 이 장소를 떠나야 하건만 갈 수 있는 또는 가고자 하는 장소가 우뚝 일어선 길에 가로막힌 것이다.

우리는 때로 '나는 과연 어디에 서 있단 말인가?' 하는 일컫자면 존재론적인 감정에 젖는다. 아마도 그런 경험이 없는 사람은 없을 것이다. 이때 '어디'라고 하는 그 장소는 위도와 경도의 교차를 통해 가늠되는 구체적인 공간에 따른 것이 아니다. 심지어 자본주의 체제나 그에 따른 상징적 구별에 따른 장소도 아니다. 다른 성격의 장소다. 푸코는 내 몸 자체를 '유토피아'의 즉 '존재하지 않는 장소'의 근본적인 모델이라 말하고, 그 몸으로써 '헤테로토피아' 즉 '다른 장소'를 넘나든다고 말한다. 그는 현실 속에 있지만, 인접과 병존 등의 배치와는 다른 격리나 배제 또는 초월을 통한 장소를 '다른 장소'로 본다. 신성불가침의 성역, 처녀가 처녀성을 잃은 곳, 강제적인 공간인 군대와 기숙사, 묘지, 또는 거울과 같은 다른 장소들이 있어 사회의 현실적인 장소들이 작동한다고 말한다.

가지 않은 길에 연결된 장소도 있겠지만 잃어버린 탓에 갈 수 없는 장소도 있다. 이 장소들 역시 다른 장소라고 해야 하지 않을까. 푸코의 헤테로토피아, 즉 다른 장소가 공간적인 배치에 따른 것이라면, 이 다른 장소들은 시간적인 구도에 따른 것이다. 내가 반드시 지금 여기의 장소에서 삶을 꾸려야 했던 것은 아니고, 지금 여기 이 장소에 당도하기 위해 지나온 길을 반드시 거쳐야 했던 것도 아니다. 다른 장소는 다

른 존재를 가리킨다. 매우 낙천적인 자를 제외한다면, 누구나 다른 장
소를 찾아가기를 바랄 것이다.

현대인들은 지정된 장소를 거의 벗어나지 못한다. 설사 여행을 떠난
다 할지라도 찾아갈 수 있는 장소는 거기에 연결된 사람들의 이해관계
에 따라 지정된다. 지정된 장소에 끝까지 순응할 수 있는 사람은 아무
도 없다. 암암리에 늘 저항하고 탈출을 꿈꾼다. 그 과정에서 부와 권력
이 그 길을 열어 주리라는 생각에 사로잡히기도 한다. 하지만 '다른 장
소'의 측면에서 보면 부와 권력을 통해 당도한 장소 역시 지정된 장소
다. 지정된 장소들을 옮겨 다닌다고 해서 다른 장소를 만나는 것은 아
니다.

다른 장소 즉 '헤테로토포스'는 과연 어디인가? 지금 여기의 장소도
아니지만, 내세라 부르는 죽음 너머의 장소는 더더욱 아니다. 그렇다
고 원시의 자연스러운 낙원도 아니고, 완전한 자유와 평등이 실현되는
유토피아도 아니다. 그런가 하면, 프로이트가 말한 친숙한 곳의 이면
인 낯선 곳도 아니다.

다른 장소는 어쩌면 빼앗긴 장소가 아닐까? 인문지리학자인 이-푸
투안은 "존재의 신경 섬유 일체가 밀착되는" 장소를 말한다. 엄마의 자
궁에서 느꼈을 법하고, 자아의 응축을 완전히 벗어날 수 있는 안온함
을 주는 장소가 있을 것이다. 종일토록 일하고 돌아오는 발걸음을 가
볍게 만드는, 생명이 영글도록 자신을 한량없이 내어주는 대지의 장소
가 있지 않겠는가. 광대한 우주적 자연에 온몸을 맡겨 전신의 감각 충
만을 실현하는 데 부족함이 없는 장소가 있을 것이고, 심지어 함께 발
가벗고서 거대한 불을 둘러싸고서 춤추고 노래함으로써 서로의 몸에
서 신성함을 느낄 수 있는 축제의 장소도 있을 것이다. 그런가 하면 목
숨을 바쳐서라도 전면적이고 심오한 감각을 모두가 누릴 수 있는 사회

를 위한 처절한 혁명의 장소도 있을 것이다. 이 장소들을 떠올리면서 잃어버렸으나 결코 잊지 못하는 장소를 다른 장소라고 생각하게 된다.

상기 이-푸 투안은 "토포필리아" 즉 '장소애'라는 개념을 제시했다. 그러고는 그 개념을 중심으로 인류의 역사를 다각적으로 파고들고 더듬어 어떻게 우리 인간들이 장소를 애써 만들고, 그 장소를 위한 상징의 체계들을 구축했는가를 드러냈다. 그러면서 장소에 대한 애착의 정서가 작동하는 것을 '토포필리아'라 풀이했다. 이에 우리로서는 장소 사랑은 곧 존재의 감각에 대한 적극적인 긍정을 통해 표현되는 인간에 대한 사랑이라 헤아리게 된다. 누구나 진정 사랑할 수 있는 다른 장소 즉 다른 자신을 찾는 것이다.

문제는 다른 장소를 잃어버렸을 뿐만 아니라 잃어버렸다는 사실마저 망각하고 만다는 것이다. 왜 장소인가? 장소는 사람들 간의 보이지 않는 관계이고, 자연과 사람 간의 근원적 관계이고, 생명과 환경 간의 접속이기 때문이다. 나아가 모든 소통을 가능케 하는 존재 및 인식 연관의 지평이며, 인간을 진정 인간이게끔 하는 근원적인 위력이기 때문이다.

〔조광제〕

[차 례]

3부 장소와 시, 전쟁 그리고 신화

1

장소에서 공간으로,
그리고 다시 장소로

장소 사랑과
무장소성

1. 장소 사랑

장소 = 공간 + 인간 의미

인본주의 지리학(humanistic geography)이 장소(place)를 공간
(space)과 구별해 정의하는 공식이다. 인본주의 지리학은 인문지리학
(human geography)의 한 분야다.[1] 인본주의 지리학은 인간을 지리학
의 중심에 놓고 장소를 중시한다. 장소는 인간의 경험, 지식, 행위, 의
식, 창의, 뜻, 가치 등 '인간 의미(human significance)'로 풍부해진 공
간이다.

1970년대에 인본주의 지리학이 출현하기 전까지 장소 개념은 크게

---

[1] 인문지리학은 인간, 문화, 경제, 환경과 공간, 장소의 관계를 다룬다. 인문지리학
은 대기권, 수권, 생물권, 지구권 등 자연 환경을 다루는 자연지리학(physical geogra-
phy)과 함께 지리학의 2대 분야다.

주목받지 못했다. 지리학이 장소를 다루긴 했지만 주로 장소의 특성을 기술했다. 예를 들어, 서울 강남이라는 장소는 서울에서 한강 이남 지역이고 서울 인구의 팽창으로 1970년대에 급속히 도시화한 곳이다. 그러나 인본주의 지리학은 장소를 인간 생활에서 중요한 의미를 지닌 개념으로 만든다.

첫 인본주의 지리학자 투안(Yi-Fu Tuan)은 『토포필리아』(1974)에서 책 이름인 "장소 사랑(topos+philia)" 개념을 제안한다. 장소 사랑은 장소에 대한 애착이고 인간과 장소 사이에 정서 유대가 있다는 걸 보여준다.[2] 장소와 공간의 관계는 "장소=공간+인간 의미"라는 공식이 보여 준다. 공간은 인간의 지식, 행위, 의식, 창의, 경험, 뜻, 가치 등을 더하면 장소가 된다. 서울 강남은 인간 의미를 더하면 국민 경제를 좀먹는 부동산 투기 지역, 경쟁심을 조장하는 사교육 일번지라는 장소가 된다.

투안의 장소 사랑과 인본주의 지리학 공식을 좀 더 이해하기 위해 영화를 하나 보자. 왕가위(王家衛) 감독의 〈중경삼림〉(1994)이다. 이 영화는 홍콩의 번화가 침사추이에 있는 중경빌딩 일대를 배경으로 삼는다. 경찰 633과 패스트푸드점 알바 아비의 이야기를 담은 둘째 에피소드에 인상 깊은 장소가 두 개 나온다. 하나는 아비가 가수 마마스 앤 파파스(The Mamas and the Papas)의 〈캘리포니아 드리밍〉(1965)을 시도 때도 없이 들으며 일하는 패스트푸드점이다. 또 하나는 아비가 몰래 드나드는 633의 아파트다.

아비가 〈캘리포니아 드리밍〉을 허구한 날 듣는 이유는 패스트푸드

---

2   Tuan, Yi-Fu(1974), 『토포필리아(*Topophilia*)』, (이옥진 옮김, 에코리브르, 2011), 21, 146쪽.

점을 벗어나려는 꿈 때문이다. 마마스 앤 파파스는 〈서핀 유에스에이〉(1963)로 유명한 가수 비치 보이스(The Beach Boys)를 잇는 캘리포니아 사운드의 2세대다. 캘리포니아는 주의 모토가 발견을 뜻하는 "유레카(eureka)"다. 1950, 60년대에 미국 동부의 많은 젊은이가 꿈을 좇아 이주한 곳이다. 젊은이들의 꿈은 해변, 태양, 비키니, 3,000마일쯤 되는 새로 정비한 고속도로를 질주하는 자동차. 한 마디로 재미다. 캘리포니아 사운드는 오로지 재미를 추구하는 정서를 반영한다.

　"뭐 좀 재미있는 거 없을까?" 재미를 추구한다는 건 일상이 재미없다는 뜻이다. 아비는 633의 아파트에 몰래 드나들며 옛 여친의 흔적을 지우고 자기 흔적을 남긴다. 그러나 아비의 행동은 633에게 자기를 알리려고 하는 것이라기보다 그저 심심해서 재미 삼아 하는 것이다. 그래서 아비는 나중에 633에게 데이트 신청을 받지만 비행기를 타고 캘리포니아로 도망친다. 1년 뒤 아비는 비행기 승무원이 되어 패스트푸드점을 다시 찾는다. 그곳엔 1년 전 바람 맞은 633이 경찰 생활을 접고 패스트푸드점을 인수해 재개장을 준비하고 있다.

　"어디 가고 싶어?" "엄마 있는 곳에." 누구나 마음에 품은 다시 가고 싶은 곳은 행복하든 애잔하든 사랑의 감정과 연결되어 있다. 투안이 말하는 장소 사랑이 있는 곳이다. 투안은 장소에 대한 애착이 어린아이 때부터 생긴다고 말한다.[3] 어린아이는 엄마 아빠와 같은 사람에 대한 애착을 갖는다. 그러나 점차 장난감처럼 사람 아닌 대상에도 애착을 가진다. 또 사람은 구체적인 장소와 관련해 애착을 키운다.

　패스트푸드점은 장소 사랑을 불러일으키기 힘든 곳이다. 개성이 없

3　Tuan, Yi-Fu(1977), 『공간과 장소』, (구동회, 심승희 옮김, 대윤, 2007), 54~6쪽.

고 같은 모습, 같은 음식, 같은 가격이기 때문이다. 집표 밥도 비슷한 음식, 비슷한 맛에 언제나 공짜지만 집은 엄마에 대한 감정과 입맛의 오랜 경험이 섞이기 때문에 장소 사랑을 낳는다.

그러나 아비와 633에게도 패스트푸드점이 장소 사랑 없는 장소일까? 아니다. 아비가 홍콩에 돌아오자마자 들른 곳이 패스트푸드점이다. 633이 아예 경찰을 그만두고 눌러앉은 곳도 패스트푸드점이다. 두 사람이 매일 커피와 음식을 주고받으며 만난 경험, 그때 서로 보며 느낀 감정, 데이트 신청과 냅킨 카드를 받은 일 등이 섞이면 패스트푸드점도 그리운 장소, 눌러앉고 싶은 장소, 장소 사랑 있는 장소가 된다.

그러므로 세상 모든 장소는 장소 사랑 있는 장소와 장소 사랑 없는 장소라는 표 딱지를 이마에 붙이고 있을 수 없다. 패스트푸드점은 장소 사랑 없는 장소, 집은 장소 사랑 있는 장소라 할 수 없다. 모든 곳은 장소 사랑을 불러일으킬 수도 있고 아닐 수도 있다. 집이 정말로 지긋지긋해 애착을 털끝만큼도 느낄 수 없는 사람도 있다. 중요한 것은 인간의 경험부터 가치까지 인간 의미가 섞여야 공간이 비로소 장소가 된다는 점이다.

아비는 옛 여친이 633에게 전해 달라고 부탁한 이별 편지 봉투에서 열쇠를 꺼내 633의 아파트에 몰래 드나든다. 옛 여친과 함께 쓴 침대 시트, 베개, 칫솔, 비누를 새 것으로 바꾼다. 심지어 돋보기로 침대에서 머리카락까지 찾아내 없앤다. 아비는 633의 아파트를 옛 여친과 함께 보낸 장소에서 옛 여친이 사라진 장소, 새 여친과 함께 보낼 장소로 탈바꿈한다.

2. 무장소성

인본주의 지리학자이자 철학자인 렐프(E. Relph)가 『장소와 장소상실』(1976)에서 사용한 개념을 빌면 패스트푸드점은 "무장소성(place-lessness)"이 특징이다.[4] 무장소성은 장소가 정체를 잃고 어디에나 재배치될 수 있다는 뜻이다. 정체는 어떤 것을 다른 것과 구별해주는 고유한 특성이다.

장소도 정체가 있을 수 있다. 엠파이어 스테이트 빌딩은 미국 뉴욕을 전 세계의 다른 도시들과 구별해주는 상징이라는 정체를 지닌다. 그랜드 바자르는 하루 25~40만 명이 찾는 시장이며 터키 이스탄불의 관광 명소를 대표한다는 정체를 지닌다. 유명한 장소만 정체를 지니는 것은 아니다. 〈중경삼림〉의 패스트푸드점이나 아파트도 남들이 보기엔 시시하지만 아비와 633에겐 데이트 신청을 받은 곳, 사랑을 나눈 곳, 옛 사랑의 흔적을 지운 곳 등등 다른 장소와 비교할 수 없는 정체를 지닌다.

무장소성은 장소의 정체가 없거나 사라지는 것을 뜻한다. 패스트푸드점은 어떤 사람에겐 특별한 장소가 될 수 있지만 여전히 개성 없는 장소다. 맥도날드는 미국에 있든 한국에 있든 외관, 인테리어, 메뉴 등에 큰 차이가 없다. 북한과 미국이 교역을 시작하면 평양에서도 맥도날드가 문을 열 것이다. 정체가 없는 장소는 마치 컨테이너처럼 다른 곳으로 쉽게 옮겨 놓을 수 있다. 심지어 아파트나 주택도 공장에서 찍어 날라 조립하는 세상이다.

---

4 Relph, E.(1976), 『장소와 장소상실(*Place and Placelessness*)』, (김덕현, 김현주, 심승희 옮김, 논형, 2005), 145쪽. 책 제목에서 "장소상실(placelessness)"은 "무장소성"으로 옮긴다.

렐프는 장소가 정체를 잃는 것을 장소의 디즈니화라고도 부른다.[5]
디즈니화는 디즈니랜드처럼 환상적인 가짜 장소를 만든다는 뜻이다.
정체는 가짜나 위장이 아니라는 뜻에서 진짜 정체라고도 불린다. 그러
므로 가짜 장소를 만드는 디즈니화는 장소의 진짜 정체를 잃는 것, 곧
무장소성의 다른 말이다.

장소는 과거에 가진 정체를 잃을 수도 있다. 맥도날드가 들어서면
개성 있는 집이 사라지고 그 집에 사는 사람이 쫓겨날 수 있다. 수많은
경관 계획과 재개발로 점철된 장소의 근대화는 장소를 빼앗기고 장소
에서 뿌리 뽑힌 사람들의 항의를 무시한 채 이루어진다. 무장소성은
개성 있는 장소들이 부주의하게 철거되고 규격화한 경관이 들어서는
것이기도 하다.[6]

장소가 정체 없는 것을 의미하는 무장소성은 현대인의 일상생활이
개성 없는 것과도 관련이 있다. 프랑스 철학자 르페브르(H. Lefebvre)
는 일상생활의 특징이 스타일 없는 것이라고 말한다.[7] 스타일은 생각
과 행동에 의미를 부여하는 장치다. 일상생활은 되풀이가 특징이다.
깨고 먹고 일하고 놀고 잔다. 깨먹일놀잔, 깨먹일놀잔… 생각과 행동
에 의미를 부여할 틈이 없다. 또 의미를 부여하려니 귀찮다. 르페브르
가 말하는 "스타일이 없다"는 건 개성이 없다는 뜻이다. 생각과 행동에
의미를 부여할 틈이 없고 의미를 따져 부여하기도 귀찮은데 남다른 개
성이 있을 수 없다.

스타일 없는 생각들과 행동들이 만나면 소통이 이루어지지 않는다.

---

5   같은 책, 214~5쪽.
6   같은 책, 12~3쪽.
7   Lefebvre, H.(1968), 『현대 세계의 일상성(*La Vie Quotidinne Dans le Monde Moderne*)』, (박정자 옮김, 기파랑, 2005), 6쪽.

옛날 사람이나 요즘 사람이나 소통이 잘 안 되는 일은 흔하다. 그러나 요즘 사람은 옛날 사람과 달리 많은 사람과 만나면서도 소통이 잘 안 되고 많은 말을 주고받으면서도 소통이 잘 안 된다. 기호학의 용어를 빌면 현대인은 수많은 기호 속에서도 소통이 잘 안 된다.

기호는 두 측면이 있다. 예를 들어 손으로 만든 하트는 오므리거나 접은 손 모양이라는 표시가 있고 "사랑한다"는 의미가 있다. 기호학자들은 기호의 표시를 "기표(signifiant)"라 하고 이 표시의 의미를 "기의 (signifié)"라 한다. 기호는 손 모양, 몸짓, 글자, 그림만을 가리키는 게 아니다. 기호학자의 눈으로 보면 이 세상 모든 것은 기호다. 모두 표시와 의미, 기표와 기의를 가지고 있기 때문이다. 그렇다면 요즘 사람이 많은 사람과 만나고 많은 말을 주고받으면서도 소통이 잘 안 되는 것은 많은 기호 속에서도 소통이 잘 안 되는 것이다.

왜 소통이 잘 안 될까? 아무리 많은 사람을 만나고 아무리 많은 말을 주고받더라도 나에게 의미가 없기 때문이다. 기호의 기표와 기의 중 기의는 없고 기표만 난무하기 때문이다. 많은 사람과 많은 말이 기의 없는 기표들이기 때문이다.

〈중경삼림〉에는 왕가위 표라고 이름이 붙은 유명한 장면이 나온다. 스텝 프린팅이라는 편집 기법으로 만든 장면이다. 패스트푸드점에 기대어 커피를 마시는 633과 이 모습을 물끄러미 쳐다보는 아비 앞에서 많은 사람이 허깨비처럼 빠르게 지나간다. 이처럼 빠르게 지나가는 사람들이 기의 없는 기표들이다. 633이나 아비에겐 의미 없는 사람들이기 때문이다. 이 장면은 우리의 일상생활에 기의 없는 기표들이 난무하고 있다는 것을 잘 보여준다.

기의 없는 기표가 난무하는 일상생활에서 현대인은 생각과 행동에 의미를 부여하는 스타일을 갖기 어렵다. 스타일 없는 생각과 행동이 난무하면 일상생활에서 되풀이되는 먹는 장소, 일하는 장소, 노는 장소, 자는 장소도 특별한 정체를 가질 수 없다. 일상생활을 구성하는 장소들이 정체가 없거나 잃는 무장소성은 현대인의 스타일 없는 일상생활과 맞물려 있다.

3. 시·공간 압축

"인터내셔널 푸드 파티". 미국의 학교에서 1년에 한 번씩 열리는 파티다. 초등학교부터 대학교까지 여러 나라 출신의 학생이나 학부모가 자기 나라 음식을 만들어 선보이고 맛보인다. 우리나라에서도 인터내셔널 푸드 파티는 다문화 가정이 느는 여러 지역과 학교에서 이미 열리고 있다. 미국 학교, 다문화 지역 등에서 여러 나라 음식이 함께 등장하는 음식의 세계화는 공간, 장소와도 관련이 있다.

인본주의 지리학자들은 1980년대부터 권력, 계급, 젠더, 인종의 문제에도 관심을 갖기 시작한다. 인류학자이며 지리학자인 하비(D. Harvey)는 자본주의가 발달하면서 "시·공간 압축(time-space compression)"이 일어난다고 주장한다. 시·공간 압축은 "개인 의사 결정과 공공 의사 결정에 걸리는 시간이 줄어들고, 그 의사 결정이 위성 통신과 운송 비용의 하락으로 매우 멀리 있는 여러 지역으로 즉시 전파되는 것"[8]이다.

예를 들어 내가 오늘 평양 옥류관에서 냉면을 먹기로 결정했다고 하

---

8   Harvey, D.(1989), 『포스트모더니티의 조건(*The Condition of Postmodernity*)』, (구동회, 박영민 옮김, 한울, 2013), 194~5쪽.

2019년 서울 성북구에서 열린 제11회 성북세계음식축제 누리마실, 성북문화재단 제공

자. 나는 이 의사 결정을 소셜 네트워크 서비스로 베이징, 런던, 뉴욕, 쿠스코에 있는 친구들에게 알릴 수 있다. 또 한국이 러시아와 무역 협정을 맺기로 공공 의사 결정을 하면 한국의 고추가 케냐의 강낭콩, 캘리포니아의 샐러드, 북미의 감자, 캐나다의 사과, 칠레의 포도와 함께 모스크바의 슈퍼마켓에 나란히 진열될 수 있다.

하비에 따르면 시·공간 압축은 "유연 축적(flexible accumulation)"에서 비롯한다.[9] 유연 축적은 자본주의가 포디즘(Fordism)의 경직성에 맞선 방식이다. 포드가 만든 미국 자동차 회사의 분업 조립 라인에서 이름을 따온 포디즘은 대량 생산과 대량 소비를 상징한다. 포디즘 덕분에 2차 세계 대전 후 1950년대에 미국의 각 가정은 백색 냉장고와

9 같은 책, 186~95쪽.

백색 세탁기를 갖추는 백색 혁명을 맞고 세컨드 카도 마련한다. 포디즘은 1970년대 초까지 미국 경제의 호황을 주도했다.

그러나 포디즘은 경직성이 문제였다. 자본도 노동도 정부도 쉽게 움직이지 못했다. 대량 생산을 위해 대규모 장기 고정자본 투자와 대규모 노동이 필요했다. 정부가 돈을 찍어 내는 통화 정책으로 대량 생산의 경직성에 대처했으나 인플레이션이 일어났다. 1970년대 미국에선 부동산 시장이 몰락하고 금융 기관이 어려움에 처했으며 아랍 산유국들의 유가 인상 조치가 겹쳤다. 불황, 임금과 물가의 하락, 기업의 도산 등 디플레이션이 닥쳤다.

자본주의는 유연 축적으로 포디즘의 경직성에 대응했다. 노동 시장, 제품, 소비 패턴이 유연해졌다. 노동 시장에서 사용자들은 실업 인구를 이용해 훨씬 유연한 노동 계약을 밀어붙였다. 노동자들이 주당 평균 40시간씩 일하되 수요 절정기에는 연장 근무하게 노동 계약서에 못 박고 수요 고갈기에 근무 시간 단축으로 보상하는 작업 일정을 채택했다. 정상 고용에서 파트타임 고용, 하청 작업으로 옮겨가는 경향도 뚜렷하게 나타났다.

시·공간 압축은 유연 축적의 일부다. 자본은 생산 시간과 유통 시간을 더한 회전 시간이 줄어들수록 더 큰 이윤을 얻는다.[10] 냉전 시기에 군사 우위를 추구하는 과정에서 새로운 생산 기술들이 급속히 나타난다. 생산이 가속화하면 교환과 소비도 가속화한다. 포장, 재고 관리, 컨테이너화 등과 더불어 정보 통신 체계들의 개선으로 상품이 시장에서 더 빨리 유통된다. 은행 전산화와 신용 카드는 돈의 유통 속도를 빠르게 한다.

---

10   같은 책, 277~81쪽.

자본의 이윤 추구를 가로막는 공간 장벽들은 철도, 고속도로, 항공 등 특정한 공간들의 생산을 통해 허물어졌다. 또 위성 통신의 발달로 서울에서 베이징까지 약 1,000km든 뉴욕까지 약 10,000km든 통신 비용은 같다. 공간 장벽의 붕괴가 공간의 중요성이 감소한다는 뜻은 아니다. 오히려 공간 장벽이 결딴 나면 사람들은 세계 공간에 무엇이 담겨 있는지에 대해 훨씬 더 민감해진다.[11] 기업 입지 전략에서 노동력의 양과 질뿐 아니라 노동 통제의 지리 차이도 매우 중요해진다. 예를 들어 한때 로스앤젤레스는 대규모 이민을 통해 동남아시아의 성공적인 가부장 노동 체계를 도입하기도 했다.

유연 축적의 일부로서 시·공간 압축은 자본의 회전 시간이 빨라지고 공간 장벽이 무너지는 것으로 나타난다. 전 세계의 음식과 식료품이 한 장소에 모이는 것도 시·공간 압축의 결과다. 많은 지역 식료품이 전 세계에서 유통되고 있다.[12] 예를 들어 프랑스 치즈는 1970년대만 해도 미국 대도시의 몇몇 미식가용 상점에서나 볼 수 있었지만 이젠 미국 전역에서 팔린다. 미국 볼티모어는 1970년대까지 한 가지 지역 맥주가 독점했지만 이젠 전 세계 맥주가 싸게 공급된다. 프랑스 파리의 크루아상은 미국 전역에 퍼져 전통 도넛에 도전하고 있다. 미국 패스트푸드 햄버거가 거의 모든 유럽 중소 도시로 전파된다.

새로운 이민 물결을 따라 일본인, 중국인, 멕시코인, 유럽 인종 집단들과 뒤이어 베트남인, 한국인, 필리핀인, 중앙 아메리카인이 미국으로 이주한다. 이들은 자기네 전통 조리법이 흥밋거리일 뿐 아니라 이윤도 창출한다는 걸 깨닫는다. 이제 뉴욕, 로스앤젤레스, 샌프란시스

---

11 같은 책, 357~9쪽.
12 같은 책, 364~5쪽.

코 같은 미국 도시는 세계 상품의 백화점일 뿐 아니라 세계 조리법의 백화점이기도 하다. 중국 음식점, 이탈리아식 피자 가게, 중동식 팔라펠 가게 등등 음식점 목록은 끝이 없다. 전 세계의 음식과 식료품이 한 장소에 집합하고 있다.

시·공간 압축이 일어나면 장소가 중요해진다. 한 장소에서 전 세계의 모든 상품을 즐길 가능성이 늘어날 뿐 아니라 개인이나 집단이 정체를 찾으려는 저항을 장소 단위로 펼칠 수도 있기 때문이다. 개인이나 집단은 부유하는 세계에서 안정된 정박지를 찾으려 한다. 개인은 자기만의 장소를 찾고 점유하려 한다. 집단은 지방 자치제나 노동 계급 공동체처럼 장소 단위로 역량을 모으려 한다.

시·공간 압축이 일어나는 시대에는 예를 들어 전 세계에서 모인 음식을 사 먹더라도 집표 음식을 팔아야 한다. 한국은 부엌 수만큼 된장 맛이 다르다. 그래서 이런 말이 나온다. "글로벌하게 생각하고 로컬하게 행동하라(Think global, act local)."

4. 장소의 젠더화

"나는 두 젊은 남자와 차를 얻어 타며 유럽 대륙을 돌아다니고 있었다. 누구나 가보고 싶어 하는 이 고급문화 사원에는 그림들이 가득 차 있었다. 벌거벗은 여자 그림이 대다수였다. 남자들이 그린 벌거벗은 여자 그림들이었다. 남자들의 시선으로 본 여자 그림들이었다. 나는 두 젊은 친구와 함께 서 있었다. 그들은 남자들의 시선으로 본 여자 그림들을 바라보았다. 나는 남자들의 시선으로 본 벌거벗은 여자 그림들을 바라보는 젊은 두 친구를 바라보았다. 나는 대상화된다고 느꼈다. 이

곳은 나에게 뭔가를 알려준, 고급문화가 생각한 것은 사회 속에서 나의 장소였다는 것에 관해 뭔가 수치스러운 것을 알려준 '공간'이었다. 그 공간/장소에 있었다는 것이 나에게 미친 효과는 똑같은 것이 내 남자 친구들에게 미친 효과와 아주 달랐다."[13]

　인본주의 지리학자이며 여성학자, 문화학자인 매시(D. Massey)는 장소를 젠더 문제와 연결한다. 젠더는 생물학적 성과 대비해 사회 의미를 가진 성을 뜻한다. 생물학적 성은 성기, 유방, 수염 등 성징에 의해 정해지지만 사회적 성으로서 젠더는 생각, 행동, 역할, 가정, 직장 등 복잡한 사회 요인에 의해 구성된다. 매시의 요점은 공간과 장소, 공간과 장소에 대한 우리의 감각이 하나부터 열까지 젠더화한다는 것이다. 젠더화는 공간과 장소가 사회 요인들에 의해 구성된 성과 밀접한 관련을 맺고 서로 영향을 주고받는다는 뜻이다.

　매시가 10대 후반에 두 남자 사람 친구과 함께 간 벌거벗은 여자 그림들로 가득 찬 사원은 벌거벗은 여자들을 보는 남자 화가들의 시선이 가득 찬 장소다. 또 벌거벗은 여자들뿐 아니라 그 남자 화가들의 시선조차 두 남자 친구가 자연스럽고 흥미롭게 받아들일 수 있는 장소다. 그러나 매시는 그 화가들과 두 남자 친구 앞에서 마치 그림 속 벌거벗은 여자들처럼 자기도 벌거벗고 있다는 느낌, 대상화의 느낌을 받는다. 나의 장소가 바로 저 그림들 속 벌거벗은 여자들이 서 있는 장소와 같다는 느낌이다. 고급문화 사원이라는 이름을 밝히지 않은 미술관은 남자에겐 자연스럽고 흥미로운 장소지만 여자에겐 불편하고 수치스러

13　Massey, D.(1994), *Space, Place, and Gender*, Cambridge: Polity Press, 185~6쪽.

운 장소라는 뜻에서 젠더화한 장소다.

매시가 불편하고 수치스럽게 느낀 장소는 벌거벗은 여자의 그림들을 잔뜩 전시한 미술관에 그치지 않는다. 매시는 화가 피카소(P. Picasso)의 그림들을 젠더와 권력의 눈으로 비평한 르페브르를 높이 평가한다. 르페브르에 따르면 피카소의 많은 여자 그림들은 남근의 독재를 표현한다. 피카소는 특히 여자의 몸을 수많은 방식으로 고문해 무자비하게 희화화한다. "몸, 특히 여자의 몸에 대한 피카소의 잔인함은 지배적 공간, 눈, 남근, 한 마디로 폭력의 명령에 따른다."[14]

현대인의 일상생활이 스타일 없다고 분석한 르페브르가『공간의 생산』(1974)에서 일관되게 펼친 생각은 공간의 지배가 사회 권력의 원천이라는 것이다. 그러니까 르페브르의 눈으로 보면 피카소의 여자 그림들도 공간을 지배하는 남자가 남근의 눈으로 여자의 몸을 냉혹하게 고문하고 분해해 조각조각 붙여놓은 것들이다. 여자가 벌거벗고 대상화하는 저 공간은 남자가 지배하는 곳이다. 피카소가 그림을 그리는 장소는 피카소의 그림을 전시하는 장소로 바뀌며 남자의 지배를 이어준다. 여자의 몸을 무자비하게 고문하는 피카소가 지배하는 공간이 피카소가 얻은 권력의 원천이다.

개인의 권력만이 공간, 젠더와 관련되는 것은 아니다. 집단의 권력도 공간을 지배하는 데서 나온다. 내가 속한 대학교에서 여성 비율은 학생이 50%를 넘지만 교수는 겨우 10%쯤이다. 대학교 교수직을 남성이 90%쯤 차지한다는 것은 남성 집단이 대학 강단을 그만큼 더 많이

---

14   같은 책, 182~3쪽에서 재인용. Lefebvre, H.(1991),『공간의 생산(*The Production of Space*)』, (양영란 옮김, 에코리브르, 2011), 438쪽 참고.

〈알제의 여인들(Les femmes d'Alger, Version "O")〉(1954~1955), 피카소 ⓒ SACK
2015년 뉴욕 크리스티 경매에서 약 1,960억 원에 팔려 전 세계 경매 최고가를 경신했다.

차지한다는 뜻일 뿐 아니라 총장, 학장, 처장, 학과장 같은 보직 권력도 그만큼 더 많이 차지한다는 뜻이다. 다른 대학교도 사정이 크게 다르지 않다. 한국은 대학교도 젠더화한 장소다.

5. 장소 철학과 자연주의 융합

장소는 이제 많은 학문이 주목하는 주제다. 인본주의 지리학이 장소 사랑, 무장소성, 시·공간 압축, 젠더화 등을 설명하면서 장소는 패스트푸드점이나 일상생활의 사회학과 기호학, 유연 축적의 경제학, 공간 장벽 해소의 공학과 미디어학, 음식 세계화의 영양학과 지역학, 젠더와 권력의 여성학과 정치학, 예술 작품의 문화학과 미학 등에서 주목받는 주제로 확장한다.

장소는 일찍이 문학에서도 주목받아 프랑스 철학자 바슐라르(G. Bachelard)가 『공간의 시학』(1957)에서 집이 최초의 세계, 하나의 우주라고 말한다.[15] 생물학은 '짝, 먹이, 터' 라는 3대 자원을 놓고 생물이 벌이는 경쟁을 다룬다. 터가 장소다. 장소가 지리학을 넘어 사회학, 기호학, 경제학, 공학, 미디어학, 영양학, 지역학, 여성학, 정치학, 문화학, 미학, 문학, 생물학 등에도 문어처럼 다리를 뻗는 것은 장소 연구가 장소 융복합학으로 발전할 수 있다는 것을 의미한다. 그래서 철학이 할 일이 있다.

철학은 태생이 융복합학이다. 철학(philosophia)은 그리스어로 슬기(sophia)와 사랑(philos)의 합성어다. 옛 철학자들은 슬기를 요즘 문과와 이과처럼 인문 사회와 자연 공학으로 나누지 않고 하나로 뭉뚱그려 놓았다. 덕분에 옛 철학은 지금은 갈기갈기 찢긴 모든 학문을 한 품에 안고 있었다. 고대의 아리스토텔레스와 근대의 데카르트(R. Descartes)는 모두 이런 융복합학을 펼친 철학자다. 요즘 분류법으론 아리스토텔레스나 데카르트는 문학자, 역사학자, 천문학자, 물리학자, 생물학자, 의사다.

철학이 이렇게 여러 다리를 뻗어 할 수 있는 일은 장소 개념과 관련해서 두 가지다. 하나는 장소 연구의 틀을 제공하는 것이다. 또 하나는 장소에 관한 모든 학문의 연구 성과를 종합해 장소 철학을 만드는 것이다. 이렇게 하면 장소 융복합학은 장소 철학의 기반 위에서 다시 다른 학문의 장소 연구를 더욱 풍성하게 만들고 이 연구 성과를 종합해

---

15   Baschelard, G.(1957), 『공간의 시학(*La poétique de l'espace*)』, (곽광수 옮김, 동문선, 2003), 77쪽.

스스로 더욱 발전할 수 있다. 이 책은 장소 철학의 두 가지 일을 조금 이나마 실행한다.

　내가 있는 곳은 어디일까? 우리가 던지는 물음이다. 집, 학교, 직장, 카페, 길, 강, 산 등등 다양한 대답이 나올 수 있다. 평범하지만 가볍지 않다. 나는 내가 있는 집을 좋아할까? 학교는 내가 벗어날 수 없는 곳 일까? 직장에서 내가 돈 말고 얻는 게 무엇일까? 무슨 욕망 때문에 내 가 카페에 있을까? 그 길에서 나는 누구와 만날까? 이 강, 저 산은 내 가 편히 쉴 수 있는 곳일까? 내가 사랑하는 장소는 어디일까? 장소 철 학은 이런 물음에서 출발한다.

〔김성환〕

2

아리스토텔레스가 연
"장소 사랑"의 길

1. "있는 것은 모두 어딘가에 있다"

됐어 됐어 이제 됐어 됐어
이제 그런 가르침은 됐어

　　　　…

매일 아침 일곱시 삼십분까지
우릴 조그만 교실로 몰아넣고
전국 구백만의 아이들의 머릿속에
모두 똑같은 것만 집어넣고 있어

　　　　…

하나씩 머리를 밟고 올라서도록 해
좀 더 잘난 네가 될 수가 있어

　　록 음악 그룹 서태지와 아이들의 〈교실 이데아〉다. "이데아(idea)"는
고대 그리스 철학자 플라톤(Platon)이 전매특허로 사용한 말이고

"본", "본보기"를 의미한다. 교실 이데아는 교실의 본이다. "아이들의 머릿속에 모두 똑같은 것만 집어넣고 있어." "좀 더 비싼 너로 만들어 주겠어." "하나씩 머리를 밟고 올라서도록 해." 우리나라 교실의 가르침이라면 따라야 할 본이다. 이 노래가 나온 1993년, 아니 그 오래 전부터 지금까지 바뀌지 않는 본이다. 서태지와 아이들의 〈교실 이데아〉는 교실의 본을 거부하는 노래다.

"있는 것은 모두 어딘가에 있다."[1]

고대 그리스 철학자 아리스토텔레스(Aristoteles)의 말이다. 철학자의 말치곤 시시해 보인다. 어딘가에 있지 않은 것도 있을까? 수사슴의 몸에 염소의 머리가 달린 염소-수사슴(goat-stag), 사자의 몸에 사람의 머리가 달린 스핑크스(Sphinx). 아리스토텔레스가 든 예다. 염소-수사슴이나 스핑크스는 아무데도 없다. 그래서 없다. 있는 것은 어딘가에 있고 없는 것은 아무데도 없다.

염소-수사슴이나 스핑크스는 상상 속에 있지 않을까? 상상 속에 있는 것은 아리스토텔레스가 있다고 쳐주지 않는다. 현실 속 어느 장소에 있는 것만 있다고 쳐준다. 아리스토텔레스는 현실주의자다.

아리스토텔레스의 현실주의는 직계 사부인 플라톤의 이상주의와 뚜렷하게 다르다. 플라톤은 이데아가 진짜로 있는 것이라 한다. 현실 세계에 있는 것은 제각기 본으로 삼는 완벽한 이데아가 있다. 이데아들은 현실 세계에 있지 않고 이데아계에 따로 모여 있다. 이데아계는 현

---

1   Aristotle(1970), *Physica*, 269쪽. (208a 27~33), [괄호 안은 베커(I. Bekker)판의 쪽수].

실 세계 밖에 있다. 지금 읽고 있는 책도 이데아가 있다. 현실 세계의 책은 이데아계에 있는 책의 이데아를 본떠 만들어진 짝퉁이다. 이데아계의 책이 완벽한 진짜다. 현실 세계의 책은 불완전한 가짜다.

플라톤의 이데아는 본 말고 모습, 형태라는 뜻도 지닌다. 형태는 그리스어로는 이데아 또는 에이도스(eidos), 영어로는 형식이란 뜻의 폼(form)이다. 우리나라에선 일본어 번역의 영향으로 형상이라 옮겨 쓰였다. 형태와 짝을 이루는 낱말은 그리스어로 휠레(hyle), 영어로는 물질이란 뜻의 매터(matter)다. 역시 일본어 번역의 영향으로 질료라 불렸다. 최근에는 형상과 질료 대신 형태와 재료라고 옮기는 이도 있다.

플라톤의 이데아는 형태이고 형태들의 세계에 따로 있다. 그러나 아리스토텔레스에게 형태는 따로 있을 수 없고 항상 재료와 결합해 있다. 책은 책의 형태와 책의 재료가 결합해야만 있을 수 있다. 아리스토텔레스의 눈으로 보면 이데아는 없다. 서태지와 아이들이 거부한 교실 이데아도 없다. 없으니까 진짜가 아니다. 형태와 재료가 결합한 개체만이 진짜로 있다. 교실에 진짜로 있는 건 똑같은 것만 주입 받고 남의 머리를 밟고 서야 한다는 교실 이데아가 아니다. 교실 이데아를 강요받는 학생들이다.

"있는 것은 모두 어딘가에 있다." 현실주의자의 말이다. 아리스토텔레스는 상상 속에 있는 것은 있다고 쳐주지 않는다. 이데아계 같은 이상 세계에 있는 것도 있다고 쳐주지 않는다. 형태와 재료가 결합한 개체만이 있다고 쳐준다. 형태와 재료가 결합한 개체는 모두 어딘가에 있다. 그곳이 장소, 토포스(topos)다. 아리스토텔레스에게 장소는 형태, 재료와 동급이다. 형태와 재료가 결합해 진짜로 있는 개체는 모두 장소를 차지하고 있다.

그래서 아리스토텔레스는 『자연학(*Physica*)』에서 자연학자가 물체의 운동뿐 아니라 장소도 탐구해야 한다고 요구한다.[2] 자연학자는 근대에 들어 과학이 철학에서 독립하기 전에 과학자 겸 철학자를 일컫는다. 근대까지 모든 학문은 철학이라 불렸다.

아리스토텔레스의 요구에 2,300년쯤 지나 1970년대부터 인간을 중심으로 지리를 탐구하는 인본주의 지리학자들이 화답하기 시작한다. 지리학에서 장소, 특히 인간이 의미를 부여하는 장소가 본격 연구 주제로 등장한다. 그러니까 아리스토텔레스가 장소를 어떻게 이해하는지 좀 더 살펴볼 이유가 생겼다.

2. 갈릴레오의 진공

한국 출신 프랑스 화가 이응노의 그림, 〈군상〉이다. 군을 이루는 사람들의 모습이 같을까 다를까? 멀리서 보면 죄다 같은 모습이다. 그러나 가까이서 보면 모두 다른 모습이다. 전체의 부분들이 같아 보이면서도 달라 보이는 묘한 그림이다.

장소에 대한 아리스토텔레스의 견해를 좀 더 이해하려면 공간에 대한 근대 과학자의 견해와 비교해 보는 게 좋다. 나무 대신 숲을 보자는 뜻이다. 아리스토텔레스의 자연학은 요즘 과학 분류법으로는 천문학, 역학, 생물학, 생리학을 다 포함한다. 이 자연학은 근대 과학 혁명이 일어나기 전까지 거의 2,000년쯤 과학계를 지배한다.

17세기에 물체의 운동을 다루는 역학에서 일어난 혁명은 아리스토

---

2 같은 곳.

〈군상〉(1986), 이응노 ⓒ SACK

텔레스의 역학을 무너뜨린다. 갈릴레오(G. Galilei)의 관성 원리가 근
대 역학 혁명의 방아쇠를 당긴다. 다음은 갈릴레오의 관성 원리에 대
한 아인슈타인(A. Einstein)의 설명을 조금 변형한 것이다.

　도로 위를 달리는 자동차가 같은 속도를 유지하려면 어떻게 해야 할까? 가
속 장치인 액셀러레이터를 계속 밟아야 한다. 그렇지 않으면 자동차는 공
기나 도로의 저항에 의해 속도가 느려진다. 그러나 만일 공기도 없고 도로
도 완전히 매끄러워 저항이 없다면 어떻게 해야 자동차가 같은 속도를 유
지할까? 액셀러레이터를 밟으면 안 된다. 속도가 빨라질 테니까. 공기가
없고 완전히 매끄러운 도로 위에선 오히려 액셀러레이터를 밟지 않고 가만
히 놔둬야 자동차가 같은 속도를 유지한다.[3]

3　Einstein, A. and Infeld, L.(1938), 『물리는 어떻게 진화했는가(The Evolution of

관성 원리는 운동하는 물체가 외부의 힘을 받지 않으면 같은 속도를 유지한다는 것이다. 자동차가 가만히 놔둬도 같은 속도를 유지하는 것이 관성 운동이다. 갈릴레오의 관성 원리는 아리스토텔레스의 운동 원리를 무너뜨린다. 이 운동 원리는 물체의 운동 속도가 힘에 비례하고 저항에 반비례한다는 것이다. 자동차의 속도는 액셀러레이터로 가한 힘에 비례하고 공기나 도로의 저항에 반비례한다.

아리스토텔레스의 운동 원리는 현실에서는 매우 그럴 듯해 보인다. 그러나 갈릴레오의 관성 원리는 공기나 도로의 저항을 0으로 가정하는 이상 상황에서 성립한다. 그리고 관성 원리를 전제해야 근대 역학 혁명을 완성한 뉴턴(I. Newton)의 중력 법칙도 증명된다. 과학의 역사는 갈릴레오와 뉴턴의 손을 들어 준다.

그러나 아리스토텔레스도 사정이 있었다. 그는 저항이 0인 경우를 이미 생각해 보았다. 그의 운동 원리는 공식으로 쓰면 속도=힘/저항이다. 이 공식에 저항 0을 대입하면 속도는 무한대가 된다. 무한대의 속도를 가지는 운동 물체는 현실에 없다. 그래서 아리스토텔레스는 저항이 전혀 없는 진공은 없다고 주장한다. 현실에서 물체의 운동은 언제나 크든 작든 저항을 받기 마련이고 유한한 속도를 가질 수밖에 없다. 아리스토텔레스는 현실주의자다.

갈릴레오는 오락가락한다. 때로는 이상주의자이고 때로는 현실주의자다. 관성 원리를 발견할 때는 이상주의자다. 그는 저항이 없는 이상 상황을 가정하고 이 상황에서 성립하는 원리를 찾는다. 그러나 갈릴레오는 저항이 없는 공간인 진공이 이상 상황에 그치지 않고 현실에도 있다고 본다.

Physics), (조호근 옮김, 서커스, 2017), I-2.

갈릴레오는 고체의 부분들이 응집하는 원인이 진공이라고 주장한다.[4] 예를 들어 금속 입자들 사이에는 미시 진공들이 퍼져 있으면서 금속 입자들이 서로 분리하지 못하게 막는다. 예부터 사람들은 진공이 분리에 저항하는 힘이라고 여겼다. 요즘도 진공 포장한 음식물은 공기를 집어넣지 않으면 비닐과 분리하기 어렵다.

미시 진공들 덕분에 응집력을 지닌 금속에 불을 가하면 불 입자들이 미시 진공들을 채워 없애기 때문에 금속 입자들이 응집력을 잃고 녹는다. 그리고 금속이 식어 불 입자들이 미시 진공들을 남기고 떠나면 금속 입자들 사이의 응집력은 되살아난다. 거시 진공은 미시 진공들의 집합이다. 갈릴레오는 미시 진공과 거시 진공이 모두 현실에 있다고 본다.

갈릴레오의 진공은 이상 상황이든 현실 속에 있든 동일성이 특징이다. 저항이 없는 이상 상황으로서 진공은 서로 구별할 수 있는 부분들을 가지고 있지 않다. 현실 속에 있는 거시 진공도 같은 부분들, 곧 서로 구별할 수 없는 미시 진공들의 집합이다. 갈릴레오가 운동 원리들이 성립하고 실제로도 있다고 생각하는 공간은 진공이다. 갈릴레오의 공간은 서로 구별할 수 있는 부분들이 없다는 뜻에서 동일성을 핵심 특징으로 가진다.

그러나 아리스토텔레스의 장소는 차이가 특징이다. 공간을 꽉 채우는 것은 네 가지 원소, 가벼운 것부터 불, 공기, 물, 흙이거나 이 원소들이 다양하게 결합한 크고 작은 개체들이다. 아리스토텔레스는 앞선 그리스 철학자 엠페도클레스(Empedocles)의 주장을 받아들여 지구 위에

---

4 Galilei, G.(1974), *Two New Sciences*, 27쪽. (VIII 66~7), [괄호 안은 파바로(A. Favaro)가 편집한 전집 Opere의 권수와 쪽수].

있는 모든 것이 네 가지 원소로 구성된다고 본다.

네 가지 원소와 크고 작은 개체들은 우리가 빈 공간이라 부르는 것 뿐 아니라 무생물, 동식물이 가득한 현실 세계도 꽉 채운다. 현실 세계 에서 개체는 제각기 장소를 차지한다. 아리스토텔레스의 장소는 개체 가 차지하는 곳이다. 서로 다른 개체들이 차지하니까 장소들도 서로 다르다. 아리스토텔레스의 장소들은 서로 다르다는 뜻에서 차이가 핵 심 특징이다.

이응노의 그림, 〈군상〉에 비유하면 갈릴레오의 공간, 곧 진공은 멀리 서 볼 때 죄다 같아 보이는 사람들의 집합과 같다. 갈릴레오의 거시 진 공을 구성하는 미시 진공들도 멀리서 본 사람들처럼 서로 구별할 수 없다. 아예 사람들을 몽땅 지우고 남은 빈터라면 서로 구별할 수 있는 부분들이 전혀 없어 갈릴레오의 진공 이미지와 더 잘 맞다.

아리스토텔레스의 장소는 한 사람 한 사람이 차지하는 서로 다른 곳 이다. 가까이서 보면 서로 다른 사람들, 서 있는 사람, 걷는 사람, 춤추 는 사람, 한 팔 든 사람, 두 팔 든 사람, 고개 든 사람, 고개 숙인 사람, 고개 젖힌 사람 등등이 차지하고 있는 곳이 장소다. 서로 다른 사람들 이 있는 장소들은 서로 다르다. 갈릴레오의 공간은 부분들이 똑같다는 뜻에서 동일성이 특징이고 아리스토텔레스의 장소들은 서로 다르다는 뜻에서 차이가 특징이다.

3. 플라톤의 코라

아리스토텔레스의 장소가 차이를 특징으로 가진다는 것은 플라톤의 공간과 비교해 보아도 잘 드러난다. 플라톤의 공간은 하나가 아니라

둘이다. 공간이라 옮기는 코라(chora)가 있고 장소라 옮기는 토포스가
있다. 이 가운데 코라는 특이하니까 외래어로 쓴다. 플라톤의 장소는
아리스토텔레스의 장소와 마찬가지로 차이가 특징이지만 코라는 다르
다. 코라와 장소를 이해하려면 우주가 어떻게 생겨났는지에 대한 플라
톤의 설명을 들어야 한다.

　태초에 코라가 있었다. 코라 속에는 엄청나게 많은 네 가지 원소, 즉 불들,
　공기들, 물들, 흙들이 뒤섞여 있었다. 불, 공기, 물, 흙은 어떤 힘을 가지고
　있어서 코라가 흔들린다. 마치 흔들리는 키 위에서 곡물과 쭉정이가 까불
　리듯이 흔들리는 코라 속에서 불, 공기, 물, 흙도 까불린다. 그러면 뒤섞여
　있던 불, 공기, 물, 흙이 같은 것들끼리 모여 서로 다른 영역을 점유한다.
　그 뒤 데미우르고스(demiurgos)가 형태들을 부여하면 우주는 질서를 갖추
　고 모든 것은 장소를 차지한다.[5]

　플라톤의 우주 생성은 공간 면에서 보면 세 단계로 나눌 수 있다. 첫
단계는 코라, 둘째 단계는 영역, 셋째 단계는 장소다. 첫 단계인 코라
는 우주가 질서를 갖추기 전에 있다. 코라 속에는 이미 우주에 있는 모
든 것의 모든 재료가 뒤섞여 있다. 플라톤도 아리스토텔레스와 마찬가
지로 엠페도클레스의 4원소론을 받아들여 불, 공기, 물, 흙이 세상 모
든 것의 재료라고 본다.

　그 다음 코라가 흔들리면 동서양에 모두 있는 농기구인 키에서 곡식

5　Plato(1965), *Timaeus and Critias*, 72~3쪽. (52e~53b) [괄호 안은 스테파누스
(Stephanus) 판의 쪽수].

코라의 이미지로 잘 어울리는 것은 빈 밭이다.
빈 밭은 훗날 자랄 식물의 재료가 풍부하게 들어 있다. ⓒ 황희숙

코라(빈 밭)는 농부가 씨앗으로 형태를 부여하면
여러 가지 식물이 차지하는 장소들이 된다. ⓒ 황희숙

과 쭉정이가 나누어지듯이 네 가지 재료들이 끼리끼리 모여 서로 다른
영역을 차지한다. 둘째 단계인 원소들의 영역화가 이루어진다. 마지막
으로 제작자란 뜻의 데미우르고스가 형태들을 부여하면 우주에 있는
모든 것은 제각기 장소를 차지한다. 셋째 단계인 개체들의 장소화가
이루어지면서 우주 생성이 완료된다.

코라는 비유하면 빈 밭과 같다. 빈 밭 속에 훗날 자랄 식물들의 재료
가 풍부하게 들어 있다. 밭의 데미우르고스인 농부가 씨앗으로 형태를
부여하면 빈 밭은 상추, 부추, 쑥갓, 당근, 토란 등이 차지하는 장소들
이 된다.

우주 생성이 끝난 뒤에도 코라는 계속 있다. 코라는 플라톤에 따르
면 "생성의 유모"다.[6] 예를 들어 그릇 속에 공기가 있다가 물이 들어오
면 공기는 없어지고 물이 생긴다. 공기나 물은 생성하고 소멸하는 장
소인 그릇이 필요하다. 공기나 물은 감각 기관으로 지각되는 것이다.
그러니까 장소는 감각 지각되는 것이 생성 소멸하는 곳이다. 장소는
감각 지각되는 것이 생성 소멸하기 전부터 있는 것이 아니다. 장소는
감각 지각되는 것과 함께 생성 소멸한다.

그렇다면 감각 지각되는 것이 장소와 함께 생성 소멸하는 곳도 필요
하다. 그곳이 바로 코라다. 마치 공기나 물이 그릇이라는 장소에 생성
소멸하기 전부터 공기, 물, 그릇이 함께 생성 소멸하는 곳이 필요한 것
과 같다. 감각 지각되는 것과 장소가 함께 생성 소멸하는 곳이 코라다.
그래서 코라는 소멸을 포함하는 생성의 유모다. 빈 밭도 상추, 부추,
쑥갓, 당근, 토란을 생성하는 유모다. 엄마는 농부, 데미우르고스다.
코라는 우주 전체의 크기로 확대한 빈 밭이다.

---

6 같은 책, 72쪽. (52d)

플라톤의 코라는 갈릴레오의 진공처럼 동일성이 특징이다. 코라는 우주 생성의 첫 단계든 감각 지각되는 것과 장소가 함께 생성 소멸하는 곳이든 서로 구별할 수 있는 부분들이 없다. 우주 생성에서는 원소들이 서로 다른 영역을 차지하는 둘째 단계에 들어가야 코라에 서로 구별할 수 있는 부분들이 생긴다. 또 우주 생성의 마지막 단계나 그 후에는 감각 지각되는 것이 자기 장소를 차지해야 코라는 서로 다른 장소들이 된다.

장소 개념의 철학사를 탐구한 케이시(E. Casey)에 따르면 플라톤의 공간 이야기가 코라, 영역, 장소로 진행하는 것은 "갈수록 증대하는 장소화에 대한 이야기"다.[7] 코라는 첫 단계일 뿐이다. 데미우르고스에 의해 우주 생성이 완료되면 감각 지각되는 것은 모두 장소를 차지한다. 코라가 없으면 장소가 생겨나지 않지만 장소가 없으면 코라는 티끌부터 별까지 어떤 것도 담을 수 없다. 플라톤의 공간 이야기는 출발점이 코라지만 종착점은 장소다.

플라톤의 공간 이야기도 결론은 아리스토텔레스와 같다. 코라는 감각 지각되는 것들이 제자리를 차지하면 서로 다른 장소들이 된다. 서로 다른 개체가 서로 다른 장소를 차지한다는 아리스토텔레스의 결론과 같다. 플라톤과 아리스토텔레스는 이구동성으로 장소들의 차이를 외친다. 그러나 아리스토텔레스는 코라를 거부한다. 이유가 뭘까?

---

7   Casey, E.(1997), 『장소의 운명(*The Fate of Place*)』, (박성관 옮김, 에코리브르, 2016), 99쪽.

4. 아리스토텔레스, 모든 물체의 기본 운동은 장소 이동

이젠 숲 대신 나무, 디테일을 볼 차례다. 아리스토텔레스가 플라톤의 코라를 받아들이지 않는 이유는 코라가 재료와 같은 것이지만 장소는 재료와 다르기 때문이다. 코라는 이 세상에서 감각 지각되는 모든 것을 구성하는 재료인 불, 공기, 물, 흙을 몽땅 지니고 있다. 이 재료들에 데미우르고스가 형태들을 부여하면 감각 지각되는 모든 것은 장소를 차지한다. 코라는 재료들을 갖추고 있기 때문에 데미우르고스가 부여하는 형태들을 받아들일 수 있다.

플라톤에 따르면 감각 지각되는 모든 것은 형태와 재료를 결합한 것이고 재료는 형태를 받아들이는 역할을 한다. 아리스토텔레스가 보기에 코라와 재료는 하는 일이 같다. 둘 다 형태를 받아들이는 역할을 한다. 그러니까 코라는 재료와 같고 굳이 재료와 구별할 필요가 없다.

아리스토텔레스는 장소가 형태도 아니고 재료도 아니라고 주장한다. 가장 중요한 이유는 형태와 재료는 물체와 분리할 수 없지만 장소는 물체와 분리할 수 있기 때문이다.[8] 예를 들어 물이 있는 장소인 그릇에 공기가 들어오는 것은 그릇을 물과 분리할 수 있다는 것을 보여준다. 장소는 물체와 분리할 수 있다.

그러나 그릇의 재료가 사기이고 그릇의 형태가 다른 물체를 담는 물체라면 그릇의 재료와 형태는 그릇과 분리할 수 없다. 어떤 의미로든 사기를 그릇에서 분리하거나 다른 물체를 담는 물체를 그릇에서 분리하면 그릇은 더 이상 그릇이 아니기 때문이다. 따라서 물체와 분리할 수 있는 장소는 물체와 분리할 수 없는 형태나 재료가 아니다. 아리스

---

8   Aristotle(1970), *Physica*, 272쪽. (209b 22~31)

토텔레스는 장소를 물체와 분리할 수 있는 것으로 보기 때문에 물체와 분리할 수 없는 재료와 같은 일, 곧 형태를 받아들이는 일을 하는 코라가 따로 있다고 인정하지 않는다.

장소는 재료가 아니고 재료와 형태의 결합인 물체와 분리할 수 있다는 것이 도대체 왜 중요할까? 그래야 물체의 가장 기본 운동인 장소 이동(locomotion)과 특히 자기 장소로 이동을 설명할 수 있기 때문이다.[9] 만일 장소가 물체의 형태나 재료라면 형태나 재료로 구성된 물체 안에 있어야 한다. 그리고 물체가 운동하면 형태나 재료뿐 아니라 물체 안에 있는 장소도 함께 운동해야 한다. 예를 들어 물이 그릇에서 병으로 장소 이동을 하면 그릇이라는 장소가 사기라는 재료나 다른 물체를 담는 물체라는 형태와 함께 병으로 이동해야 한다.

이게 도대체 무슨 말일까? 말이 되지 않고 일어날 수도 없는 일이다. 이런 말이 나오지 않고 이런 일이 일어나지 않으려면 장소는 물체와 분리할 수 있어야 한다. 물이 그릇에서 병으로 장소 이동을 하려면 그릇은 물과 함께 가지 않고 물과 분리할 수 있어야 한다.

장소 이동은 모든 물체의 기본 운동이다. 기기, 걷기, 달리기, 헤엄치기, 날기 등이 모두 장소 이동이다. 사람을 포함한 동물이나 로봇만이 장소 이동을 하는 것은 아니다. 무생물과 식물도 자연스럽게 또는 강제로 한 장소에서 다른 장소로 옮길 수 있다. 모든 물체가 하는 장소 이동의 첫 조건은 장소를 물체와 분리할 수 있다는 것이다.

9　같은 책, 272~3쪽. (209b 22~31, 210a 2~8)

5. "모든 물체는 고유 장소를 가진다"

장소를 물체와 분리할 수 있다는 것은 물체가 자기 장소로 가는 운동에도 꼭 필요한 조건이다. 자기 장소로 가는 운동이 무엇일까? 아리스토텔레스는 물체의 운동을 본성에 따른 자연 운동과 외부 운동 원인에 의한 강제 운동으로 나눈다. 지상 물체는 자연 운동과 강제 운동을 모두 하지만 천상 물체는 자연 운동만 한다. 천상 물체의 자연 운동은 별들의 원운동이다. 지상 물체의 자연 운동은 연기처럼 수직으로 상승하거나 돌처럼 수직으로 하강하는 운동이다. 지상 물체의 강제 운동은 외부 운동 원인인 손이 던진 공이 포물선을 그리는 것처럼 수직 상승 하강 운동을 제외한 나머지 운동이다.

천상 물체와 지상 물체의 자연 운동이 서로 다른 이유는 구성 원소가 서로 다르기 때문이다. 지상 물체는 불, 공기, 물, 흙 등 네 가지 원소로 구성된다. 이 가운데 불과 공기의 본성은 가벼움이다. 그래서 불과 공기가 주성분인 지상 물체는 가벼운 본성에 따라 상승한다. 물과 흙의 본성은 무거움이다. 그래서 물과 흙이 주성분인 지상 물체는 무거운 본성에 따라 하강한다. 천상 물체는 에테르라 불리는 제5원소로 구성된다. 에테르의 본성이 원운동이기 때문에 에테르로 구성된 별들은 원을 그린다.[10]

자기 장소로 가는 운동은 지상 물체의 자연 운동을 가리킨다. 위는 불, 공기가 주성분인 지상 물체가 자연 운동을 할 때 향하는 장소다. 아래는 물, 흙이 주성분인 지상 물체가 자연 운동을 할 때 향하는 장소다. 위, 아래는 지상 물체가 자연 운동으로 향하는 "고유 장소(autos

---

10 김성환(2008), 『17세기 자연 철학』, 그린비, 20~1쪽.

빅 벤(Big Ben) ⓒ 김성환

topos)"이므로 재료와 형태가 결합한 지상 물체와 분리되어 있어야 지
상 물체가 자연 운동으로 향할 수 있다. 지상 물체가 자연 운동으로 향
할 수 있다.[11]

천상 물체와 지상 물체의 구분, 자연 운동과 강제 운동의 구분은 모
두 근대 과학 혁명으로 무너진다. 뉴턴이 완성한 과학 혁명에 의하면
천상 물체든 지상 물체든 모두 똑같은 중력 법칙에 따라 운동한다. 또
자연 운동도 강제 운동도 관성 원리 등 똑같은 운동 법칙에 따른다. 아
리스토텔레스가 주장한 지상 물체가 자연 운동으로 향하는 자기 장소
인 위, 아래는 과학 원리로는 더 이상 받아들일 수 없다.

---

[11]   Aristotle(1970), *Physica*, 270쪽. (208b 19~22)

바위 "백두산" ⓒ 김성환

  그러나 아리스토텔레스의 자기 장소는 현대 인본주의 지리학에서 장소 정체(identity of place)로 되살아난다.[12] 정체는 어떤 것을 다른 것과 구별해 주는 고유한 특성이다. 장소도 고유한 정체가 있을 수 있다. 영국 런던의 웨스터민스터 사원에 있는 시계탑 "빅 벤(Big Ben)"은 런던을 전 세계 다른 도시들과 구별해 주는 상징이라는 정체를 지닌다.

  유명한 장소만 정체를 지니진 않는다. 시시한 장소도 정체를 지닐 수 있다. 내가 어릴 때 놀았던 바위는 이름이 "백두산"이다. 크기는 자동차 한 대만 하지만 어릴 때 "백두산"보다 더 높이 올라갈 수 있는 곳

---

12   Relph, E.(1976), 『장소와 장소상실(*Place and Placelessness*)』, (김덕현, 김현주, 심승희 옮김, 논형, 2005), 108~9쪽.

은 없었다. 동네 아이들이 골목길에서 마르고 닳도록 오르고 밟은 바
위다. "백두산"은 나에게 어릴 때 최고의 놀이터라는 장소 정체를 지
닌다.

"모든 물체는 고유 장소를 가진다."

아리스토텔레스에게 자기 장소는 지상 물체의 자연 운동이 향하는
위, 아래지만 정체를 지닌 장소는 전방위로 확대할 수 있다. 지상 물체
는 강제 운동으로 향하는 앞, 뒤, 오른쪽, 왼쪽으로도 특정한 시점에
자기 장소를 차지한다. 자기 장소는 "있는 것은 모두 어딘가에 있다"는
아리스토텔레스의 명제와 더하면 "모든 물체는 고유 장소를 가진다"
는 명제로 확장할 수 있다. 물체가 고유 장소를 가진다는 것이 뒤집어
보면 장소가 고유한 물체를 가진다는 장소 정체다. "빅 벤"과 "백두
산"은 고유 장소에 있다. 고유 장소, 장소 정체는 아리스토텔레스의 유
산이다.

장소는 정체를 가질 수 있지만 잃을 수도 있다. 만일 언젠가 골목길
을 넓히려고 "백두산"을 굴착기로 깨부수면 적어도 나에겐 "백두산"이
있던 장소는 정체를 잃는다. 정체를 잃은 장소는 인본주의 지리학에서
"무장소성(placelessness)"이라 한다.[13] 수많은 경관 계획과 재개발로
점철된 장소의 근대화는 무장소성의 확산과 함께 진행된다. 아리스토
텔레스의 자기 장소나 고유 장소는 장소 정체 또는 장소 정체의 상실
이라는 개념으로 부활한다.

---

13   같은 책, 145쪽.

윤구병 2008.02.16. ⓒ 김성환

6. 잡초는 없다

망초, 씀바귀, 쇠비름, 마디풀, 벌꽃나물, 광대나물…. 대학 교수 때려
치우고 변산에서 농사지으며 공동체를 꾸리는 존경하는 선배 윤구병
이 "잡초는 없다"며 일러주는 풀이름들이다. 어디 이뿐이랴? 사람이
붙인 이름을 갖지 않은 풀이 얼마나 많을까. 풀도 아무데나 자라지 않
는다. 제 자리가 있다. 오랜 진화 과정을 거치며 찾은 자리다.

인본주의 지리학은 요즘 인간을 넘어 동식물의 서식지로 고유 장소,
장소 정체의 탐구 범위를 넓히고 있다. 인간이 부여하는 의미를 중심
으로 지리를 탐구한다는 인본주의 지리학의 이름이 무색해진다. 생명
주의 지리학이라 바꿔 불러야 할 듯하다. 인간과 동식물에 그치지도
않을 것이다. 무생물도 제자리가 있다. 나의 백두산처럼. 인본주의 지

리학은 무생물, 생물, 인간을 넘어 우주까지 자연의 모든 산물을 포함하는 자연주의 지리학으로 확장할 가능성도 있다.

이미 아리스토텔레스가 자기 장소를 향한다고 말한 물체는 인간을 포함해 돌부터 별까지 이 세상 모든 것을 포함한다. 그 모든 것은 어딘가에 있다. 그 모든 것이 고유 장소가 있다. 장소가 이토록 소중하다. 아리스토텔레스가 연 장소 사랑의 길이다.

〔김성환〕

데카르트의 "연장"과
뉴턴의 "절대 공간"

1. 이천 년의 질문

진공이 있을까? 이천 년의 질문이다. 기원전 6세기 그리스에서 철학이
태어난 뒤 오랫동안 "있다", "없다" 논쟁을 불러일으킨 문제다. 고대
그리스 철학자 데모크리토스(Democritos, 기원전 460년 무렵~380년
무렵)는 물체가 쪼개지는 현상을 설명하려면 진공을 인정해야 한다고
주장한다. 물체가 쪼개지는 것은 쪼개지는 부분들 사이에 빈 공간이
생기는 것이기 때문이다. 데모크리토스는 물체가 빈 공간 때문에 쪼개
지지만 더 이상 쪼개지지 않는 원자(atom)가 있다고 본 원자론자다.
원자는 그리스어로 '안(a) 쪼개진다(tomos)'는 뜻이다.

그러나 아리스토텔레스(Aristoteles, 기원전 384~322)는 진공이 없
다고 본 대표 철학자다. 그에 따르면 물체의 운동 속력은 힘에 비례하
고 저항에 반비례한다. 만일 진공이 있다면 진공은 저항이 없는 매체
다. 저항이 없는 매체에선 물체의 운동 속력이 무한대가 될 수 있다.

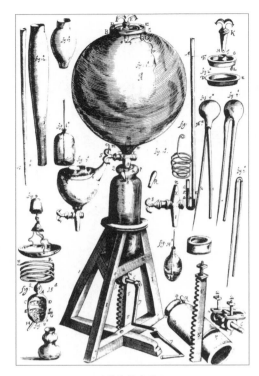

보일의 공기 펌프
삼각대 중간에 달린 손잡이를 돌리면 위에 연결된 공 모양의 유리병에서 공기를 빼낼 수 있다.

그러나 현실에는 운동 속력이 무한대인 물체가 없다. 그러니까 현실에는 물체의 운동 속력을 무한대로 만들 수 있는 진공도 없다. 그 후 이런저런 도전을 받지만 진공이 없다는 아리스토텔레스의 견해는 대세였다.

16세기에 원자론이 부활하면서 진공이 없다는 견해가 다시 고개를 내민다. 영국의 자연철학자 보일(R. Boyle, 1627~1691)은 진공을 시전한다. 그는 1659년 공기 펌프를 제작해 유리병 속에서 공기를 모두 빼낸 진공을 만든다. 이천 년의 질문은 한 매듭을 지었다.

3장 데카르트의 "연장"과 뉴턴의 "절대 공간"

　그러나 진공은 보여주면 그만인 실험 문제가 아니었다. 원자론은 논리로 진공을 인정한다. 물체가 쪼개진다는 것은 그 물체의 부분들 사이에 빈 공간이 생기는 것이니까 빈 공간, 곧 진공이 있어야 한다는 논리다. 아리스토텔레스도 논리로 진공을 부정한다. 저항이 0인 매체에선 운동 속력이 ∞인 물체가 있어야 하는데 실제로는 이런 물체가 없으니까 진공은 없다는 논리다. 오늘의 주인공 데카르트(R. Descartes, 1596~1650)도 논리로 진공을 부정한다.

2. 빈 공간도 연장을 가진다

이야기는 악명 높은 데카르트 이원론(Cartesian dualism)에서 시작한다. 데카르트 이원론은 영혼과 물체가 모두 실체라는 원리다. 실체는 다른 것에 의존하지 않고 스스로 있는 것이다. 영혼과 물체 중 하나만 스스로 있고 다른 하나는 스스로 있는 것에 의존해 있다고 보는 게 보통이다. 그러나 데카르트는 영혼도 스스로 있고 물체도 스스로 있다고 주장한다. 데카르트처럼 영혼과 물체가 모두 실체라고 보면 풀기 어려운 문제들이 생긴다.

　영혼과 물체가 모두 실체라면 경우의 수는 세 가지다. 영혼만 있고 물체가 없는 것이 있을 수 있고, 물체만 있고 영혼은 없는 것도 있을 수 있으며, 영혼과 물체를 다 가진 것도 있을 수 있다. 영혼만 있고 물체가 없는 것은 알기 쉽다. 신이다. 물체는 라틴어로 코르푸스(corpus), 영어로 보디(body)이고 돌, 물 같은 무생물뿐 아니라 몸도 포함한다. 신은 몸 없이 영혼만 있는 실체의 좋은 예다. 물체만 있고 영혼은 없는 것도 알기 쉽다. 돌, 물은 영혼이 없다. 한 가지 문제는 데카르트가 동물도 몸만 있고 영혼은 없다고 본 것이다. 영혼이 없으면 아픔을 못 느낀다. 그래서 그는 동물을 생체로 실험했다. 데카르트는 요즘 동물 보호론자들에게 악명 높다. 더 큰 문제는 영혼과 몸을 다 가진 사람이다. 어떻게 서로 다른 실체가 섞일 수 있나? 철학 업계에선 동물보다 사람을 해명하는 것이 더 큰 문제다. 그래서 더 악명 높다.

영혼과 물체는 서로 다른 실체이기 때문에 본성도 서로 다르다. 본성은 실체에 반드시 속하는 성질이다. 데카르트는 영혼의 본성을 사유(thought), 물체의 본성을 연장(extension)이라 주장한다. 영혼을 가진 것은 생각한다. 생각하지 않으면 영혼을 가진 것이라 할 수 없다. 그래서 "나는 생각한다, 그러므로 나는 있다"는 데카르트의 유명한 말이 나온다. 나는 생각하기 때문에 영혼을 가진 것이고 영혼은 스스로 있는 실체이기 때문에 영혼을 가진 나는 어떤 방식으로든 있다는 뜻이다.

연장은 어떤가? 연장이 무엇인지를 살펴보기 전에 데카르트가 연장이 물체의 본성이라고 주장하는 논리를 따라가 보자. 빈 공간이 없다는 견해도 여기서 나온다. 데카르트는 돌을 예로 들어 물체의 본성에 속한다고 볼 수 없는 성질들을 하나씩 제거한다.[1] 단단함은 돌의 본성이 아니다. 설사 돌이 녹거나 부서져 단단함을 잃더라도 돌이 더 이상 물체가 아니라고 볼 수 없기 때문이다. 색도 돌의 본성이 아니다. 색이 없는 투명한 돌도 물체이기 때문이다. 무거움도 돌의 본성이 아니다. 극도로 가벼운 불도 물체로 볼 수 있기 때문이다. 이런 성질들을 모두 제거하면 돌에 남아 있는 성질은 길이, 너비, 깊이 면에서 연장된 어떤 것이라는 성질뿐이다. 그래서 연장이 돌의 본성이다.

물체의 본성이 연장이라면 빈 공간은 없다는 결론이 나온다. 빈 공

---

1 Descartes, R.(1985b), *Principles of Philosophy*, 227~8쪽.

간은 연장된 물체가 차지하고 있다가 사라진 곳이기 때문에 연장이 없
는 것으로 보인다. 그렇다면 우리는 빈 공간처럼 연장이 없는 것이 있
다고 인정해야 한다. 그러나 데카르트는 빈 공간도 연장을 가지므로
물체이고 엄밀한 뜻에서 빈 공간은 없다고 주장한다.[2] 예를 들어 빈 그
릇이 연장을 갖지 않는다면 빈 그릇의 안쪽 면들 사이에는 조금도 거
리가 없을 것이므로 그릇의 면들은 맞닿아 버릴 것이다. 그러나 이런
일은 일어나지 않는다. 빈 그릇의 안쪽 면들 사이에도 거리가 있으니
까 빈 그릇은 연장을 가진다. 데카르트의 결론은 빈 공간도 연장을 가
지니까 물체이고 우리가 연장이 없다고 잘못 생각하는 빈 공간은 없다
는 것이다.

3. 연장은 차원(들)

연장은 무엇일까? 데카르트는 『정신 지도를 위한 규칙(Rules for the
Direction of the Mind)』(1626~1628)에서 "연장은 길이, 너비, 깊이
를 가진 것"[3]이라고 정의한다. 길이, 너비, 깊이는 요즘 기하학 용어로
는 가로, 세로, 높이다. 데카르트는 이 정의에 이어 길이, 너비, 깊이를
가진 것이 물체인지 아니면 공간인지는 중요하지 않다고 말한다. 연장
은 물체에 속할 수도 있고 공간에 속할 수도 있으며 심지어 빈 공간이
라 잘못 부르는 것에 속할 수도 있다는 뜻이다. 물체든 공간이든 연장
을 가지고 연장이 길이, 너비, 깊이라면 연장은 기하학의 부피(vol-

---

2   같은 책, 229~31쪽.

3   Descartes, R.(1985a), *Rules for the Direction of the Mind*, 59쪽.

ume)라고 볼 수 있다.

그러나 충분하지 않다. 데카르트는 부피뿐 아니라 길이와 너비를 가진 면과 길이만 가진 선도 연장이라고 보기 때문이다. 길이, 너비, 깊이는 데카르트도 사용하지만 기하학에서 "차원(dimension)"이라 불린다. "길이, 너비, 깊이를 가진 것"이라는 뜻을 가진 연장은 "차원"을 사용하면 다음과 같이 정의할 수 있다.

"연장은 차원(들)을 가진 것이다."

선은 차원을 1개, 면은 2개, 부피는 3개 가진 것이다. 데카르트에 따르면 차원은 "어떤 대상에서 측정 가능하다고 여겨지는 측면"[4]이다. 측정 가능한 차원을 하나 이상 가진 것은 모두 연장이다. 물체의 본성이 연장이라는 데카르트의 견해는 물체의 본성을 기하학으로 다룰 수 있다는 것을 의미한다. 물체는 이제 말로 설명하는 대상이 아니라 숫자로 설명하는 대상이 된다. 정성(qualitative) 평가의 대상이 아니라 정량(quantitative) 평가의 대상이 된다.

아리스토텔레스의 자연학 또는 과학은 예를 들어 물체의 운동 속력이 가해진 힘에 비례하고 매질의 저항에 반비례한다는 것처럼 정량화할 수 있는 공식이 있다. 그러나 드물다. 아리스토텔레스는 자연 현상을 대부분 말로 설명한다. 그에 따르면 중력 현상, 예를 들어 돌이 공중에서 땅으로 떨어지는 것은 돌의 주성분인 흙의 본성이 무거움이기 때문이다. 중력 현상은 뉴턴(I. Newton, 1643~1727)이 질량을 가진 두 물체 사이에 거리의 제곱에 반비례하는 힘을 가정하고 정확하게 수

---

4   같은 책, 62쪽.

로 설명한다. 뉴턴 이래 물리학, 화학, 생물학 등 과학은 아무리 멋진 새 아이디어도 공식으로 표현하고 증명할 수 없으면 인정받지 못한다. 말 대신 수, 정성 대신 정량의 과학 전통은 뉴턴보다 앞선 데카르트가 원조다.

4. 소용돌이

데카르트의 공간은 빈 곳이 없다. 그가 빈 공간을 인정하지 않기 때문이다. 공간은 꽉 차 있다. 공간을 꽉 채우는 것은 물질 입자들이다. 데카르트의 공간은 물질 입자들로 꽉 찬 공간이다. 라틴어로 "플레눔(plenum)"이라 부른다. 게다가 공간을 꽉 채우는 물질 입자들은 가만히 있지 않고 움직이고 있다. 이 움직임은 어떤 중심 주위로 회전하는 것이다. 데카르트는 이렇게 회전하는 물질 입자들의 집합을 "소용돌이(vortex)"라 부른다. 데카르트의 공간은 소용돌이치는 물질 입자들로 꽉 차 있다.

현대 과학에 비추어 보면 플레눔도 소용돌이도 다 엉터리다. 공간은 진공이 있기 때문에 플레눔이 아니다. 소용돌이는 어떤 힘을 중심으로 펼쳐 있는 장(field)과 비슷해 보인다. 그러나 장은 증명된 수학 공식이 있지만 소용돌이는 엄밀한 수학 공식이 없다. 데카르트가 말 대신 수, 정성 대신 정량을 강조한 원조지만 자기 생각을 철저히 실천하지 못한다.

그러나 데카르트가 플레눔과 소용돌이를 끌어들인 것은 깊은 뜻이 있다. 지금부턴 이 깊은 뜻 이야기다. 우선 무거운 물체가 땅으로 떨어지는 것과 같은 중력 현상에 대한 데카르트의 설명을 보자.[5]

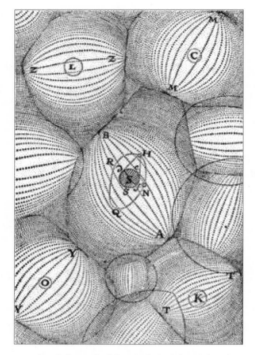

소용돌이치는 물질 입자들로 꽉 찬 데카르트의 공간.
태양 S를 중심으로 일어나는 우주의 운동을 설명하는 그림이며
데카르트의 『철학 원리』(1644)에 나온다.

공간은 소용돌이치는 물질 입자들로 꽉 차 있다. 물질 입자들은 한
종류가 아니라 세 종류다. 세 종류의 입자들은 크기와 운동 속력이 다
르다. 제일 큰 입자가 운동 속력이 가장 느리고 제일 작은 입자가 운동
속력이 가장 빠르다. 소용돌이는 일종의 원이다. 예를 들어 줄에 매달
린 돌처럼 원운동하는 물체는 운동의 중심에서 벗어나려는 원심력을
가진다. 소용돌이를 이루는 물질 입자들도 소용돌이의 중심에서 벗어
나려는 성향을 가진다. 이 성향은 물질 입자의 회전 속도가 빠를수록

5   Descartes, R.(1984), *Principles of Philosophy*, 116~8쪽.

더 강하다. 물체는 세 종류의 입자들 가운데 주로 크고 느린 입자들로 구성되고 공기는 주로 작고 빠른 입자들로 구성된다. 그러면 물체가 공중에 떠 있어 공기와 함께 소용돌이치고 있을 때 공기가 소용돌이의 중심에서 벗어나려는 성향이 물체가 벗어나려는 성향보다 더 강하다. 그래서 공기가 물체보다 소용돌이의 중심에서 먼저 벗어난다. 그리고 물질 입자들로 꽉 찬 공간에서 물체가 공기에게 밀리는 과정이 연속되면 이 모습이 우리 눈에는 물체가 땅에 떨어지는 현상으로 보인다.

완전 뻥이다. 게다가 수가 아니라 말로 하는 설명이다. 물질 입자들이 세 종류라는 말도 미심쩍고 입자가 클수록 운동 속력이 느리다는 말도 미심쩍다. 왜 하필 두 종류, 네 종류가 아니라 세 종류일까? 큰 입자가 큰 힘을 받으면 작은 입자보다 더 빠를 수도 있다. 또 소용돌이의 방향이 땅과 수평 방향인지 수직 방향인지 아니면 수평과 수직 사이의 어떤 방향인지도 드러나 있지 않다. 원운동하는 물체가 원심력을 가진다는 말은 데카르트 이전부터 알려졌고 지금도 옳다. 그러나 만일 소용돌이가 땅과 수평 방향으로 일어나고 있다면 돌이나 공기의 원심 운동도 땅으로 떨어지는 수직 방향이 아니라 땅과 수평 방향으로 일어난다. 그렇다면 돌이 느려 공기에게 계속 밀려나더라도 땅과 수평 방향으로 밀려나야 한다. 도대체 깊은 뜻이 뭐기에 데카르트가 미심쩍고 엉터리 말뿐인 설명을 할까?

5. 신비한 성질

데카르트의 깊은 뜻을 알려면 조금 더 참고 우선 뉴턴을 거쳐야 한다.

"근대인들은 실체 형상이나 신비한 성질을 거부하면서 자연 현상을 수학 법칙으로 나타내려고 노력했기 때문에 나는 이 책에서 철학과 관련된 수학을 최대한 개척했다."[6]

뉴턴이 『자연 철학의 수학 원리(Philosophiæ Naturalis Principia Mathematica)』 1판(1687) 서문에서 하는 말이다. 뉴턴이 "수학 법칙으로 나타내려고 노력"했고 "수학을 최대한 개척했다"고 말하는 걸 보면 말 대신 수, 정성 대신 정량이라는 데카르트의 정신을 이어받는 것처럼 보인다.

뉴턴은 "실체 형상이나 신비한 성질을 거부"한 "근대인들"을 좋게 평가하고 따른다. "실체 형상"은 아리스토텔레스의 전통이 강조하는 것이다. 예를 들어 돌이 땅에 떨어지는 중력 현상에 대해 아리스토텔레스는 돌을 구성하는 주된 입자가 흙이고 흙의 본성이 무거움이며 무거움을 본성으로 가진 물체는 지구 중심 방향으로 운동한다고 말로 설명한다. 이 예에서 실체 형상은 무거움과 같은 본성, 지구 중심 방향이라는 목적 등이다. 중력 현상을 수로 설명하는 과학이 생기고 발달하면서 실체 형상으로 설명하는 아리스토텔레스 전통은 무너진다.

신비한 성질도 아리스토텔레스와 관련이 있다. 그는 "명백한 성질(manifest quality)"과 "신비한 성질(occult quality)"을 구분한다. 명백한 성질은 감각 기관으로 직접 알 수 있지만 신비한 성질은 직접 알 수 없다. 돌의 크기, 꽃의 모양은 감각 기관으로 직접 알 수 있는 명백한 성질이다. 자석의 힘이나 약물의 효과는 신비한 성질의 예다. 자석이 쇠붙이를 끌어당기는 힘은 우리 눈에 보이지 않는다. 설사를 일으키는

---

6   Newton, I. (1960), *Mathematical Principles of Natural Philosophy*, xvii.

3장 데카르트의 "연장"과 뉴턴의 "절대 공간"

약물의 효과도 그 약물의 흰색이나 쓴맛 같은 명백한 성질이 아니라 감각할 수 없는 성질에서 비롯한다. 아리스토텔레스 전통은 신비한 성질을 아예 없다고 보거나 설사 있더라도 사람의 지성으로는 알 수 없다고 본다.

"신비한 성질"은 아리스토텔레스 전통이 거부하지만 근대 초 자연 마술(natural magic) 덕분에 크게 되살아난다. 자연 마술은 고대부터 있던 점성술, 연금술, 민간 의술을 포함하며 르네상스 시기에 아리스토텔레스 전통이 퇴색하기 시작하면서 다시 발달한다. 점성술, 연금술, 민간 의술은 인간사에 영향을 미치는 별들의 움직임, 돌을 금으로 바꾸는 힘, 병을 낫게 해주는 식물의 효력 등 인간이 감각할 수 없는 신비한 성질을 인정한다.

뉴턴이 신비한 성질을 거부할까? 천만에. 뉴턴은 연금술사다. 뉴턴은 평생 35년 동안 연구 경력이 있지만 중력 원리, 광학 원리 등을 발견하는 데는 5년밖에 걸리지 않았다는 연구 결과도 있다. 나머지 30년은 연금술사로 산다. 믿기지 않지만 과학사 연구에선 반론이 없는 팩트다.[7]

뉴턴이 신비한 성질을 거부하는 것은 자신의 본색을 가리려는 일종의 전략이다. 이 전략은 뉴턴의 동료인 트리니티 칼리지 석좌 교수 코츠(R. Cotes, 1682~1716)가 『자연 철학의 수학 원리』 2판(1713)에 붙인 서문에 잘 드러나 있다.

---

7   리차드 웨스트폴(2001), 『프린키피아의 천재: 뉴턴의 일생』, Dobbs, B.(1975), *The Foundations of Newton's Alchemy*, 김성환(2008) 참고.

뉴턴의 실험실에서 연금술 원고를 태운 불이 그가 아낀 개 "다이아몬드" 때문이라는
출처가 불분명한 전설을 보여주는 1874년 판화.

"어떤 사람들은 중력이 신비한 성질이고 신비한 원인은 철학에서 곧 추방
될 것이라고 끊임없이 이의를 제기한다. 그러나 대답은 쉽다. 정말로 신비
한 원인은 존재가 신비한 것, 존재를 증명하지 않고 상상한 것이다. 진짜
존재를 관찰로 분명하게 증명한 것은 신비한 원인이 아니다. 따라서 중력
은 결코 천체 운동의 신비한 원인이라고 할 수 없다. 이런 힘이 진짜로 있
다는 것은 현상에서 분명하게 나타나기 때문이다. 오히려 철저하게 허구이
고 감각 기관으로 지각할 수 없는 물질 소용돌이를 가상해서 천체 운동을
좌우하는 사람들이야말로 신비한 원인에 호소한다."[8]

핵심 내용은 중력이 신비한 성질이라고들 비판하는데 진짜 신비한

---

8   Newton, I.(1960), xxvi-xxvii.

성질은 데카르트의 소용돌이라는 것이다. 중력이 신비한 성질이라고 끊임없이 이의를 제기하는 사람들은 데카르트주의자들이다. 이미 데카르트도 중력은 신비한 성질이라고 비판한 적이 있다.[9] 그러니까 뉴턴과 데카르트 또는 데카르트주의자들 사이에는 서로 소용돌이와 중력이 신비한 성질이라고 비판하는 논쟁이 있다. 누가 옳을까?

6. 데카르트가 옳다

뉴턴은 관찰로 증명한 성질은 신비한 성질이 아니라고 주장한다. 중력은 질량을 가진 두 물체 사이에 작용하는 거리의 제곱에 반비례하는 힘이다. 뉴턴은 『자연 철학의 수학 원리』에서 이 힘을 가정하고 지구를 포함한 행성의 궤도가 타원이라는 케플러의 법칙을 증명한다. 그러니까 중력이 관찰로 증명한 성질이라는 뉴턴의 말은 옳다. 관찰로 증명한다는 것은 관찰 사실을 바탕으로 가설을 세우고 가설로 계산한 결과를 다른 관찰 사실로 확증한다는 뜻이다.[10] 또 데카르트의 소용돌이가 중력처럼 관찰로 증명한 성질이 아니라는 뉴턴의 말도 옳다.

　데카르트의 반론도 들어보자. 데카르트는 중력이 신비한 성질이 되지 않으려면 중력의 원인을 밝혀야 한다고 주장한다. 무게를 가진 두 물체 사이에 서로 끌어당기는 중력이 있다는 견해는 데카르트 시절에

9　Descartes, R.(1985b), 278~9쪽.
10　뉴턴은 예를 들어 갈릴레오가 밝힌 자유 낙하에 관한 관찰 사실에 기초해 중력 가설을 세우고 이 가설에 기초해 케플러의 법칙, 좀 더 정확하게는 행성 궤도의 두 중심축 가운데 하나가 태양이라는 법칙을 계산하고 이를 화성의 운동에 대한 관찰 사실로 확증한다.

도 있었다. 데카르트의 소용돌이는 중력의 원인을 설명하는 가설이다. 그러나 뉴턴은 "나는 가설을 꾸미지 않는다"[11]는 말로 중력의 원인 밝히기를 거부한다. 그래서 데카르트주의자들은 뉴턴의 중력이 자기력이나 약물의 효력처럼 사람의 지성으로 알 수 없어서 원인을 설명하지 못하는 신비한 성질이라고 공격한다.

데카르트와 뉴턴이 서로 중력과 소용돌이를 신비한 성질이라고 공격하니까 한쪽 손을 들어주기 힘든 것처럼 보이지만 그렇지 않다. 뉴턴은 연금술사로서 자연 마술 전통을 계승하고, 데카르트는 자연 마술 전통을 철저히 거부한다. 연금술사 뉴턴은 돌을 금으로 바꾸는 힘이 지구와 태양이나 돌과 땅 같은 거시 물체들 사이에 작용하는 중력을 미시 차원으로 옮겨놓은 것이라고 생각한다. 질량을 가진 거시 물체들 사이에 거리의 제곱에 반비례하는 힘이 있듯이 흙 입자들 사이에도 거리의 제곱에 반비례하는 힘이 있어서 열이나 촉매 같은 적절한 조건이 있을 때 흙을 금으로 바꿔준다고 생각한다.

뉴턴은 미시 입자들 사이의 중력을 증명하는 데 실패한다. 그 실패의 변이 『광학(Opticks)』(1706)에 마지막 질문으로 담겨 있다. 이 질문에서 뉴턴은 전기, 자기, 열, 불, 화학 현상 등에도 중력과 비슷한 힘이 있을 것이고 이 힘을 찾아내어 수학으로 기술하면 이 분야의 문제들도 해결할 수 있을 것이라는 소망을 밝힌다.[12]

데카르트가 소용돌이를 끌어들이는 깊은 뜻은 중력의 원인을 신비한 영역으로 남겨두지 않고 인간 지성의 설명 범위 안으로 품으려는 것이다. 데카르트는 철학에서 자연 마술의 흔적을 철저히 제거한다.

---

11   Newton, I.(1960), 547쪽.

12   Newton, I.(1954), *Opticks or A Treatise of the Reflections, Refractions, Inflections and Colours of Light*, 375〜406쪽.

비록 엉터리 설명이지만 데카르트의 소용돌이 속에는 원인을 알 수 없는 힘의 흔적이 없다. 세 종류의 물질 입자들은 크기, 모양, 운동 속력으로만 구별된다. 서로 떨어진 상태에서 끌어당기는 힘은 물질 입자들로 꽉 찬 공간에서 원심 운동 성향에 의해 밀려나는 것으로 대체된다. 데카르트의 엉터리 소용돌이 가설은 자연 철학, 곧 과학에서 자연 마술을 몰아내려는 노력의 산물이다.

   과학의 눈으로 보면 뉴턴이 이기고 데카르트가 진다. 그러나 신비한 성질에 관한 한 뉴턴이 지고 데카르트가 이긴다. 데카르트는 자연 철학에서 자연 마술의 전통을 배격하지만 뉴턴은 받아들인다. 데카르트는 신비한 성질을 인정하는 자연 마술 전통을 철저히 거부하고 뉴턴은 자연 마술의 하나인 연금술을 평생 연구한다. 덕분에 뉴턴은 원인에 대한 가설을 세울 수 없는 중력을 쉽게 받아들이지만 데카르트는 결코 받아들이지 않는다. 중력은 원인을 알 수 없을 뿐 아니라 자연 마술의 전통 위에 서 있다는 뜻에서 신비한 성질이고 소용돌이는 신비한 성질이 아니다. 데카르트가 옳다.

7. 개별 물체를 위한 장소는 없다

공간을 중심으로 데카르트와 뉴턴의 견해를 비교 정리해 보자. 첫째, 데카르트는 빈 공간을 인정하지 않지만 뉴턴은 진공을 인정한다. 데카르트에 따르면 빈 공간도 연장을 가지므로 물체이고 연장이 없다고 잘못 생각하는 빈 공간은 없다. 뉴턴에 따르면 질량을 가진 두 물체 사이에 있는 거리의 제곱에 반비례하는 힘은 서로 떨어진 상태에서 작용한다(action at a distance). 중력은 두 물체 사이에 빈 공간이 있다고 가

정할 때 작용하는 힘이다.[13]

둘째, 소용돌이치는 물질 입자들로 꽉 찬 데카르트의 공간과 중력이 작용하는 뉴턴의 진공은 모두 물체의 운동을 말이 아니라 숫자로 설명하기 위한 장치다. 비록 데카르트가 중력 현상을 숫자가 아니라 엉터리 말로 설명하지만 적어도 의도는 소용돌이가 있다고 해야 중력과 같은 신비한 성질을 끌어들이지 않고 자연 현상을 수학화할 수 있다는 것이다. 뉴턴도 서로 떨어진 상태에서 힘이 작용하는 빈 공간이 있다고 가정해야 거리의 제곱에 반비례하는 힘으로 케플러의 운동 법칙을 증명할 수 있다. 데카르트의 빈 공간 부정과 뉴턴의 진공 인정은 정반대지만 물체의 운동과 자연 현상을 수학화한다는 똑같은 목표를 겨눈다.

데카르트의 소용돌이와 뉴턴의 진공은 공통점이 하나 더 있다. 데카르트와 뉴턴의 공간은 아리스토텔레스의 장소와 다르다. 아리스토텔레스의 장소는 개별 물체의 고유한 자리다. 아리스토텔레스에 따르면 물체는 운동하는 방향으로 특정한 시점에 고유한 장소를 차지한다. 지금 내가 쓰는 컴퓨터는 내 책상 또는 커피숍 테이블 위에 고유한 장소를 차지하고 있다. 아리스토텔레스의 공간에서 중요한 것은 공간이 개별 물체에게 특정 시점에 고유한 장소를 제공한다는 것이다. 장소는 개별 물체를 특별하게 만들어 주는 조건이다.

그러나 데카르트와 뉴턴에게 개별 물체의 고유한 장소는 중요하지 않다. 공간은 물체의 운동을 수학화할 수 있는 조건이라는 점이 중요하다. 개별 물체의 고유한 장소를 따지다가는 운동의 수학화는 물 건너

---

13   뉴턴은 중력의 매질로 에테르 가설을 생각한 적이 있지만 이 가설도 정량화할 수 없어서 『자연 철학의 수학 원리』에서는 포기한다. Westfall, R.(1971), 140~1쪽.

간다. 비록 데카르트와 뉴턴은 진공이 있느냐는 이천 년의 질문에 정반대로 대답하지만 물체의 운동을 말이 아니라 숫자로 설명하고 정성 평가 대신 정량 평가로 수학화하려는 근대 과학의 정신을 공유한다.

〔김성환〕

4

네트워크적 장소의 모색:
후설의 현상학을 바탕으로

1. 철학이 장소를 아는가?

지성적 사유의 세계에 들어서면, 마치 철학이 무소불위의 권력을 휘두르는 것 같다. 사태를 근본적으로 파고든다는 무기를 내세워 다른 많은 생각을 주눅 들게 하기가 예사이기 때문이다. 하지만, 철학적 사유도 그 사유를 필요로 하는 구체적인 삶의 장소를 벗어날 수는 없다. 카페에 앉아 친구들과 만나 정다운 대화를 나눌 때, 카페는 만남과 대화의 장소가 된다. 아우슈비츠의 가스실 앞에 열을 서서 죽음을 기다리는 사람들에게 그곳은 죽음의 장소가 된다. 미친 신군부의 총부리 앞에서도 물러나지 않고 광주 도청에서 저항한 5. 18의 시민들에게 그곳은 목숨을 내건 자유의 장소가 된다.

사회·역사적인 삶도 그렇고 개인의 삶도 그렇다. 삶은 기존의 여러 장소를 살면서 새로운 여러 장소를 만들어 내는 과정이다. 그런데 궁극적으로 삶의 의미를 탐구한다는 철학이 이제까지 장소를 제대로 주

제로 삼아 논구한 적이 드물다. 이제라도 장소를 근본적으로 탐구해야
한다.

철학사에서 장소를 철학적 탐구의 주제로 맨 먼저 제시한 인물은 아
리스토텔레스다. 물론 그의 장소 탐구는 『형이상학』이 아니고, 오늘날
의 관점에서 보면 자연 과학적 탐구에 해당하는 『자연학』에서 이루어
진다. 이 글에서는 그의 장소에 대한 개념을 시발점으로 삼아 20세기
학문적 사유에 지대한 영향을 미친 후설 현상학의 핵심 개념인 '지향
성'과 '지평'을 중심으로 장소에 대한 철학적 사유를 빚어내고자 한
다. 일반 독자들이 읽기에 다소 난해할 것이다. 하지만, '장소'가 삶에
대해 갖는 중차대한 의미를 근본적으로 탐색하자니 어쩔 수 없다.

2. 장소들의 분리와 중첩의 지평적 결합

2.1 아리스토텔레스 장소론의 난관

잘 알다시피, 아리스토텔레스(Aristoteles, 기원전 384~322)는 진공을
인정하지 않는다. 그에 따르면, 모든 곳에는 어떤 방식의 어떤 종류의
것이건 사물이 존재하고, 다시 말해 사물은 반드시 장소를 갖는다. 이
때 장소는 사물이 차지하는 '공간'과 동일한 크기의 외연을 갖는다. 이
는 그가 "한 사물(a thing)의 직접적인 장소는 그 사물보다 더 작지도
않고, 더 크지도 않다."라거나[1] "두 물체(two bodies)는 같은 장소에

---

1   Aristotele(1970), *The Basic Works of Aristotle*, Random House, New York, 275
쪽. (『자연학』, 211a 1~2)

있어서는 안 된다."[2]라고 말한 데서 확인된다. 예를 들면, 한 개의 풍선이 공중에 떠 있다고 할 때, 그 풍선은 주변의 공중 전체 또는 공중 일부를 장소로 삼는 것이 아니라 풍선 바로 바깥에 붙어 있는 공기의 둥근 표면을 자신의 장소로 삼는다는 것이다.

이렇게 되면, 하나의 사물에는 하나의 장소가 할당되는 셈이다. 그런데 하나의 사물은 자신 속에 수없이 많은 작은 사물들을 포함하고 있다. 그렇다면, 하나의 장소 속에 수없이 많은 작은 장소들이 포함된 셈이다. 이를 염두에 두고서, 아리스토텔레스는 현실적인(actual) 장소와 잠재적인(potential) 장소를 구별한다. 개별자로서 다른 물체들과 분리된 물체는 현실적으로 장소를 갖고, 현실적으로 장소를 갖는 개별 물체 내부의 부분들은 잠재적으로 장소를 갖는다고 말한다.[3] 여기에서 우리는 비록 현실성과 잠재성에 따른 그 성격의 차이는 있지만, 장소 속에 작은 장소들, 이어서 작은 장소 속에 더 작은 장소들 등, 장소에 대한 무한한 미분(微分) 과정을 예상하게 된다.

우리 나름으로 추출한 아리스토텔레스의 이러한 '장소 속의 장소'라는 개념은 장소에 대해 시사하는 바가 매우 크다. 이를 바탕으로 우리 나름으로 〈모든 장소는 원리상 단일하지 않고 무한 중첩의 복합적인 장소적 구조를 지닌다〉고 말하게 된다.

그런데 아리스토텔레스는 물체와 장소는 분리될 수 있어야만 한다고 말한다. "장소는 사물에 의해 그 뒤에 남겨질 수 있고 분리될 수 있다."[4] 이를 설명하기 위해 장소를 그릇에 비유한다. 그릇에 담겨 있는 물을 다른 빈 그릇에 옮기면 물이 비어 버린 처음의 그릇에 물이라는

---

2   같은 곳.(『자연학』, 212b 25)
3   같은 책, 278쪽.(『자연학』, 212b 3~6) 참조.
4   같은 책, 275쪽.(『자연학』, 211a 2)

물체 대신에 공기라는 물체가 들어간다는 것이다. 물론 다른 빈 그릇에 있던 공기라는 물체는 그 그릇을 차지하는 물의 물체에 의해 자신의 장소를 버리고 다른 곳 말하자면 또 다른 제3의 '그릇'으로 옮길 것이다.[5] 말하자면, 장소는 그대로 있고 그 장소를 차지하는 물체들이 바뀌는 것이다. 이때 물체는 기본적으로 움직일 수 있는 물체다.[6]

이럴 때 기묘한 의문들이 생겨난다. 물이건 공기건 자신이 차지하고 있던 장소를 버리고 다른 장소로 가서 그 장소를 차지한다. 그렇다면, 운동하는 물체가 한 장소에서 다른 장소로 옮기는 중에 어떤 일이 벌어지는가? 이전의 장소도 아니고 새로운 장소도 아닌 곳을 통과하는 바로 그 순간, 이 물체의 장소는 과연 어디인가? 한 장소와 다른 장소를 뚜렷하게 구분할 수 있는가? 만약 뚜렷하게 구분하게 되면, 저 유명한 제논의 역설에 빠져든다. 구분되는 두 장소 사이에 또 다른 제3의 장소가 있을 것이고, 그렇게 되면, 그 사이마다 제4, 제5, 제n(n=∞) 등으로 이어지면서 장소들이 무한히 구분되고, 논리상 해당 물체가 그 무한한 모든 장소를 이동하는 것이 불가능해지기 때문이다.

그런데 아리스토텔레스에 따르면 물체들은 서로 분명히 구분된다. 그리고 그에 따라 각기 물체들의 장소가 그 물체들을 에워싸고 있기에 그 장소들 역시 각기 분명히 구분된다. 장소들이 분명히 구분되는 한, 제논의 역설에 따라 물체가 장소를 바꾸어 이동하는 것은 불가능해진다. 그런데 물체의 운동은 가능하다. 분명히 모순이다. 간단히 말하면, 각 물체가 갖는 장소를 뚜렷하게 구분하는 것과 각 물체가 운동할 수 있다고 여기는 것은 양립할 수 없다.

---

5   같은 책, 269쪽.(『자연학』, 208b 3~6) 참조.
6   같은 책, 279쪽.(『자연학』, 212b 28) "모든 것이 장소에 있는 것이 아니라, 움직일 수 있는 물체만이 장소에 있다."

아리스토텔레스 자신도 이러한 문제를 감지했다. 그는 장소는 중요 하면서도 파악하기 어렵다고 여겨진다고 하면서, 그 이유 중 하나로 "움직이는 물체의 장소 이동(displacement, 장소 바꿈)이 정지해 있는 용기(容器, container) 내에서 일어나기 때문임"을 지적한다.[7] 당연한 이야기다. 만약 움직이는 물체가 장소와 함께 이동하면 장소를 이동했 다고 말할 수 없기 때문이다. 그런데 '정지해 있는 용기'는 장소다.

하지만, 진공을 허용하지 않기 때문에 그 장소에는 다른 물체들이 빼곡히 채워져 있다. 그러니까 하나의 물체가 이동한다는 것은 (1) 다 른 물체(또는 물체들)가 차지하고 있는 장소에서 그 다른 물체를 밀쳐 내 그 장소를 차지하고, (2) 그렇게 차지했던 장소를 순식간에 버리면 서 그 장소를 다른 물체에 내어주고, (3) 다시 순식간에 또 다른 물체 가 차지하고 있는 장소에서 그 또 다른 물체를 밀쳐내고 장소를 차지 하면서 순식간에 그 장소를 버린다. (4) (1)~(3)의 과정이 계속 이어 진다.

문제는 이때 장소를 차지하거나 버리는 바로 그 순간, 과연 이동하 는 그 물체의 장소가 어디인가, 하는 것이다. 그 순간 해당 물체의 장 소는 앞의 장소일 수도 없고 뒤의 장소일 수도 없다. 그래서 아리스토 텔레스는 위 인용문에 곧이어 "움직이는 물체들이 아닌 하나의 간격 (an interval)이 있어야 한다는 것이 가능할 것 같다."[8]라고 자신 없이 말한다. 간격이 움직이는 물체들이 아니라고 말하지만, 기실 그 간격 에는 다른 물체들이 채워져 있어야 하기 때문이다. 그리고 그 다른 물 체들은 정지해 있는 것이 아니라 움직여지는 물체의 이동에 따라 순간

---

7   같은 책, 277쪽.(『자연학』, 212a 8-9)

8   같은 곳.(『자연학』, 212a 10)

적이나마 함께 움직여지지 않으면 안 되기 때문이다.

물체는 장소를 지닐 수밖에 없고, 물체와 장소가 같은 외연의 크기를 지니고 있고, 진공이 없이 모든 공간에 물체들이 빼곡 채워져 있다고 여기는 한, 하나의 물체가 움직여지는 데 필요한 장소 사이에 있으면서 양쪽 장소에 걸쳐 있는 간격은 성립될 수 없다. 결국, 제논의 역설에 걸려들어 운동은 불가능하게 되고 만다.

2.2 아리스토텔레스 장소론에 따른 난관의 극복

이러한 모순적인 난관을 어떻게 해결할 것인가? 장소에 대한 관점을 전혀 새롭게 해야 한다. 미리 말하자면, 물체가 차지하는 '위치로서의 장소(place as location)'가 아니라 물체가 놓인 '지평으로서의 장소 (place as horizon)'로 바꾸어야 한다.

첫째, 장소가 물체를 에워싸면서 들러붙어 있는 경계라는 생각을 포기해야 한다. 말하자면, 물체가 놓인 장소는 물체의 경계에 한정되지 않고 그 주변으로 확장된다고 보아야 한다. 사실 이러한 장소 개념이 현실의 상식에 맞다. 예를 들어 우리는 컴퓨터가 책상 위에 놓여 있다고 할 때, 그 컴퓨터가 공간적으로 차지하고 있는 윤곽의 결정된 경계를 그것의 장소라고 하지 않는다. 책상과 책상 위 다른 사물들이 차지하고 있는 비결정의 영역을 그 컴퓨터의 장소라고 한다. 말하자면, 각 물체는 자신이 물질적으로 차지하고 있는 공간적인 위치를 자신의 장소로 삼지 않고, 그 주변에 열려 있는 지평의 영역을 장소로 삼는 것이다. 이에 우리는 각 물체가 '위치로서의 장소'를 갖는 것이 아니라, '지평으로서의 장소'를 갖는다고 말하게 된다.

둘째, 지평으로서의 장소 개념에 따르면, 하나의 물체가 갖는 장소와 다른 물체가 갖는 장소를 정확하게 구분하는 것은 불가능하다. 그러니까 장소들끼리 일정하게 겹치면서 분리되는 것으로 보아야 한다. 장소들이 겹치면서 분리되는 데에서 위 아리스토텔레스가 말한 "간격"이 의미 있게 성립한다. 이에 물체들의 운동은 장소들을 정적으로 건너뛰는 것이 아니라—이렇게 되면, 제논의 역설에 걸려든다.—장소들 사이의 분리에 의한 불연속성과 겹침에 의한 연속성을 활용하여 역동적으로 정지를 포함한 흐름이 된다.

셋째, 각 물체가 점유하는 '위치로서의 장소'는 각 물체가 갖는 지평으로서의 장소들이 겹치는 가운데 분리되는 지점에서 성립한다고 보아야 한다. 하지만 이 지점의 위치는 겹침을 벗어날 수 없는 분리이다. 따라서 이 지점의 위치는 고전 물리학에서 말하는 기하학적인 점(點)으로서의 위치가 아니다. 오히려 양자역학에서 말하는, 물체의 운동량(속도)을 고정했을 때 성립하는 불확정적인 떨림과 같은 것일 수밖에 없다.

넷째, 이렇게 되면, 물체가 운동할 때 물체는 이전의 장소를 벗어나면서도 그 장소를 수반하고, 그 장소를 수반하면서도 벗어나는 바 장소와의 이중 관계를 맺게 된다. 물체와 장소 간의 이 이중 관계에 따라 장소들 사이에 연속성이 생겨나 제논의 역설을 피할 수 있고, 그에 따라 물체가 장소를 이동하는 것이 가능해진다.

3. 사물에 앞선 사건

우리가 제시하는 이 대안, 즉 '지평으로서의 장소' 개념은 물리학적으로나 철학적으로 중요한 의미를 지닌다. 아리스토텔레스가 물체의 장소 이동에 있어서 난관에 봉착한 몇 가지 이유를 제시했지만, 그 바탕은 실체를 물질적 개별자인 물체로 보고, 물체들 사이의 관계를 이차적이고 파생적인 것으로 본 데 있다.

아리스토텔레스가 물체와 장소가 분리될 수 있어야 한다고 했을 때, 마치 물체 없는 장소가 존재한다고 말하는 것처럼 들린다. 하지만 그는 장소의 독자적인 현존, 즉 물체 없는 장소를 인정치 않는다. "진공(the void)이 현존한다는 이론은 장소의 현존을 함축한다. 왜냐하면, 진공을 물체가 떠난 자리(장소, place)로 정의할 것이기 때문이다."[9]라고 말하고, 또 "이제까지 말한 바에 따르면, 진공은 도대체 분리되어 현존하지 않는다."[10]라고 말하기 때문이다. 물체가 떠난 자리 즉 장소는 진공과 마찬가지로 그 자체로 따로 현존하는 것이 아님을 확언한다. 그런데 물체가 현존하는 데 장소는 필수적이다. 모든 물체는 각자의 그 장소에서 현존하기 때문이다. 아리스토텔레스는 장소를 주로 물체의 운동과 변화에 관련해서 집중적으로 논의할 뿐, 장소가 물체의 현존 자체에 미치는 영향력에 관해서는 거의 논의하지 않는다.[11]

만약 우리가 하나하나의 물체에 관심을 집중하지 않고 물체들 사이의 관계에 관심을 집중한다면 어떻게 될까? 하나의 물체는 자신이 포함하는 하위의 여러 물체로 되어 있다. 그 하위의 물체들 하나하나 역시 자신이 포함하는 하위의 여러 물체로 되어 있다. 예컨대 분자는 원자들로 되어 있고, 원자는 양성자와 중성자 및 전자들로 되어 있다. 또 양성자는 쿼크들로 되어 있다. 이를 거꾸로 보면, 하위의 여러 물체가

---

9   같은 책, 270쪽.(『자연학』, 208b 25~6)

10   같은 책, 288쪽.(『자연학』, 217b 20~1)

11   다만, 아리스토텔레스가 말하는 물체의 고유 장소 문제를 제외했을 때다. 고유 장소 문제는 맥락이 다르다.

서로 관계를 맺음으로써 상위의 한 물체를 형성한다고 말하게 된다. 그리하여 결국에는 온 우주라는 거대한 물체를 형성하게 될 것이다. 극미(極微)한 물체를 향한 하강의 방향과 극대(極大)한 물체를 향한 상승의 방향을 오르내리면서 우리의 사유는 소용돌이친다. 이 사유의 소용돌이는 개개의 물체에 집중해서 생겨나는 것이 아니라, 그 물체들이 맺는 관계들에 집중하다 보니 생겨난 것이다.

하나의 물체에 둔 관심을 일단 유보하고 물체들의 관계에 관심을 집중하면 어떨까? 그리고 아리스토텔레스의 '장소에 속하는 간격'에서 추출한 장소의 분리와 겹침의 동시성을 염두에 두면 어떨까? 장소는 그 자체로 '떨림의 장(field of vibration)'으로 자리매김할 것이다. 이는 패러데이(Michael Faraday, 1791-1867)가 공간에 역선(力線)들이 있어 전기력과 자기력을 한 물체에서 다른 물체에 전달한다고 하면서 그 역선들로 된 공간으로 제시한 전자기장과 유사하다.[12] 또 그 이후 아인슈타인(Albert Einstein, 1879-1955)이 밝힌 바 질량을 가진 물체들이 서로 끌어당기도록 하는 데 작동하는 시공간의 중력장과 유사하다.[13]

메를로퐁티의 몸 현상학에서는 상황으로서의 장소가 강조된다. 상황은 사물 자체만으로는 성립할 수 없다. 반드시 현실적으로건 잠정적으로건 사건이 벌어지는 곳이라야 장소가 될 수 있다. 장소를 그 자체로 '떨림의 장'이라고 말할 수 있었던 것은 아리스토텔레스가 말한 물체의 장소 이동을 문제 삼았기 때문이다. 물체의 장소 이동은 시간에 연루된 것이자 가장 기초적인 사건이다. 장소에는 공간뿐만 아니라 시

---

12 Rovelli, C.(2018), 『보이는 세상은 실재가 아니다(*Reality is not what it seems*)』, (김정훈 옮김, 이중원 감수, 쌤앤파커스, 2018), 59쪽 참조.
13 같은 책, 80, 83쪽 참조.

간이 작동함으로써 성립되는 것이다. 그래서 장소는 아인슈타인이 말하는 중력장으로서의 시공간과 그 존재 방식이 같다고 할 수 있다.

　이제 우리는 '場所'라는 말에 '장(場)'이라는 말이 들어있는 것을 그저 우연이라고만 보지 않게 된다. 장소를 떠난 물체가 없다는 아리스토텔레스의 탁월한 선견지명을 받아들이고, 동시에 중력장을 벗어난 입자가 없다는 아인슈타인의 천재적인 이론을 받아들이게 된다. 이 둘을 결합하면, 물체라는 존재에 대해 전혀 다른 생각을 하게 된다. 떨림의 장인 장소를 필연적인 조건으로 해서 존재하는 물체(입자) 역시 그 자체로 고유한 독자성을 띤 실체가 아니고 그 자체 하나의 사건이라고 생각하게 된다. 그리고 흔히 우리가 사물이라고 말하는 것은 떨림의 장인 비가시적인 장소를 통해 가시적으로 지각되는 층위라고 생각하게 된다.[14] 사물에는 그 외부뿐만 아니라 그 내부에서도 어마어마한 떨림의 장인 장소들과 결합한 사건들이 벌어지고 있다. 말하자면, 지각되는 하나의 사물은 그 자체, 내외적으로 떨림의 장인 장소들을 통해 벌어지는 사건이라고 생각하게 된다. 이 대목에서 우리는 현대 물리학자인 로벨리(Carlo Rovelli, 1956~)가 말한 "세상은 사물들이 아닌 사건들의 총체이다."[15]라는 말을 귀담아듣게 된다.

14　이는 메를로퐁티가 『보이는 것과 보이지 않는 것(*Le visible et l'invisible*)』에서 가시적인 물체(corps)가 비가시적인 살(chair)로 되어 있다고 말하는 것과 유사한 구조를 띤다.
15　Rovelli, C.(2019), 『시간은 흐르지 않는다(*The Order of Time*)』, (이중원 옮김, 샘앤파커스, 2019), 105쪽.

4. 후설의 지향성 이론과 지평론으로 본 장소

후설(Edmund Husserl, 1859~1938)은 현상학의 원리를 구축한 철학자다. 그가 개발한 현상학의 두 핵심 원리로 지향성의 원리와 지평 구조의 원리를 꼽을 수 있다. 이 두 원리는 우리 인간의 지각이 어떻게 이루어지는가를 기술하고 설명한다.

4.1 지향성으로 본 장소

잘 알려진 것처럼, 지향성(Intentionalität)은 우선 지각되는 대상과 지각하는 주체(의식)가 성립하는 데 작동하는 필연적인 상관관계를 지시한다. 지각 외에 판단, 가치 평가, 소원, 상상 등의 의식 작용에도 이러한 지향적인 상관관계가 성립한다. 말하자면, 의식이 작동하는 데는 모두 주체와 대상 간의 지향적인 상관관계가 필연적으로 작동한다.

이러한 지향성은 장소가 성립하는 데 기본적으로 작동하는 것으로 볼 수 있다. 후설은 장소에 관한 논의를 거의 하지 않는다. 지향성과 장소의 관계에 대해 우리 나름으로 접근해서 논의할 수밖에 없다.

지향성은 일종의 초점 두기라 할 수 있다. 초점을 받은 대상은 초점을 두는 나의 행위가 없이는 성립하지 않는다. 의식의 지향성도 이와 같다. 후설은 지향성에 관해 "의식은 항상 무엇인가에 대한 의식이다."라는 말로 간략하게 표현한다.[16] 이때 '무엇'은 의식된 대상이다. 이 말은 두 가지 방향으로 해석된다. 하나는 의식이란 대상과 상관없이 본

---

16   Husserl, E.(1976), 『순수 현상학과 현상학적 철학의 이념들 순수 현상학의 입문 일반』, (최경호 옮김, 문학과지성사, 1997), 171쪽.

래부터 있는 것이 아니라는 것이다. 즉 의식되는 대상이 없이는 의식
이 있을 수 없다는 것이다. 이는 의식 즉 정신의 독자적인 실체성을 부
정하는 것이다. 다른 하나는 대상 역시 의식이 없이는 성립할 수 없다
는 것이다. 이는 주로 대상으로 나타나는 사물의 독자적인 실체성을
부정하는 것이다. 요컨대, 정신과 물질은 서로 독자적인 실체성을 지
닐 수 없고, 오로지 이른바 지향적인 상관관계를 통해서만 성립한다는
것이다.

예를 들어, 한 사물의 색이나 모양 및 촉각적인 질감과 같은 감각적
인 질들은 감각 작용을 수행하는 의식 작용이 없이는 성립하지 않고,
또 감각을 수행하는 의식(작용) 역시 이 감각적인 질들이 없이는 성립
하지 않는다. 감각적인 질들의 기반이 된다고 여겨져 온 사물은 지각
하는 의식 작용이 없이는 성립하지 않고, 또 사물이 없이는 지각하는
의식 작용 역시 성립하지 않는다. 명제와 판단(작용)의 관계도 그러하
고, 상상되는 대상과 상상하는 의식(작용)도 그러하다. 일체의 의식 활
동에서 주체인 의식 작용과 대상인 의식 대상은 그 특수한 성격과 방
식에 있어서 이처럼 지향적인 상관관계를 필연적으로 갖는다는 것이
현상학적인 분석에 의한 후설의 주장이다.

다만 이때 중요한 것은, 무엇인가가 의식의 대상이 되었다는 것은
그것이 의식에 대해 일정한 규정된 의미를 띤다는 것을 전제로 한다.
일정하게 규정된 의미를 띤다는 것은 극미한 순간적인 변화를 넘어서
서 어떤 동일한 상태가 일정하게 지속한다는 것을 뜻한다. 후설은 의
식 작용과 의식 대상이 의미를 중심으로 지향적으로 서로 맞물리기 전
에는 의식 작용과 의식 대상을 구분할 수 없는 이른바 현출들(Erschei-
nungen)이라는 극미한 순간들의 연속이 진행된다고 여긴다. 이 극미
한 순간들의 연속은 흔히 우리가 시간이라 여기는 것에 속하지 않는

다. 오히려 시간이 생겨나는 원천이 된다. 이렇게 시간이 생겨남으로써 그와 동시에 의식 작용과 의식 대상이 구분되어 생겨나고, 그럼으로써 의식 작용과 의식 대상이 이른바 의미를 중심으로 지향적 관계를 맺게 된다. 하지만 의미는 주로 대상에게 적용된다. 의미가 성립되어야만 비로소 이름을 붙여 술어화(述語化)할 수 있게 된다. 즉 의미는 낱말이 성립하는 인식적인 기반이고, 낱말을 통해 지칭되는 개념의 기반이 된다.

그렇다면, 후설이 말하는 의식의 지향성은 장소에 관련하여 과연 어떤 의미를 띠는가? 이에 답하기 위해 먼저 생각해야 할 문제가 있다. 그것은 '의식 작용과 의식 대상이 지향적인 상관관계를 맺는 장소가 있는가' 하는 것이다. 그리고 '그 장소가 있다면 그것은 어떤 성격을 띠는가' 하는 것이다. 이 두 가지 문제를 해결하게 되면, 후설의 현상학을 새로운 방식으로 해석하게 된다.

만약 우리 나름으로 "의식은 항상 어떤 장소에서의 의식이다."라는 명제를 제출할 수 있다면, 그리하여 "장소를 갖지 않는 의식은 불가능하다."라는 명제로 이어진다면, 의식의 개념을 새롭게 할 뿐만 아니라, 그와 더불어 장소의 개념을 새롭게 할 수 있는 근본적인 실마리를 얻게 된다. 이를 통해 철학적 사유의 역사에 있어서 큰 변화를 가져올 수 있다. 장소가 철학적 사유에서 근본적인 범주로서 작동한다는 것을 알게 될 것인데, 이를 정확하게 논구한 철학을 찾기가 쉽지 않기 때문이다.[17]

앞에서 약술한 것처럼, 후설의 현상학에서 의식과 대상 간의 지향적

---

17   장소는 '지금 여기'에서 성립한다는 것을 기본 성격으로 갖는다. 그리고 '지금 여기'는 현존의 근본 조건이다. 따라서 장소론에 입각해서 철학적 사유를 할 경우, 이른바 현존주의를 전혀 새롭게 개진할 수 있게 될 것이다.

인 상관관계는 시간의 구성과 더불어 일어난다. 후설이 말하는 시간은 과거와 미래가 현재에 이미 늘 포섭되어 나타나는 이른바 "생생한 현재(lebendige Gegenwart)"다.[18] 이 생생한 현재는 우리가 생활하는 현재다. 이 생생한 현재 없이는 우선 지각의 대상과 그 의미가 성립할 수 없다. 후설의 현상학에서 지각은 다른 모든 의식 활동의 기반이다. 따라서 생생한 현재 없이는 의미를 띤다고 여겨지는 모든 (의식의) 대상이 성립할 수 없다. 이에 우리는 이 생생한 현재를 의식과 대상 간의 지향적인 상관관계가 벌어지는 장소로 거론될 수 있는 제1의 후보로 볼 수 있다.

그렇다면 제2의 후보는? 감각, 지각, 판단, 소원, 가치 평가, 상상 등 여러 의식 활동마다 그 나름의 특정한 의식 작용과 의식 대상이 서로 맞물려 성립한다. 그렇다면, 어느 한 특정한 의식 활동의 예를 들어, 지금 이렇게 의식과 장소의 문제 때문에 전전긍긍하면서 사유하는 나의 의식이 지금 이 생생한 현재에서 발휘될 때, 그 외 다른 나의 모든 의식 활동들은 어떤 상태에 어떻게 있는가?

생생한 현재에서 발휘되는 어느 특정한 의식 활동이 현행적(現行的, actual)이라면, 그 외 다른 의식 활동들은 잠정적(暫定的, virtual)이다. 이때 그 잠정적인 의식 활동들은 모두 '어디에서' 그렇게 잠정적으로 대기하고 있는가가 문제로 나선다. 모든 지향적인 의식 활동이 생생한 현재를 벗어날 수 없다고 한다면, 이 모든 잠정적인 의식 활동들은 어떻게든 생생한 현재 속에 머물러 있어야 한다. 이렇게 되면, 생생한 현재가 크게 이중의 층으로 되어 있다고 볼 수밖에 없다.

---

18   후설 현상학의 연구로 유명한 헬트(Klaus Held)에 따르면, 이 '생생한 현재'는 출간된 후설의 책에서는 쉽게 찾아볼 수 없고 주로 미출간된 유고에 나타난다. Held, K.(1966), *Lebendige Gegenwart*, Martinus Nijhoff, 19쪽 참조.

생생한 현재의 표층에서는 당장 발휘되는 현행적인 의식 활동이 이루어진다. 그리고 생생한 현재의 심층에서는 그 외 모든 잠정적인 의식 활동들이 이루어진다. 여기에서 우리는 생생한 현재에서 표층보다 심층이 훨씬 더 광범위하다고 말하게 된다. 비유컨대 생생한 현재의 표층은 빙산의 수면 위 드러난 부분이고, 그 심층은 수면 아래의 거대한 빙산의 숨겨진 본체다.

또 시간을 파동에 견주면, 생생한 현재는 시간의 파동 전체라 할 수 있다. 그리고 현행적인 의식 활동이 이루어지는 생생한 현재의 표층은 파동의 꼭대기 즉 마루에 해당하고, 잠정적인 모든 의식 활동이 말 그대로 잠정적으로 작동하면서 대기하고 있는 생생한 현재의 심층은 마루를 제외한, 마루에서 골에 이르는 전체라 할 수 있다. 이에 관한 〈참고 그림〉이다.

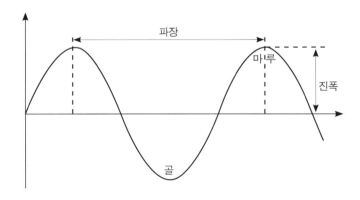

이를 장소에 견주어 말하면, 생생한 현재의 표층에서 이루어지는 어느 특정한 의식 활동은 생생한 현재의 심층을 장소로 해서 이루어진다고 할 수 있다. 결국, 의식 작용과 의식 대상 간의 지향적인 상관관계

가 이루어지는 장소가 어디냐고 할 때, 잠정적인 의식 활동 전체를 제2 후보로 거론하게 된다. 말하자면, 우리가 지금 어떤 의식 활동을 하건 그 현행적인 의식 활동은 그 외 다른 잠정적인 의식 활동들 전체를 장소로 해서 발휘되는 것이다.

생생한 현재를 크게 두 개의 층으로 구성된 것으로 봄으로써 이제 제1 후보였던 생생한 현재가 제2 후보인 잠정적인 의식 활동들 전체와 경쟁하게 되었다. 하지만 방금 논의한 내용을 보자면, 제1 후보였던 생생한 현재는 기실 생생한 현재의 심층인 셈이다. 그리고 그 심층을 채우고 있는 것은 잠정적인 모든 의식 활동의 전체다. 이에, 이 잠정적인 모든 의식 활동 전체를 현행적인 지향적 의식 활동이 이루어지는 장소로 보아야 한다는 결론이 나온다.

4.2 지평으로 본 장소

그렇다면, 문제는 현행적인 의식 활동과 그 외 잠정적인 모든 의식 활동 간의 관계가 어떤 식으로 되어 있느냐다. 이를 시간 구조에서 보면, 생생한 현재의 표층과 심층의 관계가 어떤 식으로 되어 있느냐를 묻는 것이기도 하다. 이에 도입되는 것이 지평이다.

후설은 지평을 설명할 때 먼저 대상적인 영역에서의 초점 두기를 끌어들인다. 지각은 어떤 사물에 초점을 두어 대상으로 삼는 데서 출발한다. 초점을 둔다는 것은 의식이 특정한 무엇에 관심을 두고서 주의를 기울이는 것을 뜻한다. 이럴 때 초점을 받은 특정한 대상에 관련한 주변이 있기 마련이다. 그리고 그 주변에는 초점을 받지 못한 것들이 잔뜩 포진하고 있다. 그러니까 지각할 때마다, 초점을 받은 것이 지각의 대상이 되면서 초점을 받지 못한 것들이 그 주변에 포진하는 것은 필연적이다. 이때 그 주변을 지평이라고 한다. 이때 초점을 받은 지각 대상이 현행적인 대상이라면, 지평을 구성하는 것들은 잠정적인 대상들이다.

중요한 것은 지평이 그냥 주변에 포진해 있기만 하지 않는다는 사실이다. 지평에 포진해 있는 잠정적인 대상들은 현행적인 특정 대상이 갖는 의미를 암암리에 규정하는 역할을 한다. 말하자면, 지각되는 특정 대상은 지평적으로 의미를 띤다. 지평적으로 의미를 띤다는 것은 특정 대상 그 자체만으로는 의미를 띨 수 없다는 것을 뜻한다. 물론 특정 대상 자체에서 발휘되는 의미의 부분이 크긴 하다. 하지만, 엄격히 말하면, '특정 대상 자체에서 발휘되는 의미'라는 말 자체가 처음부터 성립하지 않는다. 그것마저 지평적으로 즉 주변의 다른 잠정적인 대상들이 어떤 잠정적인 의미들을 띠느냐에 따라 이미 늘 달라지기 때문이다.

지평에 들어 있는 잠정적인 대상들의 수는 결코 헤아릴 수 없다. 그것들 역시 비록 잠정적이긴 하나 서로에게 상호 지평의 방식으로 이미 늘 영향을 주고받고 있기 때문이다. 간단히 말하면, 격렬한 상호 작용의 네트워크 구조다. 지평에서 잠정적 대상들 간에 격렬한 상호 작용이 이루어진다는 것은 저 앞에서 말한 생생한 현재의 심층에서 그러한 상호 작용이 이미 늘 일어나고 있다는 것과 연결된다.

지평적인 심층에서 일어나는 격렬한 상호 작용의 네트워크를 기반으로 해서 초점을 받은 특정 대상의 의미가 생성되는 것이다. 그런데 후설의 현상학에서 보면, 이러한 의미를 삭제한 사물은 존재하지 않는다. 그러니까 하나의 사물이 있다고 할 때, 그 사물이 성립하는 데 의식 작용의 측면에서건 의식 대상의 측면에서건 격렬한 지평적인 상호 작용이 필수적인 조건이 되는 것이다. 이는 사물을 흔히 말하는 다른 것들과 독립된 입자로 여길 수 없다는 것을 뜻한다. 설사 입자라고 할지라도 그 입자는 이미 늘 다른 뭇 입자들과 지평-네트워크의 상호 작용 속에서만 입자로 드러나기 때문이다. 이는 양자 역학이나 양자론에서 말하는 파동으로서의 입자인 양자(量子, quantum)와 비견할 수 있다. 이에 사물은 지평-네트워크에 따른 사건이라 부르는 것이 마땅하다.

그런데 지각뿐만 아니라 사유를 바탕으로 한 판단도 이같이 대상-지평의 상호 작용적 구조를 벗어날 수 없다. 그뿐만 아니라 기억이나 예상 및 상상 역시 마찬가지다. 그러니까 넓게 보아 철학적이건 신학적이건 물리학적이건 심리학적이건 간에, 모든 의식 활동은 근본적으로 대상-지평의 상호 작용 즉 지평-네트워크의 격렬한 상호 작용을 통해서만 이루어지는 것이다. 그에 따른 의식 대상들도 마찬가지다.

자, 중요한 것은 지평이 대상의 장소가 된다는 것이다. 다만, 이때 장소는 어느 대상을 바로 그 대상이게끔 하는 힘을 발휘한다. 그러고 보면, '바로 그 대상인 그것'이란 말에는 이미 '진정 그 대상 바로 그것'이란 말이 불가능하다는 사실이 함축되어 있다. 개별적인 대상 자체가 아예 성립하지 않는 것이다. 말하자면, 각각의 모든 사물(물체)은 지평-네트워크의 상호 작용을 장소로 해서 존재하고, 따라서 그 상호 작용을 통해 근본적으로 저 자신을 벗어난 다른 일체의 것들을 통해 저 자신으로 존재하는 것이다. 여기에서 우리는 저 앞에서 아리스토텔레스가 본 물체와 장소의 관계를 통해 추출했던 '떨림의 장'으로서의 장소와 '사건으로서의 사물'이라는 개념을 또 다른 방식으로 확인하게 된다.

생생한 현재는 워낙 격렬한 떨림의 파동이다. 심층에서는 뭇 잠정적인 의식 활동과 그에 따른 잠정적인 대상들이 지평-네트워크의 격렬한

상호 작용을 통해 분리와 겹침을 무수히 반복한다. 그 심층의 힘의 특
정 부분이 일순간 '위로 솟구쳐' 표층의 현행적인 의식 활동과 그에 따
른 현행적인 대상을 형성한다. 그럴 때 표층의 현행적인 사태를 중심
으로 수평적으로 퍼지면서 들고 나는 것으로 여겨지는 여기 이 지각
장 전체에서의 잠정적인 풍경은 기실 심층에서 일어나는 잠정적인 사
태들의 힘 작용에 의한 것이다. 이는 공간적이라 여겨지는 수평적인
지평-네트워크가 기실 시간적인 수직적인 지평-네트워크의 표현임을
말한다. 요컨대, 장소는 근본적으로 시간적이지만 공간적으로 표현되
는 것이다.

5. 나, 너 그리고 우리는 어디에 있는가?

말하자니 논리에 어긋나는 것 같지만, 우리는 함께 살고 있고 함께 살
수밖에 없고 함께 살아야 한다. 함께 살자면 함께 사는 장소가 있어야
한다. '혼밥', '혼술'이라는 말이 횡행한다. 혼자 밥먹고 술마시는 다
른 이유가 있을 수 있지만 함께 살 장소가 마련되지 않으면 어쩔 수 없
이 혼자 먹고 마실 수밖에 없다. 위에서 밝힌 대로, 장소는 근본적으로
그 속에 현존하는 것들이 네트워크-지평적으로 힘 또는 의미를 주고받
는 장(場, field)이다. 어느 특정한 장소를 잃어버린 자는 그만큼 제대
로 된 삶을 살지 못한다. 예를 들어, 음악을 들으면서 다른 사람들과
함께 춤출 수 있는 장소를 마련하지 못한 사람은 그 삶을 놓치고 있다.
구성원들에게 다양한 삶의 장소를 제대로 제공하지 못하는 사회는 그
만큼 악하다. 국가는 말할 것도 없다. 장소는 그저 감정의 문제에 그치
지 않는다. 장소는 그 속에 사회·역사적이고 문화적인 공동성을 이루

기 위한 인간 고유의 역량들이 총집결되는 지혜를 필요로 한다. 그 지혜의 핵심은 불평등과 차별을 넘어서서 함께 사는 장소를 마련하는 것이다. 이에 우리는 우선 장소가 네트워크-지평적인 장이고, 거기에서 사는 나, 너 그리고 우리는 서로를 통해 작동하는 사건임을 기억해야 할 것이다.

〔조광제〕

5

하이데거의 존재론으로 본
인간과 장소

1. 예비적 고찰

1.1 장소와 나의 구조접속 관계

우리는 때때로 '나는 무엇인가?' 하고 생각한다. 그러다 보면 자칫 반성하는 내면으로 빠져든다. 그래서 자신이 현존하는 데 필수적인 장소와의 관계를 잊는다. 내면적인 정신은 장소를 벗어나 있다고 여기기 때문이다. 생각하고 있는 동안에만 자신이 현존한다고 믿었던 데카르트의 경우[1]에서 이러한 예를 볼 수 있다. 그의 말대로라면, 내가 존재하는 곳은 나의 생각이고, 내 생각이 존재하는 곳은 나다.

한편 우리는 '나는 어디에 있는가?' 라고 물을 수 있다. 쉽게 생각하

---

[1] Descartes, R.(1641), 『방법서설·성찰, 데까르트 연구』, (최명관 옮김, 서광사, 1989), 85쪽 참조.

면, 내 몸이 있는 곳에 내가 있고, 내가 돌아다니면 돌아다니는 그 여러 곳에 내가 있고, 또 머물면 머무는 그곳에 내가 있다. 이 글을 쓰는 나는 책상 앞 의자에 앉아 있다. 그런데 내가 머물기도 하고 거쳐 오기도 했던 수많은 그곳은 지나가 버렸기에 지금 내가 있는 여기와 무관할까? 그렇지 않다. 내가 태어난 곳 그리고 어릴 때부터 지금까지 내가 살아왔던 곳들은 지금 내가 여기에 있는 것과 밀접하게 연결되어 있다.

공간이 생활과 결합하면 장소가 된다. 인문지리학자로서 장소 연구에 크게 공헌한 이-푸 투안은 공간을 무차별적인 것으로 보면서 사람들이 공간을 더 잘 인식해서 가치를 부여함에 따라 공간이 장소가 된다고 말한다.[2] 당연한 이야기다. 가치를 부여하는 데 경험적인 인식뿐만 아니라 그 바탕에 욕망과 감정 그리고 그에 관련된 타인들과의 뭇 관계들이 공간에 작동함으로써 장소가 될 것이다. 이에 장소는 공간 위에서 또 공간을 둘러싸고서 나와 타인들 간에 성립하는 뭇 사실들과 의미들의 터가 될 것이다.

나는 내가 살아온 사실들과 의미들을 통해 내가 된다. 따라서 이제껏 내가 살아온 장소들은 '나는 무엇인가?' 하는 물음에 대한 대답과 근본적으로 분리될 수 없다. 내가 무엇인가는 본래 내 생각을 벗어나 있다. 내가 살아온 장소들이 내 생각을 벗어나 현존하고 작동하기 때문이다. 장소가 그저 위치(location)를 지시한다면 내 생각을 통해 또는 내가 쓴 일기를 통해 상당 정도 내가 무엇인가를 알 수 있을 것이다. 하지만, 장소는 위치를 하나의 계기로 삼을지라도 위치만으로 구성되는 것이 아니다. 위치는 공간적인 좌표에 따른 것이다. 장소가 위

---

2 Yi-Fu Tuan(1977), 19쪽 참조.

치를 한 계기로 삼으면서 위치를 벗어나 있다는 것은 공간적인 규정을
한 계기로 삼으면서 공간을 넘어서서 구성된다는 것을 말해 준다.

　바렐라의 인지 생물학적인 용어를 빌려 말하면 장소는 구조접속
(structural connection)에[3] 의해 구성된다. 원리적으로 공간과 그 공간
을 활용하는 사람 간의 구조접속에 따라 장소가 성립된다. 사람은 자
신이 활용하는 공간에 영향을 미쳐 그 공간의 구조를 변화시키고, 공
간은 거기를 활용하는 사람에게 영향을 미쳐 그 사람의 삶의 구조를
변화시킨다. 이러한 공간과 사람의 관계에서 장소가 성립된다. 이러한
구조접속에 따른 장소의 변화는 특히 도시 문명의 역사를 보아 쉽게
알 수 있다. 예를 들어, 18세기 조선 시대 광화문 앞 육조거리를 살았
던 사람들의 삶과 오늘날 광화문 앞 광장과 양쪽 차도를 사는 사람들
의 삶의 차이가 이를 여실히 드러낸다.

　장소가 공간과 사람 간의 끊임없는 구조접속의 과정을 통해 성립한
다는 것은 장소가 근본 성격으로서 역동성을 갖는다는 것을 말해 준
다. 그럼으로써 장소가 자연 지리학적인 대상을 벗어나서 이른바 인문
지리학적인 대상으로서의 성격을 갖는 것이다. 공간과 사람의 삶 사이
에서 이루어지는 구조접속의 역동적인 역사는 곧 장소가 역사성(歷史
性, historicity)을 띤다는 것을 말해 준다. 장소의 역사는 장소가 각자
의 사적인 삶에 그치지 않고 많은 타인과의 공적인 삶을 통해 성립하
고 작동한다는 것을 말해 준다. 그런 까닭에, 이-푸 투안이 "사람과 장
소 또는 배경의 정서적 유대"를 일컬어 "토포필리아(topophilia)" 즉

3　Varela, F.(1984), 『앎의 나무(*Der Baum der Erkenntnis*)』, (최호영 옮김, 갈무리,
2015), 90~1쪽 참조. 구조접속은 생물 개체와 환경 간의 재귀적 상호 작용, 즉 양쪽
이 서로에게 교환적으로 영향을 미쳐 양쪽 모두의 구조를 변화하는 역사를 형성하는
것을 말한다.

"장소애(場所愛)"라고 말했을 때,⁴ 장소애라는 정서가 발흥하는 데에 작동하는 것은 장소를 구성하는 한 계기인 지각적인 풍경뿐만이 아니다. 거기에서 타인들과의 긍정적/부정적인 구체적인 관계들이 또 다른 핵심 계기로 작동하는 것으로 보아야 한다.

내가 누구인가 하는, 이른바 실존적인(existential) 물음을 던져 그 대답을 구할 때부터 장소는 이미 근본적인 조건으로 작동한다. 그리고 장소는 공간과 타인이라는 두 계기를 통해 성립하기 때문에, 나는 누구인가는 자연에서부터 주어지는 실제의 공간과 문화에서부터 주어지는 타인들을 통해 규정될 수밖에 없다. 달리 말하면, 장소는 공간적인 정위(定位, location)를 벗어날 수도 없지만, 타인들과의 상호성(相互性, interpersonality)을 벗어날 수 없다는 것이다.

1.2 인간은 장소다

그냥 인간이기만 한 인간은 아무도 없다. 누군가는 시인이고, 또 누군가는 장사치다. 누군가는 고귀한 품격을 지니고 있고, 또 누군가는 속물이다. 인간과 장소와의 구조접속의 관계는 장소가 인문적인 성격 즉 인간성을 근본 성격으로 띤다는 것을 일러주고, 그 반대로 인간이 장소성을 근본 성격으로 삼는다는 것을 일러준다. 여기에서 인간이 지닌 장소성을 특별히 염두에 둘 필요가 있다. 말하자면, 시인인 인간은 시가 출현하는 장소이고, 장사치는 이윤이 출현하는 장소다. 인품이 탁월한 자는 인품이 발현되는 장소이고, 속물은 아첨이 실현되는 장소다.

---

4   Yi-Fu Tuan(1974), 21쪽.

앞서 제시했던 '나는 무엇인가?' 하는 물음은 흔히 철학자라 일컫는 사람들의 전유물이 아니다. 누구나 이미 이 물음을 던진다. 그 답은 사람의 처지에 따라 얼마든지 다르겠지만, 이를 묻는 것은 인간이 인간임을 나타내는 근본 징표다. 그런데 우리는 이 물음에 대해 인문지리학적인 장소성 개념을 원용하여 "인간은 장소다."라는 하나의 답을 제출한다. 그리고 각자가 무슨 일을 주로 하는가에 따라 그의 장소성이 달라진다는 생각을 곁들인다. 한 사람이 한 가지 일만을 하지 않을 것이기에 각자에게서 실현되는 장소성은 물론 다종다양할 것이다.

'장소로서의 인간'이란 개념은 여러 새로운 생각을 하게 한다. 근대 모더니즘의 틀에서는 내가 활동의 주체로서 어떤 일을 한다고 주로 생각했다. 나를 장소로 여기게 되면, 이러한 주체 중심의 모더니즘적 사유가 깨진다. 내가 아니라 내가 하는 일이 오히려 주체인 양 나를 장소로 삼아 힘을 발휘하는 것으로 되기 때문이다. 문학 철학자인 블랑쇼는 "작품을 쓰는 자는 한쪽으로 밀려나고, 작품을 다 쓴 자는 쫓겨난다."[5]라는 말도 했고, "죽을 수 있기 위해 글을 쓴다. — 글을 쓸 수 있기 위해 죽는다."[6]라는 말도 했다. 작가는 글 또는 작품이 사건으로서 일어나는 장소일 뿐임을 말한 것이다. 화가 세잔은 "풍경이 내 속에서 자신을 생각한다. 나는 풍경의 의식이다."[7]라는 말을 했다. 심지어 풍경을 지각하는 자마저 풍경이 저 자신을 드러내 보이는 장소인 것이다.

인간의 활동에서 지각은 기본이다. 그런데 지각의 차원에서 벌써 인

---

5 Blanchot, M.(1955), 『문학의 공간(*L'espace littéraire*)』, (이달승 옮김, 그린비, 2010), 14쪽.

6 같은 책, 123쪽.

7 Merleau-Ponty, M.(1948), *Sens et Non-sens*, Éditions Nagel, 30쪽.

간은 지각되는 그것들이 자신의 모습을 드러내는 장소다. 이를 잘 드
러낸 철학자는 후설이다. 그는 "우리는 지향성 하에서 체험들의 고유
성 즉 '어떤 것에 대한 의식임(Bewußtsein von etwas zu sein)'을 이
해했다."[8]라고 말한다. 의식이란 그 자체로 따로 있는 것이 아니라, 대
상인 무엇이 드러나는 장소라는 것이다. 이에 우리는 현상학에서 핵심
개념인 의식의 지향성을 장소 철학적인 관점에 따라 "의식은 의식되
는 대상의 장소다."라고 달리 해석하게 된다.[9] 인간은 근본적으로 의
식하는 존재다. 그런데 의식은 장소다. 따라서 인간은 근본적으로 장
소다. 데카르트의 "사유하는 자아(ego cogitans)"에서부터 출발한 근
대 모더니즘은 이같이 '장소로서의 인간'이란 개념에 따라 근본적으로
붕괴된다.

　장소는 사건이 일어나는 곳이다. 사건이 일어났던 곳은 기억되는 장
소이고, 사건이 일어날 곳은 약속되거나 예상되는 장소이다. 그리고
사건이 일어나고 있는 곳은 현행적인 장소이다. 일찍이 아우구스티누
스는 시간은 과거와 현재와 미래가 있는 것이 아니라 기억으로서 과거
의 현재가 있고, 목격함으로서 현재의 현재가 있고, 기다림으로서 미
래의 현재가 있다고 했다.[10] 아우구스티누스의 이 말을 원용하게 되면,
장소는 인간을 통해 시간이 발생하여 작동하는 곳임을, 즉 장소의 시
간성(時間性, temporality)을 말하게 된다. 이렇게 장소가 시간성을 띠

8　Husserl, E.(1913), *Ideen zu einer reinen Phänomenologie und phänomenolo-
gischen Philosophie*, erstes Buch, Martinus Nijhoff, 188쪽.

9　후설은 의식이 지향적이라고 말한다. "의식은 항상 무엇인가에 대한 의식이다."
이와 관련해서, 우리는 의식과 의식 대상이 지향적 관계를 맺는 장소가 어디 또는 무
엇인가를 물을 수 있다. 이에 관해서는 다른 고찰이 필요하다.

10　Augustinus(398), 『고백록(*Confessiones*)』, (최민순 옮김, 바오로딸, 2005),
329~30쪽 참조.

게 되는 것은 시간이 발원하는 인간이 바로 장소이기 때문이다.

장소는 나와 타인들 간의 상호성과 그에 따른 역사성을 지닌다고 했다. 근본적으로 보아 그것은 인간이 장소이고 인간에게서 시간이 발원하며 그에 따라 장소가 시간성을 띠기 때문이다. 누군가가 어느 특정한 장소를 찾아가는 것은 자신에게 쟁여져 있는 여러 장소를 그 장소와 뒤섞어 결합하는 것이다. 그럼으로써 그는 그 장소를 새로운 장소로 만든다. 그래서 인간과 장소 간의 구조접속이 일어난다. 장소는 인간을 만들고, 인간은 장소를 만든다.

이같이 각자의 역동하는 삶을 통해 여러 장소가 결합하고 분기되면서 특정한 하나의 장소가 성립된다. 그런 까닭에, 온전히 따로 고립된 독자적인 장소는 존재하지 않는다. 장소는 다른 많은 장소가 결합한 일종의 연결망이다. 달리 말하면, 하나의 텍스처(texture), 즉 짜임이다. 인간이 장소이고 따라서 내가 장소라고 여기게 되면, 내가 다른 많은 '나' 들로 된 연결망이고 하나의 짜임임이 잘 드러난다. 그러니까 철학사를 통해 운위되어 온 "순수 자아(純粹自我, pure ego)"는 작위에 의한 허상일 뿐이다. 일찍이 시인 랭보는 "나는 남이다. 나는 내 생각의 개화에 참여한다."[11]라고 말했다. 내 생각은 생각하는 나의 의식을 장소로 삼아 한편으로 나와 별개로 나에게서 일어나는 사건이다. 장소는 짜임이고, 나는 장소로서 결국 다른 것들의 장소이기 때문이다.

나 자신을 특정하게 마땅한 장소로서 구축하는 것은 대단히 중요하고 어렵다. 시인이고자 하는 나는 시라는 사건이 일어나는 데 마땅한 장소여야 한다. 내가 시에 마땅한 장소가 된다는 것은 곧 내가 제대로 시인이 되는 것이다. 과학자이고자 하는 나는 진리라는 사건이 일어나

11　서연선(2010), 『랭보의 시학』, 경상대학교출판부, 218쪽에서 재인용.

는 데 마땅한 장소가 되어야 한다. 내가 원하는 일이 벌어지는 데 마땅한 장소가 된다는 것은 결코 쉬운 일이 아니다. 본래 내가 여러 장소의 연결망이자 짜임으로서 늘 열려 있는 장소이고, 그렇기에 특정한 일에 마땅한 장소로 정확하게 자리를 잡기가 어렵기 때문이다.

장소를 만드는 방식에 따라 그리고 장소를 찾아가는 방식에 따라 삶이 크게 달라질 것이다. 선대가 넘겨준 장소를 그대로 이어받아 발전시켜 나가는 방식으로 살아간다면 정주에 따른(定住的, settled) 삶이 될 것이다. 자신에게 주어진 장소를 언제든지 바꿀 수 있어 새로운 장소를 찾아가 받아들이면 유목에 따른(遊牧的, nomadic) 삶이 될 것이다. 자신의 존재를 유목에 따른 장소로 기획하고 수행할 것인가, 아니면 정주에 따른 장소로 기획하고 수행할 것인가는 자신의 결단보다 사회 문화적인 압력에 더 많이 좌우될 것이다.

2. 하이데거의 존재론으로 본 장소

2.1 "현존재(Dasein)"와 장소

하이데거는 우리 인간에 대해 그 나름의 개념과 명칭을 안출해 "Dasein"이라고 했다. 이 말을 우리는 "현존재"라고 번역해서 쓴다. 그냥 인간(Mensch)이라고 하면 될 것인데, 그는 왜 특별히 그런 새로운 말을 만들어 썼을까? 우선 그의 주저 『존재와 시간』에서 하는 그의 말을 들어보자.

우리 자신이 늘 그것인 존재자, 그 외에도 물음을 던질 수 있는 가능성을

지닌 존재자가 있다. 우리는 이 존재자에 이름을 붙여 현존재(現存在, Dasein)로 파악하자.[12]

'현존재'를 정의하는 이 대목 자체에서는 우리 인간의 장소성을 찾을 수 없다. 달리 말하면, 하이데거가 인간을 '현존재'라고 정의할 때, 특별히 장소성을 염두에 둔 것은 아니다. 하지만 'Dasein'을 직역했을 때 그 뜻이 '거기에 있음' 또는 '거기임'이라는 점을 고려하면, 현존재 즉, 인간은 장소를 중심으로 해석할 수 있다. 장소 중심의 현존재에 대한 우리의 해석이 혹시 하이데거의 사유 자체에서 전개되지는 않을까? 하이데거는 『형이상학이란 무엇인가』의 서문에서 '현존재'에 대해 이렇게 달리 말한다.

존재가 인간의 본질과 맺는 관계와 아울러 인간이 존재 자체의 열림("거기, Da")과 맺는 관계를 하나의 낱말로 적중시켜 나타내기 위해 (…) "현존재(Dasein)"라는 이름이 선택되었다.[13]

여기에서 하이데거는 '거기'라는 뜻을 지닌 낱말 "Da"를 아예 "열림(Offenbarkeit)"과 동일한 것으로 새기고 있다. 그리고 이 '열림'이 '존재 자체의 열림'이라고 말하고 있다. 여기에서 '거기'는 '장소'로 여길 수 있다. 그렇게 되면, 현존재 즉 인간은 '존재 자체가 열리는 장소'가 된다. 아니나 다를까, 하이데거는 곧바로 이어서 이렇게 말한다.

12   Heidegger, M.(1927), *Sein und Zeit*, Max Niemeyer Verlag, Tübingen, 7쪽. 하이데거(2007), 22쪽.
13   Heidegger, M.(1945), Einleitung zu Was ist Metaphysik?, in *Gesamtausgabe* Band 9, Vittorio Klostermann, Frankfurt am Main, 1976, 372쪽.

"현존재(Dasein)"라는 말로 불리는 것은 무엇보다 자리(Stelle), 즉 존재의 진리의 장소(Ortschaft)로서 경험해야 하며, 그런 다음 이에 맞추어 생각되어야 한다.[14]

장소는 근본적으로 존재의 진리가 열리는 장소이고, 그 장소는 바로 인간이라는 이야기다. 우리는 1부 2장에서 인간은 장소이고, 시인인 인간은 시가 출현하는 장소라고 말했다. 하이데거는 인간 자체를 아예 존재의 진리가 열리는 즉 진리가 출현하는 장소로 여긴다. 말하자면 어떤 인간이건 존재의 진리가 열리는 장소라는 것이다. 이를 간략히 줄여 "현존재적인 장소성(daseinsmäßigen Örtlichkeit)"이라는 말을 쓰기도 한다.[15]

그런데 하이데거의 철학에 기대어 장소를 탐구한 학자로 유명한 말파스는 그가 쓴 『장소와 경험』에서 방금 인용한 하이데거의 말을 "현존재는 장소(Ort)로서 먼저 경험되고 그런 다음 제대로 사고되어야 하는 것이다."라고 축약해서 번역한다.[16] 말파스는 "존재의 진리가 열리는 장소"라는 하이데거의 언명에서 '존재' 문제를 아예 삭제해 버린 셈이다. 본인이 "장소를 현존재로 보는 하이데거의 사고가 이 책의 연구에 동기를 부여한다."라고 말할[17] 정도로 충분히 하이데거 철학에 의존하고 있으면서도, 말파스는 이처럼 하이데거 철학의 핵심인 '존재(Sein)'에 대한 사유는 특별히 염두에 두지 않는다.

---

14   같은 책, 373쪽.
15   Heidegger, M.(1972), 424쪽; 하이데거(2007), 551쪽.
16   Malpas, J.(1999), 『장소와 경험(*Place and Experience: A Philosophical Topography*)』, (김지혜 옮김, 에코리브르, 2014), 47쪽.
17   같은 곳.

하이데거는 '존재'는 "가장 불투명한 개념"이며[18] "정의될 수 없는 개념"이라고[19] 말한다. 왜 그럴까? 우리 나름으로 그 이유를 대자면, 인간이야말로 가장 불투명하고 근본적으로 정의될 수 없는 심연과 같은 존재자이고, 그의 말대로 인간이 존재의 진리가 열리는 장소이기 때문이다. 말파스의 사유에 진리를 중심으로 한 존재와 인간의 관계가 빠진 것은 그가 인간 존재 자체를 크게 문제 삼고 있지 않기 때문이라 여겨진다. 존재하는 일체의 것들 하나하나가 즉 모든 존재자 하나하나가 각기 나름의 의미를 띠는 것은 바로 인간이라는 장소를 통해서 존재가 드러나는 것을 전제로 해서 이루어진다.

이에 빗대어 생각하면, 존재하는 하나하나가 있는 각각의 장소들은 인간이라는 근본 장소에 관련됨으로써만 장소로서 기능할 수 있다 할 것이다. 예를 들어, 과일들이 열려 있는 농장이라는 장소와 과일들이 팔리는 과일 가게라는 장소, 심지어 인간의 손이 닿지 않은 상태에서 과일들이 열려 있는 야산이라는 장소마저 인간이라는 근본 장소에 관련해서만 장소로서 의미를 띠고 기능을 발휘할 수 있다는 것이다. 인간들에 의해 생산된 모든 도구가 존재하는 장소들은 더욱 그러하다. 집이라는 장소가 첫째로 그러하고, 사람들이 다니는 모든 길이 그러하고 사람들이 모여 활동하는 광장과 시장과 축구장이나 야구장을 비롯한 모든 놀이의 장소가 그러하다. 동사무소와 시청 그리고 국회의사당과 대통령의 집무실이 그러하다. 모든 구체적인 장소들은 인간이라는 근본 장소와 관련해서 그 나름의 독특한 장소성을 획득하는 것이다.

따라서 인간이 존재의 진리가 열리는 장소라는 하이데거의 말에 따

---

18   Heidegger, M.(1972), 3쪽.
19   Heidegger, M.(1927), 4쪽.

르면, 이 모든 장소는 존재의 진리가 그 다양한 모습들을 구체적으로 드러내는 곳이다. 그리고 그 장소들은 결국 인간의 온갖 다양한 활동들이 존재의 진리를 어떻게 다각적으로 드러내는가를 일러주는 곳들이 된다. 예를 들어, 거리에서 각 정당의 후보들이 선거 활동을 할 때, 그 거리는 존재의 진리가 정치적인 모습으로 드러나는 장소가 되고, 첫날 밤 신부 신랑이 사랑의 섹스를 하는 방은 존재의 진리가 사랑의 모습으로 드러나는 장소가 된다.

달리 말하면, 이 각각의 장소들은 '존재의 진리가 열려 드러나는 장소'인 인간이 자신의 존재를 구체적으로 드러내고 실현하는 곳들이다. 그리고 인간은 자신의 활동을 통해 이 장소들을 형성해서 가꾸고 대를 이어 전승하고 발전시켜 나감으로써 더욱 존재의 진리를 폭넓게 그리고 깊이 있게 역동적으로 드러내는 근본 장소로서의 역할을 해 나간다.

결국, 이 모든 장소는 세계를 형성하고, 인간은 세계 속에서 세계를 새롭게 만들어 나가는 존재자로서 근본 장소로서의 자신의 존재를 펼쳐 나간다. 이와 관련해서 우리는 이제 하이데거가 말하는 "세계-내-존재"로서의 인간에 주목하게 된다.

2.2 "세계-내-존재"와 장소

하이데거가 장소를 논의하고자 할 때, 출발점으로 삼는 것은 그가 인간 현존재를 규정하면서 그 핵심으로 제시한 "세계-내-존재(In-der-Welt-sein)"라는 개념이라 할 수 있다. 그는 이렇게 말한다. 그는 인간에게 고유한 공간이 있음을 염두에 두고서 인간이 "공간-내-존재(Im-Raum-sein)"를 갖는다고 말한다. 그리고 그 인간만의 고유한 공간성

(Räumlichkeit)은 물체적인 성격을 띤 인간의 신체를 통해서는 밝혀질 수 없다고 말한다.[20]

인간 신체를 물리적인 것으로 보고 사물들 사이의 물리적인 체계에서 성립하는 각종 공간적인 관계들, 즉 병렬, 중첩, 포섭 등의 관계들을 통해서는 인간 고유의 공간성을 이해할 수 없다는 것이다. 인간이 '세계-내-존재'임에 입각해서 이해할 때만 인간 고유의 공간성을 이해할 수 있다고 말하고, 이를 통해 성립하는 인간 고유의 공간성을 특별히 "실존론적 공간성(existenziale Räumlichkeit)"이라 부른다.[21] 결국 '세계-내-존재'가 인간적 공간에 대한 논의의 관건이 된다. '세계-내-존재'로서의 인간을 이해하기 위해 하이데거는 그의 실존론적인 분석의 방법을 동원해, 이 규정 속에 들어있는 이른바 "내-존재(In-sein)"를 먼저 분석한다.

'내-존재'는 쉽게 풀면 '… 안에 있음' 또는 '… 속에 있음'이다. 이는 우선 사물들 사이의 공간 관계 중 하나인 포섭이라 할 수 있다. 예를 들면, 사과 상자 속에 사과가 들어있다거나 만년필 속에 잉크가 들어있다거나 하는 것이다. 이를 '세계-내-존재인 인간'에 적용하게 되면, 인간이 세계 속에 들어있다는 것이다. 그런데 "인간은 세계 속에 들어있다."라는 말은 너무 물리적인 표현이다. 그래서 심지어 마치 비트겐슈타인이 "언어가 휴가 간" 상태라고 예를 들어 말한 "장미는 이빨이 없다."[22]라는 것과 유사하다고 느껴질 정도다. 그 대신 "인간은 세계에서 살고 있다."라고 말하면 훨씬 자연스럽다. 물론 세계에서 살기 위해서 세계 속에 들어있어야 한다고 말할 수 있다. 하지만 둘은 확연

20　Heidegger(1972), 56쪽; 하이데거(2007), 84~5쪽 참조.

21　같은 곳.

22　Wittgenstein, L.(1952), 『철학적 탐구』, (이영철 옮김, 서광사, 1994), 329쪽.

히 다르다. 이처럼 인간이 '세계에서 살고 있음'을 공간적인 표현을 살려 말하는 것이 '내-존재'다.

하이데거는 '내-존재(In-sein)'를 우선 인간 고유의 존재를 규정하는 데 필요한 특별한 근본 개념 즉 "실존범주(Existenzial)"의 하나라고 말한다. 비록 그 성격이 특이하긴 하지만 인간을 공간적인 방식으로 보지 않으면 제대로 이해할 수 없다는 것이다. 말하자면, 데카르트처럼 인간을 '생각하는 자아'로 여겨 인간이 근본적으로 공간 규정과 무관한 것으로 여겨서는 안 된다는 것이다. 그러면서 하이데거는 'in'을 '… 에 거주하다', '… 에 체류하다'라는 뜻을 띤 'innan-'에서 유래한다는 사실을 강조하면서 'in'이 '… 에 습관이 되어 있다'라거나 '… 와 친숙하다'라는 것을 뜻한다고 말한다. 그러면서 결국 "내-존재는 세계-내-존재라는 본질적인 얼개를 지닌 현존재의 존재에 대한 형식적 실존론적인 표현이다."라고 말한다.[23] 집을 생각하면 가장 손쉽게 이해할 수 있다. 집 안에 사는 것처럼 세계 안에 사는 것이 인간이라는 것이다. 집이 장소의 대표적인 곳이라면, 집과 인간 간의 친숙한 이른바 실존론적인 공간 관계에서 장소가 성립하는 셈이다. 이를 보편적으로 확장해서 표현하는 것이 "세계-내-존재"이고, 따라서 인간이 특별히 인간답게 존재하는 것은 세계를 실존론적인 공간 즉 장소로 삼음으로써 가능한 것이다. 그래서 하이데거는 "세계는 실제의 한 현존재(ein faktisches Dasein)가 바로 그런 실제의 현존재로서 그 안에서(worin) 사는 것으로 이해될 수 있다."라고 말한다. 하지만 집과 달리 세계는 특별히 그 누군가의 사적인 것임을 표현하기보다 인간 모두를 염두에 둔 표현이다. 그래서 하이데거는 다시 "세계는 공적인 우리-세계

---

23 Heidegger, M.(1972), 54쪽; 하이데거(2007), 82쪽.

(Wir-Welt) 또는 자기 자신의 가장 가까운 가정적인(家庭的, häusli-che) 환경 세계(Umwelt)를 의미한다."[24]고 말한다.

생태학이나 인문지리학에서 환경은 핵심 개념이다. 생명체인 이상 그 나름의 특유한 생물학적인 형태와 기능에 관련된 생존 양식을 갖출 수밖에 없고 그와 짝하여 환경을 구성해서 가질 수밖에 없다. 인간도 마찬가지다. 인간이 생명을 발휘하는 방식이 워낙 복잡하기에 환경이 복합 다층적일 뿐이다.

특히 인간은 자신의 생활양식과 환경과의 관계를 반성해서 인식하고 그 인식에 따라 달리 실천하기 때문에 자신의 삶과 환경에 대한 인지적인 구도마저 가미해서 더 높은 차원의 환경 세계를 계속해서 새롭게 만들어 간다. 그런 까닭에 우리는 생태적인 거주 공간이나 건축적 공간 및 도시 공간 외에 예술적 공간, 시적 공간, 회화 공간, 영화 공간 등의 비가시적인 인지적 공간을 환경 세계로 삼아 살아가는 것이다. 말파스가 마르셀 프루스트의『잃어버린 시간을 찾아서』에서 주인공 마르셀이 마들렌 과자에 촉발되어 찻잔 속에서 복원해 내는 시간을 "타인들의 삶은 물론이고 마르셀 자신의 삶을 포용하고 규정하며 마르셀 자신의 존재와 얽힌 구체적인 장소들을 포괄하고 규정하는 장소의 확립"[25]이라고 했을 때, 그 장소 역시 넓게 보아 인지적인 공간으로서의 환경 세계라 할 수 있다.

이 모든 인간 고유의 공간들은 하이데거에 따른 용어로 말해 실존론적인 성격을 띠고서 우리에게 환경 세계 즉 세계로 작동한다. 특히 인지적인 공간이 그러하다. 그럴 때, "내-존재"를 바탕으로 한 "인간 자

---

24 같은 책, 65쪽; 같은 책, 96쪽.
25 Malpas, J.(1999), 209~10쪽.

신의 본질적인 공간성"[26] 즉 실존론적인 공간성이 성립한다. 여기에서 인간 고유의 장소가 성립하는 것은 물론이다.

2.3 장소의 근본 성격, 거리 만듦과 방향 잡음

하이데거가 직접 장소를 언급하는 경우는 드물다. 그 대신 '자리 (Platz)'에 관한 논의를 많이 한다. 하이데거가 말하는 '자리'는 크게 두 가지, 현존재 즉 인간의 자리와 인간이 만들어 자신의 환경(세계)으로 포함한 도구들의 자리다.

자리를 잡는다는 것은 우리 인간 삶에 있어서 워낙 중요하다. 예를 들어, 두 친구가 광장에서 벌어지는 큰 무당의 굿판을 구경하기 위해 통화를 하면서 "네가 먼저 가서 좋은 자리를 잡아 놓아라."라고 할 때, 그 '좋은 자리'는 비록 구경꾼의 입장이긴 하나 거기에서 벌어지는 굿 판이라는 사건에 참여하기에 좋은 곳이다. 어느 사건에 대한 좋은 자리는 적당한 거리와 적절한 방향을 확보한다.

하이데거는 현존재 즉 인간에 고유한 공간성은 "거리를 만들어 내고 (Ent-fernung)" "방향을 잡는다(Ausrichtung)"는 성격을 가리킨다고 말하고, 이러한 인간 고유의 공간성의 성격을 세계와 친숙하게 삶을 영위하는 데 필수적인 조건이라고 말한다.[27] 거리를 만들어 낸다는 것은 흔히 우리가 거리를 둔다는 것을 달리 표현한 것이다. 우리는 다른 사람들에 대해서도 그렇게 하지만 우선 우리가 쓰는 도구들에 대해 일정한 거리를 확보해서 활용한다. 컴퓨터 화면을 적당한 거리에 두어야

26　Heidegger, M.(1972), 115쪽; 하이데거(2007), 159쪽.
27　같은 곳.

제대로 쓸모가 있고, 인도와 차도에 대해 적절한 거리를 두어야 사고
나 혼란이 일어나지 않는다.

거리를 만들고 거리를 둔다는 것을 전반적으로 보면 배치를 이루는
것이다. 물론 그 배치가 무조건 고정된 것은 아니고 대상의 성격에 따
라 역동적일 수도 있다. 축구팀에서 개개 축구 선수들의 자리 배치는
대략 정해진다. 하지만 실제 경기할 때 그 배치는 매우 역동적으로 패
턴을 형성하며 변경된다. 그러면서 계속해서 새로운 공간 관계들을 만
들어내고 그럼으로써 그 공간을 인간 고유의 놀이 공간으로 만든다.

모든 도구가 그 나름의 도구적인 기능을 제대로 발휘하기 위해서는
정적이건 역동적이건 다른 것들과의 공간적인 배치 관계를 유지하지
않으면 안 된다. 망치와 못과 판자를 사용할 때 그 배치 관계가 어긋나
서는 안 된다. 못으로 망치를 두드릴 수 없고, 판자로서 못을 이을 수
없다. 배치 관계는 서로 간의 관계에 따라 거기에 속한 요소들의 환경
으로 작동하는 공간을 형성한다. 그 배치 관계 내에서 이루어지는 것
이 도구의 자리 즉 도구의 장소다.

이러한 배치 관계를 직접 거론한 것은 아니지만, 하이데거는 "가까
이 둠(Näherung)"과 "방향 잡음(Ausrichtung)"이 현존재 즉 인간을
통해 만들어진다고 말한다. 그리고 "가깝게 둠은 모두 다 이미 앞서서
주위에서 방향을 잡았고, 그 방향에 따라 현존재에 의해 만들어진 거
리에 있던 것이 가까워진다. 그럼으로써 거리를 두고서 떨어져 있던
것의 자리(Platz)가 발견된다."고 말한다.[28] 그러고 보면, 우리 인간의
삶을 위한 각종 도구는 위, 아래, 왼쪽, 오른쪽, 앞, 뒤 등의 방향에 따
라 멀리 또는 가까이 각기 나름의 자리를 잡고 있고, 그럼으로써 제대

---

28 같은 책, 108쪽; 같은 책, 152쪽.

로 된 기능들을 발휘한다. 자리 즉 장소가 각각의 도구를 바로 그 도구이게끔 하는 것이다. 굳이 덧붙이자면, 이러한 방향과 거리에 따른 배치 관계들에 따라 성립하는 공간성이 객관적이고 물리적인 중립적 공간이 아님은 물론이다.

문제는 우리 인간이다. 우리 인간도 과연 이러한 자리들의 배치 관계에 따라 각기 그 나름의 삶을 구축하고 영위할까? "자리가 사람을 만든다."라는 항간에 떠도는 말이 있다. 여기에서 자리는 기본적으로 도구적인 배치 관계들에 따른 특정한 자리다. 그렇다면, 우리 인간도 도구들과 마찬가지로 주어진 자리에 따라 저 자신의 존재가 결정되는가? 하이데거는 이 항간의 언사를 염두에 두면서 이렇게 말한다.

> 우리는 현존재에 대해서조차 늘 하나의 자리를 차지한다고 말한다. 그러나
> 이 '자리를 차지함'은 주위에서부터 성립되는 하나의 자리를 차지하는 손
> 안의 것과 원칙적으로 구분되어야 한다.[29]

여기에서 "손안의 것"은 도구를 말한다. 도구가 자리를 잡는 것과 인간이 자리를 잡는 것은 원칙적으로 다르다고 말하고 있다. 어떻게 다른가? 우선 인간은 "여기(Hier)"를 차지하고, 도구들은 "저기(Dort)"들을 차지한다. 우선 하이데거는 우리 각자가 '저기들'을 통해 '여기'를 이해한다고 말한다.[30] 이는 그가 인간이 근본적으로 "세계-내-존재"라고 말하는 것과 상통한다. '저기들'이 인간 고유의 방식으로 총합해서 공간성을 획득하면 '환경 세계' 즉 '세계'일 것이기 때문이다.

---

29   같은 책, 107쪽; 같은 책, 151~2쪽.
30   같은 곳.

하지만, 하이데거는 인간의 자리인 '여기'는 '저기들'에 대해 거리를 만들면서 '그 곁에서' 존재한다고 말하고, 바로 그 "곁(Wobei)"이 인간이 차지하고 있는 '여기'라고 말한다.[31] 낱말을 묘하게 갖다 붙이는 하이데거의 이런 표현은 다소 어색하긴 하지만, 그 뜻은 그다지 이해하기 어렵지 않다. 각자의 인간이 차지하고 있는 자리인 여기는 늘 저 모든 도구를 적절히 멀리하면서 곁에 두는 중심이 된다는 이야기다.

그래서 이제 저 앞에서 상술한 인간에 대한 하이데거의 새로운 표현인 '현존재(Dasein)'에 들어있는 'Da' 즉 '거기'를 더 상세하게 이해하게 된다. 하이데거는 "친숙한 낱말의 뜻에 따르면, '거기'는 '여기'와 '저기'를 의미한다."고 말한다.[32] 풀어서 말하자면, 이 '거기'는 '여기'라는 자리에서 저 모든 '저기'들을 만들어내면서 그와 동시에 '저기'들을 통해 저 자신을 이해하게 된다는 것을 뜻하는 것이다. 이는 인간이 도구를 만들어내면서 동시에 그 도구들이 없이는 삶을 영위할 수 없고 자신을 이해할 수 없다는 것과 대응된다. 다만, 앞의 이야기는 이 같은 손쉬운 이야기를 자리 즉 장소를 중심으로 추상적으로 표현하다 보니 다소 어렵게 된 것이다.

그래서 이제 "자리가 사람을 만든다."라는 말을 전혀 다르게 이른바 실존론적으로 이해하게 된다. 인간을 인간이게끔 하는 근본 조건이 다름 아니라 자리이고, 그 자리는 여느 도구들이 차지하고 있는 자리인 저기들 가운데 하나가 아니라, 그 도구들의 자리를 바로 그러한 자리이게끔 하는 중심인 여기의 자리라는 것이다. 인간의 장소와 도구들의 장소들은 근본적으로 구분될 수밖에 없다. 인간의 장소가 도구들의 장

31   같은 곳.
32   같은 책, 132~3쪽; 같은 책, 184~5쪽.

소들을 구성하는 바탕이 되는 것이다.

2.4 장소인 인간과 장소에 처한 인간

하이데거의 장소론을 이해하는 데 장소와 인간 또는 인간과 장소의 관계가 문제다. 말하자면, 인간이 장소를 만드는가, 아니면 장소가 인간을 만드는가 하는 것이 문제인 것이다. 결론적으로 말하면, 둘 다이다.

말파스는 경험을 매개로 하여 장소가 인간을 만든다는 것에 관심을 둔다. 이는 "나는 경험된 것으로서 장소가 아니라 장소를 그 안에서 경험(과 행위, 사고, 판단)이 가능한 구조로 볼 수 있는 방식에 관심이 있다."[33]라는 그의 말에서 알 수 있다. 말파스의 이 말은 그가 우선 장소가 근원적으로 성립하는 이른바 장소의 존재론에 관심이 없다는 것을 나타낸다. 말하자면, 그는 장소에 대한 경험이 우리 인간의 인식과 행동에 어떻게 영향을 미치는가, 그렇기에 인간의 여러 다양한 활동들이 어떻게 장소에 따라 발휘되는가를 살펴보겠다는 것이다. 그것은 말파스가 하이데거가 말하는 "존재(Sein)"에 관심을 두지 않는 것과 연결된다.

하지만, 장소의 존재론 즉 장소가 근원적으로 어떻게 성립하는가에 관심을 두고 있는 우리로서는 이러한 말파스의 입장에 전적으로 동의할 수는 없다. 장소에 따라 우리의 경험이 규정된다는 것은 누구나 인정하는 바다. 하지만 그 반대로 인간이 없이는 장소가 성립할 수 없고 또 인간에 따라 장소의 성격이 달라진다는 것 역시 당연하다. 어느 카페에 교황이 앉아 차를 마시면서 주위 사람들과 이야기를 나눈 적이

---

33   Malpas, J. (1999), 94쪽.

있다고 하면, 그 카페는 단박에 새로운 성격을 띠면서 유명세를 탈 것이다. 그런가 하면, 그렇게 새로운 장소로 변한 그 카페에 어느 독실한 가톨릭 신자인 여행객이 들러 차를 마시게 되면, 그의 경험 즉 인식과 감정 그리고 행동이 달라질 것이다. 이 예만 보아도 장소와 인간 간의 규정 관계는 상호 교환적일 수밖에 없음을 알 수 있다. 물론 그 속에 인간들 간의 권력 관계가 작동하고 있다.

하이데거는 인간을 존재의 진리가 열려 나오는 장소라고 했다. 이때 장소인 인간은 진리의 하수인인가? 만약 장소가 없이는 그 어떤 것도 의미를 띨 수 없다고 한다면, 장소인 인간은 오히려 진리가 진리로서 작동할 수 있는 근본 바탕이 되는 셈이다. 이를 장소 일반에 '함부로' 확대 적용하게 되면, 장소는 뭇 진리의 근거가 된다. 그리고 인간에 대한 진리 역시 장소를 근거로 해서 성립될 수밖에 없다. 이렇게 되면, 장소가 인간을 규정하고 만드는 것이 된다.

하지만 '여기'라는 장소를 차지하고 있는 인간에 의해 모든 다른 것들의 '저기'라는 장소들이 가능하다는 점을 강조하게 되면, 인간이라는 장소를 제외한 다른 모든 장소는 인간에 의해 규정되고 만들어진다는 생각을 하게 된다. 그런데 그 다른 모든 장소에 의해 인간은 저 자신의 존재를 이해하게 된다. 그 다른 모든 장소가 인간에 의해 근본적으로 만들어지는데도 인간은 그 다른 장소들이 없이는 저 자신을 이해하지 못하는 것이다. 여기에서 이해하지 못한다는 것은 규정될 수 없다는 것으로 달리 해석될 수 있다. 이렇게 되면, 결국 장소가 인간을 만든다는 쪽으로 생각이 기울게 된다. 구체적인 현실을 벗어나서 전반적으로 일반화해서 보면 장소가 인간을 만든다고 해야 옳다. 다만, 앞에서 든 교황의 예에서 알 수 있듯이 구체적인 현실의 경우들을 고려하면 구체적인 어느 한 인간이 어느 특정한 장소를 만든다는 것을 인정하지 않으면 안 된다.

일반적으로는 장소가 인간을 만든다. 하지만 구체적으로는 장소가 인간을 만들기도 하지만 인간이 장소를 만들기도 한다. 구체적인 현실에서는 인간이 장소를 만들어 그렇게 만들어진 장소에 의해 자신을 새롭게 만들어가는 것이다. 누구나 특정한 형태와 구조를 지닌 어떤 집에 들어가 오래 살다 보면 그 집에 따라 자신의 감정과 인식과 행동이 상당 정도 달라진다. 하지만, 그 사람이 그 집에 오래 살게 되면 그 사람의 감정과 인식과 행동에 따라 그 집 역시 달라진다. 그래서 우리는 도시를 잘 가꾸고자 하고 심지어 사회·정치 체제를 바람직한 방향으로 가져가고자 한다. 요컨대 우리가 장소를 바꾸면 그 장소에 의해 우리가 바뀌는 것이다.

하이데거는 우리 인간을 "내던져진(geworfen)" 존재라고 했다. 아닌 게 아니라, 우리가 태어나 여기 이렇게 현존하게 된 데에는 애초 아무런 이유나 목적이 없었다. 그야말로 우연의 산물인 것이다. 이를 일컬어 우리 인간이 내던져졌다고 하이데거가 말하는 것이다. 그러면서 그는 그래서 우리 인간이 "세계-내-존재"로서 "거기"라고 말한다.[34] 그러니까 우리 인간의 근원적인 처소 즉 장소인 세계는 근본적으로 우연에 입각한 것이다. 그래서 우리 인간 역시 근본적으로 우연한 삶을 사는 것이다. 말하자면, 우연이 인간과 장소를 연결한다. 이 우연을 어떻게 처리할 것인가? 이 우연 자체로 인해 오히려 우리 인간은 근본적으로 자유롭다. 이제 그 자유로써 뭇 장소들을 만들고 개변하고 향유하는 것이다. 그러니까 장소는 근본적으로 자유로써 열려 있어야 하고, 그래서 공간과 다른 것이다.

---

34 Heidegger, M.(1972), 135쪽; 하이데거(2007), 188쪽.

현실적으로 자유롭지 못한 장소가 비일비재하다. 벗어날 수 없는 장소, 빼앗긴 장소, 잃어버린 장소, 놓쳐버린 장소들. 그렇다고 그 장소들을 경험하지 않는 것은 아니다. 오히려 지독히도 경험할 수밖에 없기에 그 장소들은 자유롭지 못한 장소들이다. 하이데거가 말하는 장소로서의 인간은 인간이 장소에 붙박혀 있을 수밖에 없다는 것을 말하는 것이 아니라, 우리 인간이 저 스스로에게서 장소를 만들어 내어 그 장소를 통해 드러나는 진리를 통해 진정 자유로운 삶을 살 수 있다는 것을 말하는 것이다. 그래서 "현존재는 그 자신과 더불어 즉 그가 새롭게 존재할 수 있음과 더불어 자신이 어디에(woran)있는지를 안다. (…) 그러므로 그는 그가 새롭게 존재할 수 있음에서, 그의 가능성 안에서 자신을 비로소 다시 발견해야 할 그런 가능성에 떠맡겨져 있는 것이다."[35]라는 그의 말이 큰 울림으로 다가온다.

〔조광제〕

---

35   같은 책, 144쪽; 같은 책, 200쪽

2

도시와 장소

6

도시와 정동

도시는 인류 파멸의 구렁텅이다.
—루소, 『에밀』

모든 도시는 아름답다.
—벤야민, 『파사젠베르크』

1 . 인 간 의 도 시

채플린이 각본을 쓰고 감독한 영화 〈모던 타임스〉에서, 어리숙한 공장 인부 역의 채플린은 식빵을 훔치던 소녀를 우연히 도와주게 된다. 어디에 사냐고 묻자, 소녀는 "No place—anywhere."라고 대답한다. 소녀는 어디에도 살지 않고 또 아무 데서나 사는, 다른 말로 '주거불명 (住居不明)'인 부랑아다.[1] 한없이 낙천적인 떠돌이 소녀는 '특정한 장

---

[1] 이 유명한 영화는 무성 영화라 이 대사는 자막으로 나오는데, 어떤 문헌에서는 "어딘가라는 장소는 어디에도 없지요."라는, 멋진 번역문으로 둔갑하기도 한다. 어쨌든 이 'anywhere'라는 개념은 철학적인 건축가, 건축 이론가들 사이에 중요한 토픽이 었던 모양이다. 피터 아이젠만(P. Eisenman)은 1939년 영화 속 그 대사가, "특성이나 단일성이라는 전통적 장소의 개념이 도시라는 콘텍스트에서 사라져 감을 예고하고 있 다"라고 주장한다. 296쪽. 시공간 좌표에 속박되어온 장소가 소실했고, '어딘가의 장 소는 어디에도 없다'는 대사는 장소 없는 anywhere, 시간 없는 anywhere로의 이행을 보여준다는 것이다. 307쪽. Davidson, C. C.(ed.)(1998), 『*Anywhere*』, (정지성 옮김, 현대건축사, 2001).

소는 아니면서도 '모든 곳' 에 산다. 굶주린 소녀와 직장을 잃은 공장 인부는 폐가를 발견해 잠시 행복한 시간을 보내기도 한다.

사람들은 어디선가 살고 있다. 생텍쥐페리(Saint-Exupéry)가 발견했다고 말한 '커다란 진리' 도 인간이 '거주자' 라는 사실이었다.[2] 각자의 집에서 사는 사람들에게 사물의 의미가 집의 의미에 따라서 변한다. 우리 인간이 '거주하는 사람' 이라는 명제는 노르웨이 출신의 건축 사상가 노베르그-슐츠(Norberg-Schulz)에게 특별한 의미를 지닌다. 그는 '실존 공간' 의 개념을 도입해서 '안과 밖의 차이' 가 지니는 건축학적 중요성을 설명한 바 있다. '인간이 거주한다' 라고 우리가 말할 수 있을 때는 그가 "안에 있는 것과 밖에 있는 것을 규정하면서 공간을 점유했을 때만이다" 라고 슐츠는 강조했다.[3]

인류의 처음 거주지는, 아프리카 사바나 숲이었다. 진화심리학자의 '사바나 가설' 에 의하면, 사람들은 울창한 삼림이나 넓게 트인 곳이 아니라 나무가 성글게 있는 숲을 주거지로 선호한다. 여러 문화권의 사람들에게 경관에 대한 선호를 조사해보면 그들은 나무 덮개(캐노피, canopy)가 빈약한 것도, 너무 밀집된 것도 싫어한다.[4] 이는, 어느 정도 은폐되어 안전하면서도 동시에 침입자를 관찰하기 쉬운 곳에서 거주하며 살아남은 흔적이다.

---

2 『성채 *Citadelle*』 "#4 진실 — 사람들은 집에서 살고 있다." 화자인 베르베르의 왕은 사막의 모래폭풍을 견딜 군건한 성채를 건설하고자 하면서, 가축이나 재물이 아니라 자신이 안주하고 있는 영토와 거주 장소가 가장 소중한 것이라고 말한다. 28~9쪽. (이상각 엮음, 움직이는 책, 1999) 참고.

3 Norberg-Schulz, C.(1986), 『건축의 의미와 장소성』, (이정국, 진경돈 옮김, 시공문화사, 1999), 35~7쪽 참고.

4 Buss, D.(2004), 『마음의 기원』, (김교헌 외 옮김, 나노미디어, 2005), 136~9쪽 참고. 사바나 가설은 고든 오리언스(G. Orians)의 테스트에 의거하며, "자연 선택은 우리의 환경적 선호를 우리 마음에 조각하고 기록해 왔다" 라고 주장한다.

사람들은 이제 생존을 위해, 줄기와 잎이 성근 나무숲이 아니라 도시의 밀림으로 몰려가고 있다. 그들 모두가 찾는 것은 오직 일자리다. 200년 전만 해도 미국인은 대부분 농사를 지었고 인구의 4%만 도시에 살고 있었으나, 지금은 도시 인구가 80%를 넘는다. 2006년부터는 전 세계 인구의 절반 이상이 도시에 거주하고 있다.[5] 제프리 웨스트(G. West)의 표현대로, 산업 혁명과 함께 '도시세(都市世, urbanocene)'가 시작된 것이다.[6] 지금 도시는 우리에게 선택이 아니라 거의 운명이다.

2. somewhere-인공 지능 로봇, 에이바가 향한 그곳

알렉스 가랜드(A. Garland) 감독의 SF스릴러 영화인 〈엑스 마키나 Ex Machina〉는 인간과 AI 로봇 사이에서 생겨날 법한 관계를 보여 준다. 세계 최대 포털사이트인 '블루북'의 창업자인 네이든(Nathan)은 자신이 만든 인공 지능 로봇 에이바(Ava)가 자의식이 있는지 알아보려 한다. 그래서 프로그래머인 케일럽(Caleb)을 산 속 비밀 연구소로 유인하여, 에이바가 진짜 감정을 느끼는지의 여부를 테스트하고자 한다.[7]

---

5   West, G.(2017), 『스케일』, (이한음 옮김, 김영사, 2018), 22쪽. 유사한 자료―미국 농무성은 미국의 2009년 인구 중 79%가 도시에 거주한다고 발표했다. cf.『도시의 승리』13, 477쪽. (통계 수치가 다른 문헌들도 있다. 예컨대 2011년부터 세계 도시 거주민의 수가 절반이 넘었다는 자료도 있다.)

6   같은 책, 298쪽.

7   네이든은 자신의 개발품에 대해 프로메테우스의 불과 같은 것이라고 자부하면서도, 자주 만취하고 그때마다 깊은 수치를 느끼며, "전에 했던 선한 일이 널 지켜 주리라"라고 읊조린다. 이런 발언으로 유추컨데 이미 그는, 사람의 감정을 읽는 능력을 갖추고 때로 속임수까지 쓰는 에이바가 감정은 물론 자의식이 있다는 믿음을 갖고 있으며, 로봇 시리즈들의 활용이나 폐기에 죄의식을 느끼고 있는 듯하다. 또한 케일럽도,

통상 이 영화는 인간 중심주의적 사고 방식과, 남성주의적 망상을 비판한 영화로 읽힌다. 두 명의 인간(남성)의 어리석은 행동들, 그들과 (여성의 모습을 한) 로봇의 관계를 통해 인간과 기계의 우열에 대한 인간의 통념, 그리고 남성들이 갖고 있는 성적 판타지를 보여주고 있는 셈이기 때문이다. 어쨌든 우리가 이 영화에서 찾을 수 있는 궁극적 메시지는 인간과 감정, 이성과 감정, 감정과 학습의 관계일 것이다.

에이바는 모든 것을 설계한 네이든을 죽이고 탈출한다. 기계인 줄 알면서도 자신과 사랑에 빠진 케일럽까지 버린 무정함을 보인 결말은 꽤나 당혹스럽다. 여기서 흥미로웠던 것은 다른 이의 눈에는 그저 주변적일 몇 개의 컷이다. 깊은 산 속에 있는 비밀 연구소에서 탈출 직전 에이바는 로봇답지 않게 흥분해서 '환호'를 숨기지 못했다. 그 장면은 너무나 인상적이었다. 또 탈출 훨씬 이전에 테스트를 위한 대화 도중 에이바는 도심의 북적대는 인도나 자동차 교차로를 보고 싶다고 말했었다. 그것은 뜬금없는 대사로 보였다. 그러나 영화 결말부에 벌어진 가차 없는 살인과 탈출 후, 맨 마지막 장면 속 에이바의 주변은 인파의 그림자들로 어수선하였다.

결국 에이바는 바로 자신이 가고 싶었던 장소—도시의 교차로에 도달한 것이다. 이것은 무엇을 의미하는가? 왜 에이바는 그곳에 가고 싶었을까? 도시는 무엇인가? 도시의 가로, 광장과 교차로는 어떤 곳인가? 도시는 지능과 감정을 가진 존재에게 무슨 의미일 수 있을까? 에이바는 영화 속에서 튜링 테스트를 통과한, 분명 '욕망'과 자의식을 가진 존재였다. 성, 정체성, 장소의 의미와 그것들의 관련성까지 추리하

에이바가 농담하고 속이는 복합 지능을 가진 로봇일 뿐 아니라 자기를 유혹하도록 프로그래밍되어 있음을 알면서도 에이바에게 특별한 이성애의 감정을 품는다.

고 있는 존재였을 것이다. 도시라는 공간에 진출한 에이바는 이제 '수동적이고 여성적인' 관찰자로 시작해, '능동적이고 남성적인' 참여자가 될 수 있을까? 아마도 그렇게 되리라고 상상해 본다.

도시는 지능을 가진 존재의 눈에 너무나 아름답고, 매혹적인 장소다. 한편 위험하고 비정하고 불평등한 장소, 그것이 현대의 도시다. 단지 여성이라는 이유로 혐오 범죄의 대상이 되어, 영문도 모르고 죽어갈 수 있는 곳이다. 세 모녀가 절망 끝에 목숨을 끊고, 비빌 곳 없는 탈북 모자가 굶어 죽어도 아무도 그것을 알지 못하는 곳이다.

그렇다면 에이바는 실수한 것일까? 도심과는 정반대의 행로로, 자연에 은둔하기로 선택하는 게 좋을까? 자연과 시골을 찬양한 사람들은 많이 있었다. 루소(J. J. Rousseau)에서 소로(H. D. Thoreau)를 거쳐, 찰스 왕세자(The Prince Charles, 웨일스 공)에 이르기까지.[8] 특히 워즈워스(W. Wordsworth)는 도시가 길러 내는 '저열한 감정들'에 자신이 굴복하지 않은 것이 자연 덕분이라고 생각한 사람이다.

장엄한 자연과 마찬가지로 도시도 인간에게 강렬한 감정을 불러일으키는 것은 분명한데, 그것들이 모두 저열한 감정이라고 말하기는 어려울 것 같다. 원래의 도시는 따뜻하고 친밀한 곳이었기 때문이다. 도시(city)라는 말은 공동체, 국가라는 의미의 키비타스(라틴어 '키위타스', cívĭtas)에서 유래했고, 키비타스는 "주위를 둘러싼 미지의 세계에

---

8 찰스 왕세자는 미스 반 데어 로에(Mies van der Rohe)가 런던 시장 관저 옆에 디자인한 현대식 타워를 세우는 데 반대했다. 그는 시골과 전통 생활 방식을 중시하고, 전통 가옥으로의 복귀를 희망하는 농촌 이상주의자다. 같은 환경보호주의자이며, 2000~2008년 런던 시장이었던 리빙스턴이 고밀도 건물의 필요성을 주장했을 때에도 그를 비판했다. 찰스는 마천루를 '남근 숭배의 건축물'이자 건축가 자신만을 드러내는 '진부한 안테나'라고 비난했다.

대하여 인간에게 거점을 확보해 주는 이미 알려진 안전한 세계"였다.[9]
고대 이집트 상형 문자에서 '도시'라는 말이 '어머니'라는 뜻도 갖고
있었다고 하면서, 노베르그-슐츠는 "도시는 무언가 닫혀지고 따뜻하며
포옹해 주는 것으로 체험되었던 것이다"라고 말한다.[10]

원래의 작은 도시가 "따뜻한 털 코트 같은" 친밀한 장소였다면, 현재
의 도시는 100만, 500만 이상의 인구가 사는 곳으로 성장했다. 그래서
'비정성시(悲情城市)'와 '비열한 거리(mean streets)'가 있다.[11] 또 마
법과 꿈의 도시, 환락의 도시가 있다. 도시는 악덕의 원천으로 간주되
기도 하고, 문명의 꽃으로서 경외와 찬탄의 대상이기도 하다. 이렇게
도시가 양가적인 감정을 불러일으킨다면, 대부분의 현대인들로선 고
향으로 내뺀 '시골 쥐'가 되기보다는 루이 아라공(L. Aragon)의 '파리
의 농부'처럼, 몽상에 빠진 채 쇼핑몰과 뒷골목을 배회하는 촌놈이 되
기로 하지 않겠는가.

3. 도시와 정동

현대의 도시와 그곳의 여러 장소들이 도시인의 신체와 감정에 어떤 반
응을 불러일으키는지 생각해 보는 일은, 도시가 사람들에게 불러일으

---

9   Norberg-Schulz, C.(1971), 62쪽.

10   같은 책, 63쪽. 이태리의 작은 마을에 사는 여자에게, 모르는 이에게 자기 마을
을 어떻게 설명할 것인가 묻자, 그녀는 "나의 마을은 마치 입을 수 있는 따뜻한 털 코
트 같아요."라고 말했다고 한다.

11   〈Mean Streets〉는 1973년 마틴 스코세이지의 작품이며 1994년 제임스 그레이의
영화 〈Little Odessa〉도 〈비열한 거리〉로 소개되었다. 한국 영화로는 2006년 유하 감
독의 작품과 2015년 동명의 작품이 있다.

키는 정동(affect)¹²에 대해 숙고해 보는 일이다. 인간의 생활에서 정동의 의미와 역할에 대해 최초로 주목한 사람은 스피노자(Spinoza)로 알려져 있다.

> "나는 정동(affect)을 신체의 활동 능력을 늘리거나 줄이고 촉진하거나 저해하는 신체의 변용인 동시에 이 변용의 관념으로 이해한다. 따라서 만일 우리가 이 변용들 중 어떤 것의 적합한 원인이 될 수 있다면 나는 정동을 능동(action)으로 이해하고 그렇지 않으면 수동(passion)으로 이해한다."¹³

정동이 신체의 활동, 행동 능력과 연관이 있다면 이는 정신과 신체 양쪽에 관계된 개념이 된다. 왜냐하면 스피노자에 있어서 행동하는 몸의 능력과 사유하는 정신의 능력이 평행하고 있기 때문이다.¹⁴ 정동은 이성과 감정 모두에 연루되는데, 그 둘을 동일하다고 가정하지는 않고, 그보다는 그 둘을 연속선 위에 놓는다. 정동의 개념은 두 가지 구분 즉 마음과 몸, 감정과 행동이라는 구분들 양쪽에 걸쳐 있다. 정동이라는 개념으로써, 마음의 생각하는 힘과 몸의 행동하는 힘 사이, 그리

---

12 'affect'는 '정서(情緒)'나 '감응(感應)'으로 번역되다가 최근에는 '정동(情動)' 개념으로 굳어졌다. 필자에겐 '감응'이란 단어가 더 이해하기 쉽고 적절하지 않은가 싶기도 하다. 'affection'은 '변용'으로 번역된다. 정동은 신체의 반응까지 포함하므로 감정(feeling), 정서(emotion)와는 구별된다.

13 Spinoza, B.(1675), 154쪽.

14 "정신과 신체는 같은 것이고 이 같은 것이 때로는 사유의 속성 아래 파악되고 때로는 연장의 속성 아래 파악된다. 그 결과 자연이 이 속성과 저 속성 중 어느 것 아래 파악되든 사물의 질서 또는 연관은 하나다. 따라서 우리 신체의 능동과 수동의 질서는 본성에 의해 정신의 능동과 수동의 질서와 같다." 같은 책, 156쪽. "우리 신체의 활동 능력을 늘리거나 줄이고 촉진하거나 저해하는 모든 것의 관념은 우리 정신의 사유 능력을 늘리거나 줄이고 촉진하거나 저해한다." 같은 책, 163쪽.

고 행동할(정동할) 힘과 영향 받을(정동될) 힘 사이의 구분을 가로지르는 상응 관계를 설정한다는 것이 스피노자가 제기한 중대한 도전이다.[15]

브라이언 마수미(B. Massumi)는 정동이 감정(emotion, 정서)과 동의어로 아무렇게나 사용되어 왔음을 비판했다. 그는 정동이 강렬함(강도)이고 감정과는 다른 논리를 따르며, 그 둘은 서로 다른 질서에 속한다면서 정동의 환원할 수 없는 육체적, 자율적 본성을 강조한다.[16] 마수미는 정동을 '신체적 반응, 자율적 반응'으로 정의한 것이다. 자율은 의식적 지각, 언어로부터의 자율을 말한다.

정동은 곧 의식적 지각의 상태를 넘어서서 지각에 앞서는 내장의 지각(visceral perception)인 '내장 감각성(viscerality)'을 말한다.[17] 마수미에 의하면, 장 신경계는 뇌와 척수의 통제에서 벗어나 독립적으로 기능하고 직접적, 자율적으로 무의식적 지각(자각)을 처리한다. 이러한 '내장 감정'의 독립적 기능이 정동의 자율성의 생리학적 토대가 된다. 어떤 사태, 예를 들어 갑자기 달려오는 차의 브레이크 밟는 소리를 의식적으로 듣고 그것을 식별하기도 전에 우리의 위장은 요동친다. 내장 지각의 이러한 신속성은 매우 근본적이기 때문에 외부 수용감각 지

---

15   Hardt, M.(2007), "Foreword: What Affects are Good For", Clough, P. T., Halley, J.(eds.), *The Afffective Turn*, Duke U. P.

16   "정서(감정)는 주관적 내용으로, 경험의 질을 사회 언어학적으로 고정하는 것이다. 경험되는 순간부터 그것은 개인적인 것으로 제한된다. 정서는 자격이 부여된 강렬함이며, 틀에 박힌 것이다. 그리고 의미론적이며 기호학적으로 형성된 진행 과정 속으로, 내러티브화할 수 있는 작용-반작용의 회로 속으로, 기능과 의미 속으로 강렬함이 삽입되는 합의된 지점이다. 그것은 소유되고 인식된 강렬함이다." Massumi, B.(2002), 『가상계』, (조성훈 옮김, 갈무리, 2011), 54쪽.

17   같은 책, 111쪽, "내장의 지각은 '외부수용' 감각에 의해 모아진 자극들을 두뇌가 완전히 처리하기도 전에 즉각 등록한다."

각보다 먼저 일어난다고 할 수 있다. 그것은 청각이나 촉각을 어떤 식
별 가능한 대상과 연관되어 있는 인지 가능한 무엇으로 번역하는 것보
다 앞선다.[18]

그렇다면 정동은 주제나 객체에 속하지도 않는, 비인격적인 강도
(강렬함)로 이해할 수 있다. 반면 감정이나 느낌(feeling)은 "'의식적으
로 인지된 정동'이며, 자극-반응 경로로, 주체-객체 관계로 재주입되
어 식별된 강렬도다. 감정은 정동에 의한 경험적 공간의 오염으로, 그
것은 이미지 없는 육체에 속한다."[19] 정동적 힘은 활동적, 지성적이고
진정한 효과를 가진다. 그것은 우리의 마음을 움직인다. 그것은 감각
적 만족과 정서적 만족을 만들어 내는 힘이다. 정동은 힘, 또는 힘들의
마주침과 동의어다.[20] 그것은 보다 사회적인 표현인 감정과 다르게, 전
감각적이고 전의식적인 현상으로 간주되지만, 정동을 촉발 받는 신체
에 남기는 영향은 축적될 수 있고, 기질로 남을 수 있다.

대도시라는 장소와 관련된 몇 가지 정동, 정동적 힘에 대해 살펴보
는 일은, 특정 도시와 정동의 관계를 들여다보는 것과는 다르다. 물론
우리는 정동을 촉발하고 정동에 촉발되는 특정 도시들을 거명할 수 있
다. 예를 들어 저항과 분노의 상징인 광주와 벨파스트, 그리고 패전과
항복의 상징으로서의 강화도와 프랑스의 칼레를 떠올릴 수도 있겠다.
라스베가스 같은 즐거움(환락)의 도시, 잊지 못할 역사적 비극의 현장
이었던 눈물(통곡)의 도시 같은 것도 생각해 볼 수 있다. 그러나 이 경
우, 이런 도시들과 정동의 관계는 임의적이고 주관적일 수 있다. 한 도

---

18   같은 책, 112쪽.

19   같은 책, 114쪽.

20   Gregg, M., Seigworth, G. J.(ed.)(2010), 『정동이론』, (최성희 외 옮김, 갈무
리, 2015), 15쪽.

시의 이미지가 그렇게 단순하지도 고정되지도 않기 때문이다. 그래서 도시의 공간, 여러 장소들에서 '정동의 공간 정치'가 어떻게 일어나는가 하는 그 기작, 작동의 장소를 살펴보는 일이 더 의미 있는 일이라 생각한다.[21] 대도시를 구성하고 유지하는 문화 기술(CT)과 정치는, 정동을 촉발하고(affect, 정동하고), 정동에 촉발되는(be affected, 정동되는) 몸의 역량(capacity)의 유발과 증식에 관련된다.

4. 파사주 - 매혹과 환각

루소는 『에밀』에서, "도시는 인류 파멸의 구렁텅이다"[22]라고 말했다. 질병과 악덕은 과도하게 붐비는 도시의 부산물이고, 몇 세대 후에는 양떼처럼 몰려 사는 도시의 인간들은 사라지거나 쇠퇴할 것이라고 예측했다. 그렇기 때문에, 도시 공기의 해악을 피하고 '생기'를 들이마시도록 전원으로 아이들을 보내야 한다고 주장했다. 사실 19세기까지도 런던이나 파리는 쥐와 파리가 들끓는 곳이었다. 뉴욕 브로드웨이에서는 진창 속에서 돼지가 돌아다니며, 상점가를 구경하는 여성들의 치마에 코를 디밀고 킁킁댔다. 산업화 시대 영국 도시들의 열악함을 묘사

---

21   '정동의 공간 정치'라는 개념 자체는 나이젤 스리프트(N. Thrift)의 연구 주제다. 하지만 필자의 이 글의 구도와 내용은 스리프트의 주장과 아무 관련이 없다. 스리프트는 도시 연구에서 정동이 도외시되었음을 비판하고, 정치적인 감정 개입의 형태들을 논의했다. 정동은 도시를 이해하는 요소라고 말하면서 감정적 실행 방법으로 영상예술 특히 영사막과 스크린의 활용을 들었다. Thrift, N. (2004), "감정의 심도 : 감정의 공간 정치에 대하여", H. Berking(ed.), 『국경 없는 세계에서 지역의 힘』, (조관연 옮김, 에코리브르, 2017).

22   Rousseau, J-J .(1761), 『에밀』, (김중현 옮김, 한길사, 2003), 102쪽.

하기 위해 쓰인 '충격 도시(The Shock City)'라는 단어는 시카고를 묘사할 때도 자주 사용되었다. 19세기 말 시카고는 매연, 구름, 먼지로 가득했다고 방문객들이 말했다. 당시 시카고는 집보다 돼지가 많았고, 도시 내의 도살장에서는 핏물이 흐르고 역한 냄새가 코를 찔렀다.[23]

하지만 루소는 틀렸다. 콘크리트와 강철과 유리로 지어진 고층 빌딩이 가득한 오늘의 대도시는 현대 문명의 꽃이다. 믿을 수 없이 매혹적인 현대의 도시 앞에서 우리는 설레고 가슴이 두근대고, 또 경외심을 품게 된다. 그로스(E. Grosz)는 우리가 대도시 공간에 몰입하면서 느끼는 환희에 대해 말하면서, 우리가 육체적 경계의 확장과 투과성을 즐길 수 있다는 사실을 인식하는 것이 중요하다고 말한다.

현대의 대도시는 가장 강렬한 즐거움을 제공해 주는 장소다. 예를 들어 쇼핑몰은 단순한 쇼핑 즉 소비와 구입의 즐거움을 주는 공간이 아니다. 가장 상업적인 쇼핑몰의 경우도 구경거리와 공동체 상호 작용 안에서의 특정한 즐거움을 준다. 그로스에 의하면 쇼핑몰은 우리가 고도로 즐길 수 있는 어떤 쇼핑의 조건과 방식이 되어 왔고, 여기에는 "한가한 산책자(flâneur)의 배회하고 관찰하는, 보고 또 보여지는, 사물들과 사람들 사이에서 동시에 둘러보는 즐거움"이 있다.[24]

그렇다면 대도시의 쇼핑몰은 어떻게 기쁨과 즐거움을 발생시킬 수 있는가? 아마도 그것은 쇼핑 공간에서 작동하는 특별한 문화 기술(CT)을 통해서일 것이다. 스리프트(N. Thrift)는 긴 역사를 가진 마술

---

23 특히 중서부 평원에서 운송된 소, 돼지를 도축하고 포장하는 것은 시카고의 가장 중요한 산업이었는데, 도축이 이뤄지는 시내 남쪽의 스톡야드(stockyards)와 패킹타운(packingtown)은 피비린내가 진동하는 잔혹한 장소였다. 이영석, 민유기 외, 『도시는 역사다』, 서해문집, 2011, 267~8쪽.

24 Grosz, E.(2001), 『건축, 그 바깥에서』, (탈경계인문학연구단 공간팀 옮김, 그린비, 2012), 47쪽.

적인, '공적 친밀성의 기술'을 통해 상품성에 대한 상상이 어떻게 자본주의적 수단으로 이용되는지를 분석한다.[25] 자본주의가 생산하는 물건과 환경은 사람들을 끌어들이기 위해, 매력이라는 계산된 진정성을 보여주어야 한다. 이 '매력(allure, 홀림)'이라는 기술의 특별한 유형이 매혹(글래머, glamour)이다. 이런 형태의 매력은 사람과 사람 사이의 경계를 흐릿하게 함으로써 더 커다란 매혹을 만들어낸다.

매혹은 "소비자 세계에서 변덕스럽긴 하나 불변하는 특질이며, 매혹을 생산하기 위해 인간과 비인간을 뒤섞는 환경에서 생겨난다."[26] 이것은 '현혹적이거나 넋을 빼놓는 아름다움 또는 매력'이고, '가질 수 없는 현실이 거는 주문'이라는 뜻도 가지고 있다. 또한 이 매혹은 "어떤 물건과 사람을 특징짓는 그 특별한 흥분과 매력과 관련된다. 글래머는 상업적인 영역에 의해 만들어진, 세속적인 마술"이고, "판매이며, 교묘한 조종이고, 유혹이다. 그것은 기만의 한 형태이다. 그러나 그 이상의 무엇이기도 하다. 그것은 세심한 선택이며 통제이다."[27] 매혹적인 물질들에는 여러 가지가 있다. 소리, 밝은 빛, 강한 냄새, 걸음의 속도일 수도 있고, 다채로운 색깔 물질일 수도 있다. 스리프트에 의하면 발터 벤야민의 아케이드 또한 세속적인 마술을 행하기 위해 유리, 인공 보석, 거울 등과 같은 물질들에 의존한다.[28] 이런 매혹과 홀림의 정동이 일어

---

25   Gregg, M., Seigworth, G. J.(ed.)(2010). 소비 자본주의를 더 잘 이해하는 방법은 그것을 일련의 겹쳐진 정동적 영역의 일부로 보는 것이다. 나이젤 스리프트에 의하면 경제는 이익과 손실에 대한 음울한 과학이 아니다. 경제는 가치를 생산하기 위해 정동을 생성하거나 결집하고 증폭시키며, 다양한 매혹의 메커니즘을 생산해 내야 하는 것이다.

26   같은 책, 464쪽.

27   같은 책, 465, 468쪽.

28   같은 책, 470쪽.

나는 대표적인 장소가 도심의 파사주(passage)다.

발터 벤야민(W. Benjamin)의 『파사젠베르크 *Das Passagen-Werk*』
는 신화와 상품 숭배의 장소인 파리라는 대도시의 매력에서 출발한
다.[29] 파리 연구 계획인 '파사주 프로젝트(Passagenprojekt)'는 그의 가
장 대담한 학문적 연구 프로젝트였다.[30] 파리처럼 어지럽고 휘황찬란
하게 돌아가는 도시 공간에서 실제 경험을 잊고 허구적인 체험을 하면
서 사람들이 만나는 환영이 '판타스마고리아(phantasmagoria, 요술
환등, 환등상, 주마등)'이다.[31]

19세기 초반에 세워진 파리 파사주는 근대적 상가 아케이드의 기원
이었다. 1852년에 나온 파리 관광 안내서에 아케이드가 설명되어 있는
데 벤야민은 이것이 아케이드에 대한 최고의 표현이라고 평했다.

"아케이드는 예로부터 실내의 대로(boulevard)로 간주되어 왔으며, 실외
의 진짜 대로와 연결된다. 이들은 산업사회가 새로이 발견한 사치품으로서
유리 지붕과 대리석 벽으로 만들어진 보도이며, 블록을 이루는 건물들을
관통한다. 건물주들이 이러한 투기성 사업에 공동으로 참여하였다. 조명을

---

29 초현실주의자 루이 아라공은 1926년 『파리의 농부』에서 오페라 파사주와 현대
성의 신화를 대도시 환경에 대한 꿈과 비슷한 전망들을 통해 탐구했다. 이 책은 벤야
민의 '파사주 프로젝트'에 영감을 주긴 했지만, 벤야민은 초현실주의의 무아경(無我
境)의 경향과 거리를 두었다고 한다. Gilloch, G.(1996), 194~5쪽.
30 벤야민은 19세기 프랑스 파리에서의 모더니티의 기원을 탐색하려는 〈파사젠베
르크〉를 '아케이드 프로젝트'라고 불렀다.
31 환등상(Phantasmagorie)은 18세기 말 발명된 것으로, 영화가 탄생하기 이전에
유럽 전역에서 큰 인기를 얻은 감각적 시각 매체. 불투명한 스크린을 설치하고 각종
색깔의 빛을 투사해서 환상적인 형태들을 창조할 수 있다. 예컨대 수증기에 빛을 투사
하면 스크린에는 유령이 나타나고 무대 위의 연극의 주인공인 기사와 칼싸움도 할 수
있다.

받으며 보도의 양편을 장식하는 것은 가장 멋진 상점들이다. 이렇듯 아케이드는 자체로 하나의 도시이며, 세계의 축소판이다."[32]

벤야민에게 도시는 19세기의 소우주며, 파사주는 그 모나드다.

"(…) 최근에 발명된 이 파사주들의 지붕은 유리로 씌워지고, 대리석 벽으로 된 통로들이 건물의 모든 구역까지 이어져 있는데 (…) 천장에서 빛을 받는 파사주의 양측에는 극히 호화스러운 가게들이 들어서 있기 때문에, 이 파사주는 하나의 도시, 축소된 세계가 된다. 최초로 가스로 조명을 하려고 했던 것도 이 파사주 안에서였다."[33]

파리의 파사주들은 18세기에 건설되기 시작해서 19세기에 정점을 이뤘다. 런던, 브리스톨, 밀라노에서도 파사주들이 번성했다. 19세기에 최신의 테크놀로지로 태어난 파사주는 그보다 더 최신의 기술로 무장한 백화점이 등장하면서 급격한 몰락의 길을 걷는다. 파사주가 군중에게 제공했던 상품의 마법과, 군중들이 파사주 속에서 사로잡혔던 판타스마고리아는 20세기에도 계속된다. 판타스마고리아가 지속하는 한, 시장의 환영에 자신을 맡기는 플라뇌르(flâneur)[34]의 경험은 19세기와 20세기의 격차 그리고 20세기와 21세기와의 시간차를 소멸시킨다.

---

32   Benjamin, W. 『전집』, vol V. p.83(A1, 1). Buck-Morss, S.(1991), 『발터 벤야민과 아케이드 프로젝트』, 15쪽에서 재인용.
33   Benjamin, W. *Das Passagen-We rk*, BGS V. 45쪽. 노명우(2010), 36~7쪽에서 재인용.
34   산책자, 산보자로 번역되기도 한다. 의식적 행위인 산책, 산보와 달리, 무의지적 거동을 한다.

라스베가스 스트립(Las Vegas Strip) ⓒ 황희숙

파사주는 시각적 경험이 지배하는 공간이다. 도시는 인간의 감각 기관 중에서도 유독 시각을 자극하는 곳이다. 대도시는 군중에게 끊임없는 시각적 자극을 제공하고, 시선을 잡아당기는 유혹을 제공한다. 시각적 자극은 대도시 내에서 일상화된 자극이 된다. 19세기의 파사주와 현대의 백화점은 시지각이 전면에 배치되는 대표적 공간이다.

이런 빛과 홀림의 공간을 우리는 세계적인 규모의 호텔들이 밀집한 '라스베가스 스트립(Las Vegas Strip)'의 야경 속에서 만날 수 있다. '스트립'은 라스베가스 대로 남부의 대략 6.1km로 이어진 구간이며. 엄청난 규모의 호텔, 카지노, 리조트 대부분이 자리 잡고 있다. 21세기판 '소돔과 고모라'라고 할 만한 라스베가스에 있는 호텔의 지하층은 거대한 규모의 카지노들이 자리 잡고 있다. 이 파사주는 가게와 상품 대신 슬롯머신으로 가득 채워져 있다. 한번 발을 들여놓으면 그 홀림에서 깨어나기 어려운 미혹의 장소, 미로다.

5. 분리와 배제의 장소들-고독과 멜랑콜리

도시는 빛과 소음으로 가득찬 꿈과 환각의 공간이지만, 배제되고 분리된 공간으로서, 정동의 힘이 작동할 온상이기도 하다. 대도시에서 우리는 경제적 고립에 대한 두려움과 중독적 소비를 경험한다. 이런 대도시 경험에는 쓸쓸한 동경과 도회적 멜랑콜리가 동반된다. 대도시로 통하는 관문들인 공항, 기차역, 고속도로의 휴게소는 고독한 사람들로 가득하다. 이것을 잘 보여주는 것이 에드워드 호퍼(E. Hopper)의 그림들이다. 호퍼는 기차역 대합실, 모텔, 주유소, 24시간 식당, 사무실에서 홀로 고립되어 있는 사람들을 그렸다. 이들은 황량한 도로로 내몰렸거나, 일상 세계에서 가정을 찾지 못한 사람들이고, 이 장소들은 고독과 절망에 빠진 그들을 위한 성소다.

도시의 거주민들이 부와 계층에 상관없이 서로 어울려 살게 하고자 추진되는 소셜 믹스 정책에도 색다른 대응이 가능한 것 같다. 임대 아파트 가구는 아파트 동의 저층에만 배치되기도 하고, 임대 가구의 거주 동만 상가 건물처럼 차별화해 지어질 수도 있다.[35] 그 아파트 단

---

35 개포동의 '디에이치 아너힐스'는 23개동 중 2개(301, 323)에만 임대 가구가 배치되어 있고, 이 동들만 검은색에 가까운 석재로 마감되어 있다. 조합관계자는 이 석재가 아주 비싼 자재며 임대 가구에까지 에어컨을 설치했고 또 두 동이 원래부터 저층 건물로 7층으로 설계되었음을 강변했다. 하지만, 인근 다른 아파트 단지의 경우 임대 가구는 여러 곳에 배치되어 있다. 또 임대 주택 입주민의 동선을 분리해 설계하는 책략도 있다. 서교동의 고급 주상복합 아파트인 '메세나폴리스'는 4~10층에 임대 주택이, 11층부터 일반 주택이 배치되어있는데 그 중간 비상계단이 막혀있다고 한다.

지에 '명예의 동산(honor hills)'이라는 브랜딩은 잘 어울리는 것일
수도 있겠다. 그곳은 초고가 명품 아파트로 누구나 들어가 살기를 꿈
꾸기에, 입주자들은 자존감과 명예를 지킬 수 있을 것이다. 도시에서
명예는 소유한 부와 권력만큼 차별적으로 누릴 수 있는 것인지도 모
른다.

경제적 분리와 공간적 분리는 심화되는 '도시 불평등'의 핵심이고
지표다.[36] 그래서 가진 것 없는 청년들을 위한 임대 주택은 편안한 곳
에 자리하기 어렵다. 서울시는 북부간선도로 위에 공공 주택을 공급한
다는 계획을 세운 후, 연희동 일대 교통섬과 증산 빗물 펌프장 부지에
청년들을 위한 직주 근접 콤팩트 시티를 조성한다는 계획을 지난 2019
년 8월 발표했다.[37] 이 계획에 대해 전문가들은 공공 유휴부지를 활용
해 청년 임대 주택을 공급하는 것은 바람직하지만, 소음과 진동 등 안
전 문제에 대해 우려를 표했다. 하지만 서울시는 이 사업으로 단절된
도시 공간에 활력을 불어넣고, 디자인 혁신을 통해 새로운 청년주택
모델을 세움으로써 지역의 랜드마크가 될 것으로 기대한다고 말하고
있다. 번잡한 간선도로와 같은 부지들이 적절한 주거지로서의 최소한
의 조건을 갖춘 것인지 의문을 품는 사람들은 그다지 많지 않다.

영화 〈배트맨〉의 고담시, 그리고 〈블레이드 러너〉의 도시는 미래의
뉴욕과 LA를 보여준다. 이 도시의 사람들은 계층에 따라 철저히 분리
되어 있다. 지금, 2020년 서울의 모습도 마찬가지다. 로또 당첨자도 마
포의 신축 아파트는 살 수 없고, 강남에 가려면 1등에 두 번 당첨되어
야 한다. 현 정부의 20회에 가까운 강력한 부동산 대책은 규제의 역설

---

36   cf. Florida, R.(2017), 『도시는 왜 불평등한가』, 5장과 6장.

37   http://naver.me/5Xk89cig

로 양극화의 심화라는 부작용을 낳고, 서울의 서민과 중산층이 타고 싶어 하는 강남행 열차는 이미 떠나고 없다.

최대 빈국인 아이티의 수도 포르토프랭스에서도 이런 모습은 마찬가지다. 아이티는 2010년 1월 12일 7.0 규모의 강진으로 50만 명의 사상자와 180만 명의 이재민이 발생한 것으로 알려졌다. 전체 가옥 중 10만여 채가 완파되고 20만여 채가 파손되었다. 하지만 무너진 것들은 대부분 산비탈에 빽빽이 지어진 도시 빈민들의 집이다. 도시의 한쪽 산에는 지진에도 건재한 고급 빌라와 호텔이 있고, 다른 한쪽 산에는 무너진 집채에서 가족을 잃은 사람들이 다시 집짓기를 하고 있다. 비슷한 모양의 산기슭이 동일한 감정과 동일한 신체적 반응을 일으키는 것은 아니다.

이렇게 도시에서 사람들은 나뉘어지고 차별 받고, 각자의 공간에서 생존을 위해 분투한다. 개인과 집단, 국가의 이해관계에 의거해 이런 상황을 묵인하고, 방조하고, 재생산해내는 것이 공간의 정동정치다. 도시의 특별한 장소는 몸과 마음의 특정한 정동을 촉발한다. 서울역 지하도, 종각 주변의 돌계단, 재개발을 노리고 버티는 다 쓰러져가는 도심의 가옥에서, 분리되고 소외된 사람들의 절망과 고독과 우울이 곰팡이처럼 퍼져나간다.

6. 미래의 도시-연결망의 승리를 향해

도시에는 공통점이 아무 것도 없는 사람들의 공동체, 집단이 존재한다. 상실한 자들, 낯선 자들, 주변화되고 추방된 자들의 공동체 개념은

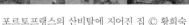
포르토프랭스의 산비탈에 지어진 집 ⓒ 황희숙　　　지진으로 무너진 집 ⓒ 황희숙

앨폰소 링기스(A. Lingis)의 것이다.[38] 공동의 유대, 목표, 언어로 결합
된 존재로서의 공동체가 아니라, 낯선 자, 자신과 같지 않은 자에게 자
신을 여는 존재로서의 공동체에 대한 관심이 필요한 시점이다. 우리와
동화 불가능한 조건을 가졌다고 믿고 내쫓은 사람들, 거부한 존재들을
지칭하는 이름이 있다. 그것은 '타자', '희생양', '난민', 우리 사회의
'엘사'다.[39] 그들은 거부되고, 주변화되고 때로 죽어가는 사람들이다.

　현대의 대도시는 범죄와 가난과 질병, 에너지와 자원 낭비의 중심지
이다. 하지만 제프리 웨스트(G. West)의 말대로 도시는 한편으로, "문
명의 용광로, 혁신의 중심지, 부 창조의 엔진, 권력의 중심, 창의적인
사람을 끌어들이는 자석, 착상과 성장과 혁신의 자극제다."[40]

　우리는 미래의 도시에 대해 다른 역할, 기능을 기대해 볼 수 있다.

38　Lingis, A.(1994),『아무것도 공유하지 않은 자들의 공동체』.
39　'엘사'는 한국토지주택공사(LH) 영문 약자 첫글자인 'L'과 그곳에 사는 '사'람
을 합성한 신조어다. 공공 임대 주택에 사는 거주자를 낮춰 부르는 단어다.
40　West, G.(2017), 299쪽.

이는 새로운 차원에서, '정동의 공간정치'를 기획해 보는 일이 될 것이다. 도시인의 마음과 몸, 감정과 행동에 다른 반응을 불러오고, 이 반응들은 도시를 바꾸는 힘으로 되먹임될 수 있다. 도시는 정동을 촉발하고, 또 정동에 촉발되는 현장이다. 세 가지 모습을 가진 미래의 도시를 상상해 본다.

1. 유혹과 감정적 통제, 조작의 장이 아닌 자유로운 소비 공간
2. 고립과 소외 아닌 연결의 플랫폼
3. 협의와 소통, 포용이 이뤄지는 도시 공동체

흔히 말하듯 도시는 생물이다. 도시에는 세상의 온갖 미스터리와 아름다움이 깃들어 있다. 또 도시를 사회적 상호 작용의 강력한 촉진자, 부의 창조와 혁신을 위한 거대한 인큐베이터라고 생각할 수 있다. 그렇다면, 개인 사이의 연결성을 최적화함으로써 사회적 자본을 최대화하도록 도시의 구조와 동역학을 진화시켜야 한다. 제인 제이콥스(J. Jacobs)가 『미국 대도시의 죽음과 삶』을 통해 그토록 강조한 사람 사이의 연결성을 강화하는 방향으로 도시는 바뀔 수 있다.

도시의 폐해는 대도시의 혜택을 얻기 위해 우리가 불가피하게 치러야 할 대가 중 하나며 우리는 그것들을 도전으로, 풀어야 할 과제로 받아들일 수 있다. 중세의 어떤 독일인이 "도시의 공기가 사람들을 자유롭게 한다(Stadtluft macht frei)."라고 말했다.[41] 도시에서 비로소 사람들은 봉건적인 구속에서 벗어나 자유로운 개인이 될 수 있었다. 도시에서 새로운 인간존재 방식이 생겨났으니, 도시에서 인간은 재창조된

---

41   Smith, P.D.(2012), 『도시의 탄생』, (엄성수 옮김, 옥당, 2015), 14쪽.

셈이다.

피츠제럴드의 소설 『위대한 개츠비』에서, 개츠비의 이웃에 사는 닉 캐러웨이(N. Carraway)는 맨해튼의 스카이라인을 보며 혼잣말을 한다.

"이제 무슨 일이든 할 수 있어."

시민들은 도시에서 이루어져 왔던 과거와 현재의 공간정치를 전복할 수 있다. 그러한 가능성, 우리의 역량에 대한 깨우침도 또한 도시의 정동, 도시라는 장소가 불러일으키는 힘이 아니면 무엇이겠는가?

〔황희숙〕

7

정원을 가꾸고
미로를 걷는다

장미 정원과 미로

나는 이어폰을 끼고 70년대 팝송을 듣고 있다. '장미 정원'과 '일곱 송이 수선화'가 잇따라 나온다. 한 남자는 내게 "장미 정원은 약속할 수 없겠지만, 커다란 다이아몬드 반지는 줄 수 있다"[1]고 유혹한다. 다른 남자는 "저택과 땅은 없지만, 수많은 봉우리 위로 떠오르는 새 아침을 보여주면서, 굿모닝 키스와 황금빛 수선화 일곱 송이를 주겠다"[2]고 약속한다. 그렇다면 누구를 고를 것인가? 다이아몬드와 저택의 장미 정원 그리고 들판에서 꺾은 야생 수선화, 그 모두를 다 누릴 수는 없겠

---

1 〈*(I Never Promised You A) Rose Garden*〉은 1970년 조 사우스(Joe South)가 쓴 컨트리송이다. 린 앤더슨(Lynn Anderson)이 불러 팝과 컨트리 차트 상위에 올랐고 전 세계에서 크게 히트했다. "I beg your pardon, I never promised you a rose garden." 통상 '장미 정원'은 크게 성공한, 안락한 삶을 의미한다.

2 〈일곱 송이 수선화〉는 미국의 보컬 그룹인 브라더스 포(Brothers Four)가 1964년 불렀고 번안가요로 양희은이 불러 잘 알려진 팝송이다.

는가?

눈을 떠 보니 여기는 루이 14세의 베르사이유 궁전 정원 아폴로 분수 앞이다. 왕의 정원답게 화단은 화려한 장미로 가득하다. 베르사이유가 건설되기 이전에 이곳은 모래 언덕, 잡목이 들어찬 황무지 그리고 얕은 물이 고이고 썩어 있는 광대한 저지대였을 것이다. 궁전 정원은 프랑스 혁명이 일어나기 전에는 80km²에 이르는 규모였다. 현재에도 이 정원은 7km²가 넘고, 궁전 내부 가장 화려한 '거울 방'에서 보이는 여러 개 소화단에서 대운하까지 통해 있다. 방사형으로 뻗어나간 정원 소로들은 왕의 권력을 상징한다. 기하학 도형의 복잡한 정원 안에서 길을 잃지 않으려 조심하면서 나는 루이 16세가 마리 앙투아네트를 위해 선물한 별궁을 향해 걸어간다. 화려한 정원 풍경 넘어 황제들이 겪었을 험로와 영웅들이 빠졌을 미궁들을 그려 본다. 그리고 그들과 다른 평범한 이들이 삶에서 부딪치는 끝없는 난관 미로와 탈출구를 생각한다.

1. 정원-파라다이스의 구축

정원을 왜 말하는가

정원이라는 장소와 관련해 여러 가지 이분법 중 자연-문화의 이분법을 생각해 볼 수 있다. 이 낡은 이분법은 오랫동안 비판 받아 온 것이지만, 학계와 일반 시민의 사고에 여전히 영향을 주고 있다. 환경운동가와 생태사상가의 신념과 활동 배후에도 이 이분법이 공고하게 유지되고 있다. 자연에 대한 (지속 가능한 수준의) 개발을 지지하는 '보존론

자' 냐 아니면 완전한 불개입을 주장하는 '보전론자' 냐에 따라 차이는
있지만, '자연(대자연 Nature)'의 이미지는 여전히 인간에 의해 개입
되고 변형된 '문화'의 대척점에 놓인다는 점에서 그러하다.

　그러나 인간 존재나 문화와 대비시킬 때 우리가 상정하는 이 자연,
즉 '스스로 그렇게' 문화 바깥에 존재하는 것으로서의 자연 개념은 이
제 유지될 수 없다. 인류의 역사가 시작된 이후, 특히 문명이 탄생한
이후로는『길가메시 서사시』가 보여주듯, 우리 인간이 자연을 대규모
로 파괴하고 마음대로 변형해 왔기 때문이다. 기원전 2천년대 초반에
쓴 이 서사시는 무자비한 삼림 파괴가 일으킨 토양 침식과 사막화 현
상을 다룬 역사 기록으로 볼 수 있다.[3]

　현재 지구상에서 아마존의 열대 우림과 몇 군데 철저히 보존 관리되
는 원시림을 제외한다면, 대부분의 자연은 르네 듀보(R. Dubos)가 지
적했듯이 이미 "인간화된 환경"이다. 듀보는 신석기 시대에 원시림이
정복된 이후 자연이 '인간화된 아름다움'을 갖추었다고, 인간의 간섭
이 대자연을 개선해 가는 데 공헌했다고 말했다.[4] 한편 레비스트로스
(Lévi-Strauss)는 야성적 자연에서 격하된, 원래의 신선함을 모두 상실
해 버리고 파괴되어 버렸지만, 어떤 점진적이고 계속적인 적응 과정을
통해 '하나의 풍경'의 수준으로 '재상승된 자연'을 말했다. 그가 말한
또 하나의 자연은 사탕수수와 옥수수 재배지 같이 야외에 있는 '공장
으로서의 자연'이다. 그는 이 두 가지가 우리에게 남겨진 선택지라고

3　이것은 초기 수메르 문명(우룩 Uruk)의 국왕이었던 길가메시가 거대한 도시를 세
우려고, 우두머리 신 '엔릴(Enlil)'에게서 명령을 받고 숲을 지키던 숲의 신 훔바바
(Humbaba)에게 도전한 이야기다. Sandars, N. K.(1959),『길가메시 서사시(*The
Epic of Gilgamesh*)』, 1972(4th ed.), (이현주 옮김, 범우사, 1978).
4　Dubos, R. J.(1980), 75, 79, 80, 87쪽 참조. 황희숙(2011), "DMZ, 어떻게 말할
것인가", 1쪽.

개탄했다.[5]

이렇듯, 인간의 문명 바깥에 존재하는 '자연'의 개념은 오도된 것일 뿐이다. '원생'의 보존과 '절대적 자연(황야, wilderness)'의 가치를 주장하는 생태보전론자도 그들의 자연 개념을 수정할 필요가 있다. 아메리카 대륙에 건너간 최초의 유럽인들이 거기서 '비어 있는 땅' 즉 자연의 풍광을 발견했다는 일반적인 견해도 잘못된 것이다. 인디언의 풍경 속에도 인간의 변형의 손길이 있었다.[6]

신의 '에덴 동산'이 아닌, 우리에게 주어진 모든 야성적 자연은 인간이 어느 정도 개입하고 간섭한 결과 빚어진 것이다. '순수 자연'이란 신화이며, 자연-문화의 복잡한 혼합과 장기간에 걸친 상호 의존의 관계가 있을 뿐이다. 이제 우리는 인간이 형성하고 개조한 자연 또한 '자연'으로 받아들이고 존중해야 한다. 절대적 순수 자연도 아니면서 먼 풍경이나 공장이 아닌 다른 자연을 생각해 볼 수 있다. 그래서 마이클 폴란(M. Pollan)의 '제2의 자연(second nature)' 논의에 주목할 필요가 있다.[7]

이런 맥락에서 자연과 인간이 공존할 수 있는 공간으로서 '정원(garden)'은 우리에게 새로운 담론 공간이 될 것이라 생각한다. 중국에서 정원은 '원림(園林)'이라 불린다. 중국의 원림 문화와 관련해 원림 자체의 공간 구성과 형태보다는 원림을 이루는 사상과 배경에 더 주목할 필요가 있다. 이런 관점으로 연구한 박희성에 의하면, 당·송의 사대부들은 선종의 영향 아래에 원림 즉 '경계 없는 자연'을 꿈꾸었다. 산수

---

5   Lévi-Strauss(1955), 『슬픈 열대』, (박옥줄 옮김, 한길사, 1998), 225쪽.

6   이는 칼 소어(C. O. Sauer)의 주장으로, '풍경'이란 불, 작물 재배, 가축 사육을 통해 만들어지는 '문화적 산물'이라는 것이다.

7   Pollan, M.(2009), 『세컨 네이처』, (이순우 옮김, 황소자리, 2009).

원림은 주체와 객체가 공존하는 공간, 감상자와 자연의 관계가 대립하거나 일치하는 것이 아닌, 각자의 가치가 모두 드러나는 상측의 관계를 이루는 공간이었다. 사대부들은 '차경'을 통해 '심적 경계'도 또한 확대시키고자 했다.[8]

정원은 '우리가 만드는 자연' 즉 '제2의 자연'으로서 그저 잔디밭이나 뜰, 또는 꽃밭(flower garden)이나 채소밭(vegetable garden)과는 다른, 보다 더 큰 차원에서 고려해 볼 수 있다. 인간은 이제 '정원사'로서, 자연에 개입하는 방식과 정도를 분별하고 평가할 수 있어야 한다. 자신의 기술과 관심에 따라, 자연에 대한 개입과 간섭이 회피될 수 없음을 알아야 한다. 겸허하게, 자연이 행사하는 방법을 배우고, 지구의 생물학적 다양성을 보존하려고 노력하며, 우리가 이웃과 또 땅과 생물들과 어떤 관계를 맺어야 할지를 생각하며 인간은 정원을 설계해야 할 것이다. 이런 관점에서 정원은 실제 장소에 '무엇'인가를 드러내는 공간인데, 이 '무엇'은 바로 '자연과 자연에 대한 우리의 생각'일 것이다. 이 생각을 연출하는 존재가 바로 '정원사로서의 인간'이 아니겠는가. 정원을 재조명하는 이유는, '(대)자연'의 신화를 벗어나 '인간의 장소'를 이야기하기 위함이다.

정원은 무엇인가

정원 중 가장 유명한 것은 아마도 고대 페르시아의 '공중 정원'(700 B.C.)일 것이다. 기독교 전통 아래서 사람들은 '실낙원' 이후, 잃어버

---

8   박희성(2011), 『원림, 경계 없는 자연』, 서울대학교 출판문화원, 352쪽.

린 낙원을 그리워했다. 정원이 그 에덴을 지상에서 복원하고, 재현하려는 노력이다. 특히 중세의 수많은 '수도원 정원'의 '파라다이스 정원'이 그 방증이다.[9] 물론 인간 개개인과 교회도 신이 선택한 '기쁨의 정원'이라는 비유가 있기도 하다. 이런 비유가 아닌 문자 그대로의 '정원'은, 성서가 없어진다 해도 '성서의 진실을 밝혀줄 장소'를 상징한다.[10] '낙원'은 원래 '벽 등으로 둘러싸인 장소'를 의미하기에 현세의 정원 역시 '폐쇄된 곳'이었지만, 낙원을 동경하는 정원은 인간 구원의 완성 가능성을 나타내 보이기 위해 동시에 '개방된 곳'이기도 하다.[11]

현대의 정원은 규모에 따라 '시 공원(city park)', '마을/공동체 공원(cummunity garden)', '가정/주택 정원(domestic garden, home garden)'으로 나뉜다. 시 공원의 예로 뉴욕 센트럴 파크, 맥주 페스티벌로 유명한 홋카이도 시공원, 서울숲 공원을 들 수 있다. 마을 공원과 가정 정원과 관련해 특히 주목할 두 가지 모델 국가가 있다. 무역봉쇄로 인해 모든 빈 땅마다 채소 정원을 가꿔야 했던 쿠바를 먼저 들 수 있다. 1990년대 미국의 경제 봉쇄 정책으로 어려움에 직면했던 쿠바는

---

9   수도원에서 성당 전실과 중정(클로이스터)이 '파라다이스'를 상징하는 공간이었고, 그곳은 유용 식물이 심겨져 있는 바깥의 실제 '정원'으로 이어진다. '수도원 정원'은 나무 정원, 채소원, 약초원(physic garden)이 모두 포함되어 있었다. 기사와 왕이 사는 '성의 정원'에서 특이한 것은 클로버(기사에게 봉헌된 풀. 아일랜드의 수호성인인 성 패트릭의 상징이기도 하다.)와 장미 정원이다. 장미는 마리아의 상징이다. 성문 앞에는 언제나 보리수(피나무)와 우물이 있다. Méchin, J. B, 『정원의 역사』, 15쪽.
10   특히 17세기 청교도 혁명 이후 영국은 '복낙원'을 꿈꾸었고 영국 전 영토를 낙원화하는 '낙원 부흥 운동'을 했다. 이 기획에서 전개된 것이 18세기 후반의 '풍경식 정원'이며, 영국 전체가 풍경화같이 '개방된 정원'이 되어 갔다. 안자이 신이치(2000), 『신의 정원, 에덴의 정치학』, 50~69쪽.
11   언어의 조상인 고대 이란어 아베스타어에서 'pairidaeza(paradise)'는 'pairi(주위)'와 'diz(만들다)'에서 만들어졌다. 안자이 신이치(2000), 21쪽.

대도시 '공동체 정원'의 활성화로 난국에서 활로를 찾아냈는데, 쿠바 특유의 도시 정원과 도시 농업은 전 세계의 주목을 받고 있다.

전역에 가정 정원과 시민 농장이 번성한 영국이 두 번째 나라다. 영국 시골 마을의 '코티지 정원(Cottage Garden)'은 생활의 필요에 따라 뒷마당에 채소를 가꾸면서 시작되었고, 20세기로 넘어오면서 아름답고 화려한 꽃을 심기 시작했고, 시민 계층의 정원 문화로 인정받게 되었다. 영국의 주택 정원은 식사를 위해 토마토, 콩, 허브 등을 가꾸는 텃밭의 역할을 하는 '키친 가든(Kitchen garden)'이다. 키친 가든은 수도원이나 영주의 성에서 자급자족을 위해 시작되었다. 이 키친 가든과 유사하면서 다른 것으로 도심에 위치한 텃밭 즉 시민 농장이 있다. 이것은 '얼로트먼트 가든(allotment garden)'이라 불리며, 대다수 도시에 한 두 개 이상이 운영되고 있다. 이것의 유래는 17세기 중반, 황무지를 개간해 공동으로 경작하고 소유하는 운동을 펼친 디거스(Diggers, 땅을 파는 사람들)의 활동이다. 20세기 초반 크게 발전한 후 1950년대 도시 개발로 감소하다가 다시 이웃과의 소통의 장으로 21세기 들어 부활했다.

각국의 정원은 다양한 모습을 보인다. 정원예술 애호가로 유명한 메샹(J. B Méchin)은 자신이 명명한 '정원 신화학'을 통해, 인간의 삶의 근원적인 욕망과 정원 조성을 연결시켰다. 중국의 정원은 외적 구속에서 벗어나게 하고, 상대적인 자유로 이끄는 도피의 장이다. 일본의 정원은 정신 내면의 깊숙한 곳을 잠재우지만 절제된 특성을 지닌다. 일본과 중국 정원의 공통점은, 공상 세계의 도약대로서 평안을 위한 도피의 장이라는 성격이다. 페르시아의 정원은 도피가 아니라 향수와 욕망의 정원이었고, 최초의 프랑스 정원은 식량을 얻기 위한 수단이

었다.[12]

서양 정원의 형태 분류에 의하면, 유럽 정원은 이탈리아와 프랑스를 양대 축으로 나뉜다. 계단폭포(케스케이드) 같은 수공간을 조성하는 데 지형 상 제약이 있던 프랑스는 평면 기하학적 정원을 만들게 된다.[13] 이태리, 프랑스, 독일의 정원은 인위적인 정형식 정원(formal garden) 인데, 이탈리아의 빌라 정원은 화려하고 웅장하며, 파리의 정원은 어마어마한 규모를 갖춰 사치의 극단을 보여주고, 독일 정원은 소담한 규모다. 정형식 정원은 이탈리아, 프랑스, 네덜란드를 통해 영국으로 유입된다. 이것은 고전주의 미학에 입각해 비례와 대칭을 정원 조성의 근본 원리로 한다. 공간의 축이 강조되고 통일된 질서를 표현하기 위해, 나무들은 전정을 통해 가지런한 모양을 취하고, 연못과 같은 공간들은 원이나 사각형 등의 형태를 취한다. 이탈리아의 빌라 란테, 프랑스의 베르사이유, 네덜란드의 헤트로가 정형식 정원의 대표다.

절대 왕권을 바탕으로 세워진 거대한 정형식 정원인 프랑스의 정원과 가장 대조되는 것은 영국의 정원이다. 헨리 8세의 햄프턴 코트궁의 정원은 프랑스 스타일의 기하학적 패턴을 기본으로 하는 정형식 정원이었다. 이에 대한 비판에서부터 '영국식 정원(English garden)'이 출발한다. 18세기 초반 조지프 애디슨(J. Addison), 알렉산더 포프(A. Pope) 등이 자연을 통제하는 프랑스식 정원의 인공성을 비판했다. 특히 포프는 프랑스 정원의 정형적인 아름다움 추구가 저급하며, 진정한 아름다움은 자연을 닮아야 한다고 주장했다. 이들의 말이 사회적 공감을 얻으면서, 자연을 향해 '개방된 정원' 영국 스타일의 정원들이 만들

12　Méchin, J. B., 『정원의 역사』, 9쪽.
13　정기호 외(2013), 『유럽, 정원을 거닐다』, 글항아리, 74쪽.

어진다. 직선을 배제하고 곡선을 활용하여 정원의 경계를 시각적으로 트이게 하여 조망을 구릉까지 확장하는 이 정원 양식은 자연적 풍경과 정원이 만났다는 의미에서 '(자연)풍경식 정원(landscape garden)'[14] 이라 칭해진다. 구릉에 다양한 건축물과 조각상이 첨가되는 이 정원은 규모 면에서 정원 아닌 공원이라 할 수 있고, 근대 공원의 모태가 된다. 영화 〈오만과 편견〉이 촬영된 스투어헤드 정원(Stourhead Garden)이 대표적이다. 영국식 정원의 모델은 유럽에서 유행이 되었고 19세기 서구 정원들의 원형적 이미지가 되었다.

그런데 영국의 풍경식 정원이 자연을 지나치게 모방하여 정원예술로서의 가치를 지니지 못한다는 견해도 있다. 특히 메샹은 그것이 '반(反) 정원' 또는 '가짜 정원'이라고 혹독하게 비판했다.[15]

영국 정원의 본질, 즉 정원을 예술 작품의 영역에 끌어올리는 일체의 양식을 거절하고 '풍경에 어울리게 해야 한다'는 단호한 욕구는 위대한 정원예술과 대립한다. 앞에서도 언급한 바와 같이 "문명은 자연을 모방하는 것이 아니고, 행복의 개념을 표현하기 위해 주어지는 재

---

14 풍경식 정원은 이탈리아의 아름다운 자연을 그린 클로드 로랭(C. Lorrain)이나 푸생 등의 풍경화에서 영감을 받아 시작되었다는 주장도 있다. '그림 같은(picturesque)' 정원이라는 의미도 담고 있다는 뜻에서, '풍경화식 정원'으로 번역하는 사람도 있다. 이준규(2014), 『영국 정원에서 길을 잃다』, 한숲, 17쪽. 원래 경관, 또는 조경으로 번역하는 'landscape'는 16세기 독일에서 '풍경화'를 의미하는 미술 용어인 'landskip'에서 유래했는데, 18세기 영국 정원의 변화와 더불어 'landscape'는 (아름다운 자연 경관을 담고 있는) 물리적인 공간 개념으로 바뀌었다고 보기도 한다. 같은 책, 40쪽.

15 Méchin, J. B ., 『정원의 역사』, 34쪽.

료를 구사하는"**16** 것이기 때문이다.

그래서 메샹은 영국을 제외하고, 여섯 민족만이 정원예술에 재능을 보였다고 평가한다. 중국인, 일본인, 페르시아인, 아랍인, 토스카나인, 프랑스인이 그들이다. 메샹이 '정원의 신화학'을 통해 말하고 싶었던 것은 정원이 과연 무엇인가 하는 것이다. "정원은 기나긴 세월을 통해 인류 문명이 행복의 개념을 자연 속에 새겨 넣으려 한 수단이며, 그것이 공간 또는 시간 속에서 계속 변화하는 이유는, 인류가 잃어버린 낙원의 이미지를 상기하며 스스로 구축해 온 지상 낙원의 모습을 끊임없이 내보이려 하기 때문인 것이다."**17**

정원사로서의 인간

정원이 특별한 이유는 그곳에서 자연과 인간의 관계가 명백하게 드러난다는 점에 있다. 자연은 인간에 의해 근본적으로 변형된다. 자연과 인간이 신비롭게 결합하는 장소가 바로 정원이다.

"자연은 황무지나 질병, 비전(祕傳)의 상징처럼, 즉 동떨어진 '타자(他者)'처럼 인식된다. 한편 인간의 노동도 비가시적이기는 매한가지다. 제품과 서비스는 눈에 보이지만 그것을 생산한 사람들까지 반드시 보이지는 않는다. 정원은 인간과 자연이 겪는 과정을 함께 보여줌으로써 그러한 이중적 소외를 극복한다."**18**

---

16   같은 책, 35쪽.
17   같은 책, 354~5쪽.
18   Young, D.(2012), 『정원에서 철학을 만나다』, (서정아 옮김, 이론과 실천,

인간과 자연이 육체적으로, 그리고 정신적으로 맺고 있는 상호 의존적인 관계를 명백히 구현하고 설명하기에 적합한 장소가 정원이다. 자연과 인간이라는 두 가지 수수께끼가 정원에서 서로 결합한다. 정원은 '인간화된 자연이'면서 동시에 인간을 넘어선 무엇인가를 보여준다. 인간적이지 않은 우주를 희미하게 암시하며, 신성한 장소의 원형 중 하나다. 정원은 "완벽하게 세속적이면서도, 벽이나 담장, 수로, 산울타리가 있어 '상식'에서 분리된 세상을 상징하기도 한다."[19] 이런 까닭에 정원은 철학의 세계로 우리를 초대하며, 많은 문인과 철학자들이 정원에 몰입했던 것이다.

수많은 문인과 철학자들은 정원을 칭송했다. 예외적으로 사르트르가 자연을 거부했고 그의 『구토』에 나오는 주인공, 로깡땡이 밤나무에 욕지기를 느낀 것은 잘 알려져 있다.[20] 소크라테스, 루소, 니체 등은 주로 정원과 숲을 관찰하고 묵상하기를 좋아했다. 직접 정원 가꾸기에 탐닉한 작가로 제인 오스틴(J. Austen), 버지니아 울프(V. Woolf)와 레너드 울프(L. Woolf) 부부, 헤르만 헤세(H. Hesse), 조지 오웰(G. Owell), 에밀리 디킨슨(E. Dickinson), 볼테르(Voltaire)가 있다. 세상엔 두 종류의 작가 즉 손톱 밑이 더러워지곤 했던 작가들과 절대 그럴 일이 없는 작가들이 있는 셈이다.

2016), 13쪽.

19   같은 책, 18쪽.

20   시몬 드 보부아르의 『세월의 힘』에 다음과 같은 구절이 있다. "그는 (…) 산책을 가자는 내 제안을 번번이 거절했다. 엽록소라면 질색인 데다 온통 초록색 풀로 뒤덮인 너른 들판에 나가면 진이 다 빠진다는 것이다. 그가 그런 들판을 참아내는 유일한 방법이란, 그것을 아예 잊고 지내는 것이었다." Young, D.(2012), 213쪽에서 재인용.

자네의 포도나무를 돌보게, 그리고 공포를 으스러뜨리게나.

[볼테르. 1764년 장 달랑베르(J. d'Alembert)에게 보낸 편지]

인생은 고통으로 가득하다네. 그리고 내가 아는 치료법은 단 하나, 우리의 정원을 가꾸는 것일세.

[볼테르. 1769년 부아제르멩(P. Boisjermain)에게 보낸 편지][21]

볼테르에게 정원을 가꾸는 것과 계몽주의적 개혁은, 자유와 기회의 평등을 증진하기 위해서 우리의 타고난 지성을 이용하는 일의 일환이었다. 그가 캉디드의 입을 빌려, "우리의 정원을 가꾸자"라고 한 것은 지금 여기에서 이 세상을 조금 더 낫게 만들자는 말이다.[22] 볼테르에게 정원은 자신의 힘으로 가꾸는 장소인 동시에, 타인을 위해 더 나은 세상을 만들어 가는 장소였다.

유토피아는 우리가 알고 있는 세계와 다른 세계에 대한 이미지며, 인간의 지혜로 고안한 세계상이다. 우리가 꿈꾸는 유토피아를 탄생시키기 위해 이 세상에 무엇인가가 잘못된 것이 있고 개조해야한다는 느낌이 필요하고 또 인간이 그런 과제를 수행할 능력이 있다는 신념이

---

21   같은 책, 233쪽.

22   볼테르는 말년에 페르네(Ferney)에 있는 자신의 대저택의 정원에서 23명의 정원사에게 정원을 가꾸게 했고, 직접 들판에 비료를 주고 포도나무를 심었다. 페르네에 정착한 다음 해인 1759년에 출간한 『캉디드(*Candide*)』에는 라이프니츠나 루소의 형이상학적 낙관주의를 대변하는 팡글로스 박사가 등장한다. 캉디드는 그의 보수주의적이고 형이상학적 헛소리로부터 등을 돌리고 물러나 조용히 사는 것이 낫다고 생각하는데, 책의 끝부분에 캉디드가 팡글로스에게 응수하는 유명한 말이 나온다. "우리의 정원을 가꿔야지요." 같은 책, 239~40쪽

필요하다. 그러나 지금 유토피아의 몰락, 종말이란 말이 자주 운위되고 유토피아를 생각할 여지조차 없어지게 된 것은 무엇 때문일까?

지그문트 바우만(Z. Bauman)은 이것이 세상과 우리들 자신에 대한 신념과 태도에 문제가 있기 때문이라고 본다.[23] 바우만에 의하면 근대 이전에 세상을 대하는 태도가 '사냥터지기의 자세'였다면, 근대의 세계관을 나타내는 것이 '정원사의 마음가짐'이다. 그런데 이것이 또 다시 바뀌고 있다. 전근대 시대의 사냥터지기는 신의 설계에 담긴 지혜와 질서, 조화를 그대로 보전하고자 한다. 세계는 신성한 존재의 사슬이기 때문에 손을 대지 않고 자연의 균형을 보존하려 한다. 반면, 정원사는 자기가 끊임없이 보살피고 노력하지 않으면 이 세상에는 질서가 없을 것이라 가정한다. 그래서 바우먼은 "가장 명민하고 전문적인 유토피아 창조자(utopia-makers)가 될 수 있는 사람은 바로 정원사다"라고 말한다. 이제 이런 태도가 다시 사냥꾼의 태도에 자리를 내어주고 있다. 현대인들이 끝없는 소비로 자아를 확충해 나가려 하는 것은, 패배자로서 사냥에서 배제되지 않으려는 사냥꾼의 삶일 뿐이다.

2. 브릿지-미로정원

미로정원(maze)은 유럽 정원의 백미다. 사람들은 자기 키를 훌쩍 넘는 주목나무, 회향나무 미로 속에서 길을 찾는 놀이를 한다. 미로정원의 코너를 돌 때마다 우리는 유혹과 혼란 사이에서 선택을 하고 그 선택

---

23 Bauman, Z.(2007), 『모두스 비벤디(*Liquid Times*)』, (한상석 옮김, 후마니타스, 2010), 149~75쪽.

은 우리를 어둠과 빛, 통로와 막다른 골목으로 이끈다. 중세에 미로는 정원뿐 아니라 교회 안에서 발견되는데, 수도사들은 이 미로를 무릎으로 기어 통과하는 고행을 거쳐 신 앞에 선다.

미로와 미궁은 약간 다르다. 미로에는 여러 갈래 길이 있고, 막다른 골목이 나오기도 하지만 라비린스(labyrinths)는 길이 하나뿐이며, 길을 따라가기만 하면 출발점으로 돌아온다. 둘 다 서양 정원에서 흔하지만, 규모가 큰 정원일수록 라비린스보다 메이즈가 많다.[24] 파괴되지 않고 남아 있는 미로정원 중에서 영국 햄프턴 코트 궁전(Hampton Court Palace)의 미로정원이 가장 유명하다. 미국 LA의 게티박물관/미술관 야외에도 아름다운 미로정원이 있고 제주에도 김녕 미로 공원이 있다.

영화 속에서 보는 미로정원은 타락한 사람들을 위한 밀회 장소, 또는 납치와 살인이 일어나는 위험한 장소다. 도대체 서양의 정원에는 왜 그토록 미로가 많을까? 야생의 숲은 야만인, 강도와 부랑자, 그리고 나병환자가 들끓는 악의 장소였다. 정원의 미로는 이런 숲을 길들이고, 위협을 제거해 성주를 안심시키고, 적대적인 자연을 조절 가능한 유희장으로 탈바꿈시켜 놓은 장소였을 것이다. 권력자들은 이전 야영지에나 있던 야간 방어용 참호, 낮은 흙담 그리고 회양목을 자기 성안에 옮겨 놓고, 이렇게 설치된 미로를 과시했다. 영지에 6.5km나 되는 미로를 설치한 귀족도 있었고, 성채 앞에 미로정원을 조성하여 그 미로의 길과 정부의 침실 통로가 연결되게 한 군주도 있었다.[25] 15, 16세기 경 유럽에는 수많은 미로정원이 설계되었다가 파괴되어 사라졌다.

---

24 오경아(2010), 『영국 정원 산책』, 디자인하우스, 115~6쪽.
25 Attali, J., 『미로-지혜에 이르는 길』, (이인철 옮김, 영림카디널, 1997), 83~6쪽.

하지만 영국의 식민지에서 미로정원은 계속 만들어졌다.

3. 미로-구조적 유목주의의 시대

사방이 미로다

죽어라 미로를 달려야만 하는 불운한 사람들이 있다. 2014년 개봉한 〈메이즈 러너 The Maze Runner〉는 기억이 삭제된 채 미로로 둘러싸인 낯선 공간에 던져진 청년들의 이야기다. 살아 움직이고 구조가 바뀌는 미로에서 그들은 정체를 알 수 없는 존재에게 죽음의 위협을 당한다. 그 지옥에서 탈출하기 위해, 살인 기계로부터 살아남기 위해 달려야 한다.

　식인 괴물들이 지구를 침공해 모든 것을 파괴해 버린다. 살아남은 사람들은 우주선을 타고 우주 정거장으로 탈출한다. 마지막 전사는 탈주자들과 함께 지구 탈환을 꾀하지만 그에 앞서 지뢰와 방사능 폐기물, 함정과 미로로 가득한 우주 기지를 통과해야 한다. 전 세계적으로 엄청난 성공을 거둔 비디오 게임 〈둠 Doom〉의 이야기다.[26] 무명의 해병이 식민지화된 화성에서 플레이어가 되고 이른바 '둠 슬레이어(Doom slayer)'로서, 지옥으로부터 침공한 악마들과 싸운다. 이 전사는 자신의 무기를 선택하고 죽음의 미로에 뛰어들어 괴물들과 사투

---

26 〈둠〉은 1993년 이드소프트웨어에서 개발한 1인칭 슈팅 게임이다. 재개발을 거쳐 여러 편의 후속작이 출시되었다. 2016년 리부트작이 〈둠〉이다. 수많은 레벨에서 다양한 경로, 열린 구역들이 존재하고 플레이어로 하여금 탐색 과정에서 수집품과 비밀을 발견하게 하는 줄거리로 구성되어 있다.

('슬러거톤 slugathon')를 벌인다. 이길 경우에만 우주선 발사대에 도착할 수 있기 때문이다.

영화와 비디오 게임 속에만 미로가 있는 것은 아니다. 인간 자체도 사실은 미로다. 지문과 두뇌와 귀와 내장과 신경망과 유전 암호에 이르기까지 우리는 미로로 태어났다. 우리가 사는 도시도 미로다. 『성』에서 프란츠 카프카(F. Kafka)는 프라하를 헤어날 수 없을 미로로 묘사했다. 제임스 조이스(J. Joyce)의 『율리시스』에서 주인공 블룸과 디달로스는 더블린이라는 미로를 헤매면서 수없이 엇갈리고 마주친다. 이렇게 미로가 문학과 예술의 여러 장르에서 주목받는 이유는 그것이 공포의 장소이자 깨우침과 소생의 장소이며 또 오락과 유희의 장소이기 때문이다.

놀이와 스포츠에서도 미로가 차용된다. 체스 경기에서 나는 상대방이 끊임없이 만들어 내는 미로를 통과해 그의 왕실에 접근해야 한다. 나도 상대의 통과를 막아 나의 왕실을 보호하기 위해 또 다른 미로들을 만들어 내야 한다. 단순한 속도 경기가 아닌 수많은 스포츠 경기에도 미로가 꾸며져 있다. 축구와 럭비 같은 단체 구기 종목은 상대방을 마주보며 그들이 뚫고 올 수 없는 미로를 만들면서 또 상대방의 미로를 통과하려고 노린다. 골프도 막다른 길이 널려있는 일종의 미로 여정이다.

미로는 무엇인가

미로는 모든 문명과 문화 속에 흔적이 남아 있다. 흡사한 형상의 미로 도형들이 수천 년 전의 암벽, 무덤, 성소에 새겨져 있다. 이것들이 그저 낙서 같은 장난이거나 알 수 없는 수수께끼에 불과한 것일 수 있을

까? 미로가 들려주고자 하
는 이야기는 무엇인가?

미로

그리스 전설에 의하면 크
레타 왕 미노스는 왕비가
낳은 괴물인 미노타우로스
를 가두기 위해, 명공(名工)
다이달로스에게 통로를 온
통 꼬불꼬불하게 만들어 한
번 들어가면 나오는 문이
어디에 있는지 알 수 없는 '라비린토스(Labyrinthos)'를 만들게 했다.
괴물의 먹이로 바쳐졌던 아테네의 사람들을 대신해 제물을 자처한 테
세우스는 미노스의 딸 아리아드네의 명주실 타래의 도움을 받아, 라비
린토스에서 탈출할 수 있었다. 이로부터 '라비린토스'는 '미궁' 또는
'미로'를 의미하게 되었다.

미로(迷路, maze, 미궁, labyrinth)는 인간에게 아주 특별한 의미를
지닌 장소에 대한 '상징(symbol)'이다. 유럽의 왕궁 통로나 정원에 설
치되고 그 후 민간에서도 모방된 미로는 현대에 이르러 단순한 구경거
리를 넘어 특별한 체험과 학습을 위한 장치로 사용된다. 즉 학습 능력
을 알아보기 위해 난이도 설정을 달리한 미로 탈출 게임으로 개발되고
있다. 미로를 푸는 방법론은 아이부터 어른까지 커다란 관심거리의
하나다. 왼손으로 벽을 만지면서 걸으라는 '왼손의 규칙'이 항상 해결
법이 되지는 않는다. 복잡한 미로에서 불필요한 부분을 지우고 필요
한 통로만을 남게 하는 것, 정확하게 통로를 찾아가는 일은 언제나 어
렵다.

미로는 인간과 동물의 행동, 학습 과정을 연구하는 장치이기도 하

다. 미로 실험에서, 입구를 통해 들어간 동물은 여러 곳에 만들어 놓은 막다른 골목길을 헤매게 되어 처음에는 중앙 지점의 목표 즉 먹이에 도달하지 못한다. 하지만 이를 반복해 시행하게 되면, 막다른 골목에 들어가는 횟수는 줄어들며 곧장 먹이가 놓인 장소에 도달하게 된다. 동물로서의 인간에게도 미로는 '헤어날 수 없는 궁지'와 그것이 주는 '공포로부터의 해방'이라는 의미를 지닌다.

루마니아 출신의 종교학자 엘리아데(M. Elliade)는 프랑스 문인 로케(C. Rocquet)와의 대담집인 『미로의 시련』에서 자신의 사상 편력을 말하면서 미로를 "중심, 보물, 의미를 지키는 방어 장치로, 때로 주술적인 것"이라고 정의했다. 테세우스 신화에서 알 수 있듯, 미로에 들어서는 것은 통과의례일 수 있다. 미로라는 상징은, "많은 시련을 겪으면서 자신의 고유한 중심을 향해, 자아를 향해, 인도 용어를 쓰자면 아트만(Atman)을 향해 나아가는 모든 존재의 모델"이다.[27] 고교 시절 자신이 어떻게 '철학자의 돌'을 찾았다고 생각했는지, 그 후 인도를 거쳐 런던, 파리, 시카고에 머물며 종교와 신화에 대한 사상을 형성해 가는 여정을 보여주면서 자신의 삶을 '미로'에 비유한 것이다. 엘리아데는 자신이 미로에서 절망, 억압, 방황을 느꼈고 출구로 이어질 실을 찾았다는 것을 여러 번 의식했었다고 말하면서, 인생에는 단 하나의 미로만 있는 것은 아니고 언제나 시련이 다시 다가온다고 덧붙인다.

미로는 운명이다

미로에서 출구를 찾아 헤매며 우리는 수없이 선택을 한다. 하나의 질

---

27   Eliade, M.(2006), 『미로의 시련』, (김종서 옮김, 북코리아, 2011), 295쪽.

문에 "예"와 "아니오"라는, 컴퓨터의 연산과 같은 과정을 거친다. 프랑스의 정치·경제학자인 아탈리(J. Attali)는 미로의 철학적인 의미를 분석한다. 그는 인간의 원시 사고에 들어있는 집단적 무의식을 메시지로 유형화시킨 것이 미로라고 본다.

미로는 세상의 질서를 추상화시켜 묘사한 것이다. 미로는 인간이 방랑자로서 겪은 최초 여행을 추억하는 것인 동시에 마지막 여행, 즉 죽음의 여행 앞에서 겪는 보편적 고뇌를 나타낸다. 인간은 미로를 통해 악에 저항하고 죽음을 방비하며 이승과 저승을 갈라놓은 허술한 경계를 영상화함으로써 불멸과 영원으로 접근하려고 시도한다.

미로가 세계 전역에 존재한다는 것은 우연이 아니다. 미로가 간과되어 온 것은 아탈리의 지적에 의하면 우리의 문명과 문화가 구불구불하고 불투명한 것을 거부하고 덮어버리는 것을 근간으로 했기 때문이다. 직선과 투명함, 단순함이 옹호된다.[28] 전 세계에서 미로 도형이 사용되고, 여러 가지 종교적, 예술적 의식을 위해 사용되었지만, 이성과 함께 직선과 투명한 것이 득세함에 따라 미로는 장애물이 되고 쫓아버려야 할 난해한 대상이 되었다. 미로는 추방되어 역사의 뒤안길로 사라졌다.

그러나 도시가 미로화되고, 시장 경제와 정치 권력의 행사가 미로화되고, 기업체와 행정부서의 조직과 대학의 교과 과정이 미로화되며 이제 직선의 시대는 끝이 났다는 것이 아탈리의 진단이다. 컴퓨터 중앙처리 장치야말로 그야말로 미궁의 모습이다. 컴퓨터 프로그램에서 한

---

[28] Attali, J.(1996), 27쪽.

없이 양자택일을 물으며 계속되는 분리 과정, 선택이 이어진다. 아탈리의 표현에 의하면, 이제 세계는 '활성 미로'로 바뀌었다.[29]

그렇다면 현대에 무엇이 달라졌고 또 왜 미로는 특히 주목되어야 하는가? 근대의 미로에는 목적지라는 장소가 있지만, 현대 문명을 상징하는 미로 속에 갇혀 있는 존재에게 그 여정은 끝이 없을 수 있다. 바우만(Z. Bauman)에 의하면 현대 이 지구상에는 몇 가지 중요한 변화가 일어나고 있다. 그것은 '견고한(solid)' 국면에서 '유동하는(liquid)' 국면으로 근대성이 바뀐 것이다.[30] 사회적 형태들, 제도들은 제 모습을 오래 유지할 수 없고 빠른 속도로 해체되고 소멸되고 있다. '사회'는 견고한 '구조'라기 보다는 연속성이 있거나 없는 것들이 아무렇게나 뒤섞여 무한정 다시 짜맞출 수 있는 매트릭스로, 즉 하나의 '네트워크'로 인식되고 취급된다. 장기적인 계획과 행동 유형을 유지해 주던 틀인 사회 구조가 사라지거나 약화된다. 그의 발언을 미로와 관련시켜 주목하는 지점은 바로 여기다.

"그 결과 정치적 역사나 개인적 삶이 모두 무수한 단기 프로젝트나 일화로 분할되어, '발전'이나 '성장', '경력', '진보' 등의 개념이 유의미하게 적용될 수 있는 일련의 순차적인 관계로 결합되지 못한다."[31]

미로는 일종의 고정 관념과의 투쟁이라고도 볼 수 있다. 안도 밖도 없는 식물뿌리와 같은 미로, 리좀(rhizome)형 미로는 오로지 얽혀 있

---

29   같은 곳.
30   Bauman, Z., 『액체근대』(2000), 『모두스 비벤디』(2007).
31   Bauman, Z.(2000), 10쪽.

을 뿐이다. 모든 존재와 사물들이 그 얽힘의 관계 속에서 연결되어 있
다. 현대의 모든 제도, 기관, 사물들이 미궁처럼 얽혀 있는 시대다. 바
야흐로 '구조적 유목주의(organizational nomadism)'의 시대가 왔다.
그러므로 이 미로 속에서 헤매는 삶을 우리는 부정적으로만 생각할 필
요가 없다. 현대인에게 미궁은 구원을 얻기 위한 '순례의 길'이자, 암
흑을 벗어날 '지혜로 이르는 길'이 될 수 있다. 그래서 아탈리의 통찰
이 더 빛나 보인다. 미로는 유목민들이 정주민들에게 전해준 마지막
메시지이며 먼 후예들이 미로의 그림들 속에서 지혜의 길을 찾아야 하
리라는 것을 예측한 듯하다.

4. 파라다이스와 공포 사이에서

나는 라스베가스 베네치아 호텔 앞에 서 있다. 베네치아 운하처럼 만
들어진 호텔 앞 수로와 배를 구경하고 호텔 안으로 들어서면, 로마의
황제보다 더 호사를 누릴 수 있다. 부유한 중국인들만 주로 찾는 명품
관들을 스쳐 지나서 지하층의 카지노로 가면 내가 꿈에서라도 다시 보
고 싶어 했던 장관이 펼쳐진다. 수백 대의 기계 장치가 놓인 이곳은 서
로 절대 간섭하지 않고 혼자 즐기는 순수한 오락의 장소다. 하지만 슬
롯머신에서 상당한 달러를 잃고 나서 미련을 떨치고 이제 일어나 갈
길을 가려고 마음먹은 순간, 상황은 달라진다. 사실 나는 아주 잠깐만
시간을 보낸 후, 〈태양의 서커스〉, 〈Michael Jackson, One〉 공연이 있
는 다른 호텔로 가려고 나선 길이다. 라스베가스 중심가로인 스트립을
관통해 호텔들을 이어주는 트램을 타러 출구를 찾으려 하지만 카지노
안은 미로 같다. 안내원이 손짓한 방향으로 계속 걷고 있지만 역사로

가는 통로와 계단은 도무지 찾을 수 없다. 기계괴물이 있는 여기서 내
가 어떻게 빠져나갈 수 있을까.

눈을 뜨니 이곳은 이케아(IKEA) 매장의 소파 위다. 점심으로 샌드
위치를 먹고 잠시 앉아 쉬다 잠이 들었던 모양이다. 이케아의 통로도
미로처럼 구부러져 있지만 나는 여기서 아무것도 걱정하지 않는다.매
장의 화살표와 안내판을 따라가면 어디로든 갈 수 있고, 내가 사려고
하는 물건이 있는 매장으로도 쉽게 통할 테니까. 미궁을 따라 걸으며
군데군데 쉬면서 그들의 상술에 빠져보는 것도 즐거운 일이다. 내가
걷는 이케아의 미궁은 하나의 '이행 공간(transitional space)'이며, 속
도 빠른 이동이 아닌 느린 여행을 위한 장소다.

이케아에서 나는 호미와 삽을 사려 한다. 볼테르의 말대로 정원을
가꾸고, 다른 세상을 꿈꾸며 나의 낙원을 만들어 볼 것이다. 내 주위를
유동하는 공포를 잊고 잠시 멈춰 쉬고, 또 사방에 산재한 미로를 떠돌
며 모험을 하는 것은 운명이다. 어떤 장소든 지옥 같이 공포스러운 미
로도, 또 파라다이스도 될 수 있다. 미로에 빠질 때마다 나는 삶의 속
도를 줄이고, 산티아고 길의 순례자처럼 천천히 걸어 보리라 결심한
다. 때로 나는 나 자신만의 미로를 만들어 볼 수도 있다.

우리는 한 장소에 머물러 가꾸는 자이며 모험을 위해 떠나는 자다.
어디에 있든 우리에게는 아리아드네의 실이 있다. 그것은 어떤 이에게
는 신의 은총이다. 사랑하는 가족의 헌신과 그에 대한 추억일 수도 있
다. 어떤 이에게 그것은 애써 얻은 지식과 지혜다. 그것은 다른 이에게
는 자신에 대한 믿음과 용기다.

〔황희숙〕

8

〈풀밭 위의 점심 식사〉를 닮은 오르세 미술관

1. 의도

건축가는 공간에 성격을 부여하고 조직하며, 공간에 대한 개념적 접근으로 새로운 장소성이 구현되기를 기대한다. 하지만 건축가의 시도들은 종종 실패하며 실제 건축의 장소성은 그 건축/공간을 사용하는 사람들에 의해 생성된다. 어느 공간이 어느 장소가 되는 과정에서는 긴 시간의 축적과 그 시간과 공간 속에 어린 흔적, 기억의 켜(layer)들이 필요하다.

그런데도 우리는 너무 쉽게 건축과 '공간'을 없애는 행위를 통해 '시간'의 흔적을 사라지게 한다. 이러한 구축과 소멸의 반복에 대한 사회·문화·경제적 대안의 하나로 '건축재생'이라는 행위가 등장했으며, 이의 성공적인 사례로서 오르세는 교훈을 남겼다. 인간이 창조한 환경의 가치를 소중히 여기는 파리 시민들은 잉여의 공간으로 여겨졌던 오르세를 지켜냈다. 파리는 오르세가 가진 역사·문화적 의의를 가장 극적으로 드러내며 새로운 건축 요소를 융합하고, 이전과 다른 기능과 용도를 부여하여 마침내 시간과 공간에 '예술'을 입히는 새로운 '장소'를 구현하였다.

2. "풀밭 위의 점심 식사"의 여인을 닮다

인상주의 화가 마네(Édouard Manet, 1832-1883)의 〈풀밭 위의 점심 식사〉는 19세기 낭만주의 회화가 주류를 형성하던 당시에도 논란을 일으킨 그림이었다. 파리의 오르세 미술관에서 이 그림을 처음 대면했을 때 말할 수 없을 정도로 큰 혼돈을 경험했다. 마네는 자연을 배경으로 정장을 차려입은 신사들 곁에 나체로 앉은 여인을 배치함으로써 관람자에게 부자연스러운 감정을 끌어낸다.

관람자는 화가의 의도를 그저 그림을 통해 느낌으로 받아들이고, 화가의 세계관과 해석을 직감하기도 하며, 흘려보내기도 하고, 눈치채기도 한다. 그러나 적지 않은 크기로 그려진 '풀밭 위의 점심 식사'를 보며 그림 속의 벌거벗은 여인과 눈이 마주치면 당혹스러움을 느끼게 된다. 회화 속의 여인은 캔버스 위 다른 세계에 존재하는 객체로서 나의 감상 대상이 아니라 그림 밖에 존재하여 같은 공간을 점유하고 있는 실체인 듯한 착각이 일어나도록 오히려 나를 처다보고 있는 것이다.

'넌 어때?' 여인이 눈을 마주치며 속삭인다. 정신을 차려 그림을 살피면 아마 저 여인은 정장 속에 드러나지 않은 신사들의 욕망의 시선을 투영한 것이며, 이성적 판단 이전에 인간 본성의 노골적인 표출일 게다. 당시 산업 문명의 획기적인 발전을 이끌었던 주역으로 자신감 넘치는 태도를 지닌 신사들은 느긋하고 아무렇지도 않게 대화하며 여

〈풀밭 위의 점심 식사〉 (1863), 마네

인과 부조화를 보인다. 동정을 구하거나 부끄러워하지 않고 오히려 관람자를 주시하는 여인의 모습은 직업이 매춘(?)일지라도 담담하다.

오르세는 마네의 그림 속 '벌거벗은 여인'과 같은 존재였다. 산업 혁명 이후 인간의 생활을 크게 바꿀 수 있다는 자신감이 팽배한 시대 분위기 속에 파리는 그 어떤 교회의 첨탑보다 높은 에펠탑을 세웠고, 20세기 첫 만국박람회를 개최했다. 전 세계의 새로운 문물들을 소개하는 만국박람회를 지원하기 위해 오르세는 철도역으로 계획되고 겨우 2년 만에 등장한다. 아직 익숙지 않은 철도역이라는 장소는 에펠탑과 같이 철골조로 구현될 수도 있었다. 그러나 바로 인접한 세느강 건너에 있는 루브르와 튈르리 궁전의 경관을 해칠 수 없어 에펠탑처럼 벌거벗은 구조미를 당당히 드러낼 수 없었다. 오르세는 루브르에 면해서 소극적인 석조의 입면으로 철골조를 가린다.

오르세는 이렇듯 철도 역사가 필요한 시대 상황 속에서 등장했지만, 박람회를 마치고 나서는 용도가 모호해지고, 역사(驛舍)로서 한계에 직면해 도시 속에 생뚱맞은 존재로 그림자처럼 수십 년간 방치되었다. 하지만 당당하게 현실 세계를 주시하며 밝게 빛나는 그림 속 여인과 같이, 오르세가 다시 세상에 등장하는 것은 바로 오르세가 처음 건축된 그 시대의 예술, 곧 인상주의 미술 작품을 담는 새로운 장소성을 획득하면서부터다. 오르세는 호텔로 재개발될 뻔한 사연을 뒤로 하고 인류문명의 전환기에 태어나 같은 시대의 예술을 담는 고귀한 역할을 부여받는다. 오르세가 철도역에서 미술관으로 전이한 것은 그저 기능의 변경이 아닌 새로운 장소성의 획득인 것이다.

오르세는 새로운 주인으로 드가, 모네, 마네, 세잔, 르누아르, 고갱, 반 고흐 등 인상주의 화가들의 예술 작품을 들인다. 철도 역사로서 강력한 건축 이미지를 유지하면서 밀레의 〈이삭 줍는 여인〉과 〈만종〉, 고흐의 〈오베르의 성당〉과 〈예술가의 방〉, 마네의 〈풀밭 위의 점심 식사〉보다 앞서 누드가 들어간 작품인 귀스타브 쿠르베의 〈화가의 작업실〉, 그리고 로댕의 〈지옥의 문〉 등 위대한 작품들이 오르세에 자리잡는다. 이렇게 오르세는 같은 시대의 작품과 공간이 하나의 공통된 경계에서 다시 서로 접촉하면서 새로운 장소로 빛을 발하게 된다.

삶의 질곡을 지닌 매춘부일지라도 담담하게 바깥 세상과 눈을 마주치는 여인과 같이 파리의 경관 속에 드러나지 않으면서 보석같은 작품들을 품게 된 철도 역사는 이제 버림받았던 시대를 넘어 오브제적 형태미를 뽐내는 건축이 아니라 작품과 일체화된 실존적 내부성[1]을 획득한다.

3. 유니버설스페이스(Universal Space)

20세기 위대한 건축가인 미스 반 데어 로에(Mies Van der Rohe)는 이런 측면에서 건축가의 역할을 오히려 제한하고 공간의 변용성을 담을 수 있는 건축을 추구하였다. 즉 미스는 'Less Is More'를 주장하며 건축 공간의 물리적 제약들을 최대한 제거하기를 주장하고 유니버설스페이스(Universal Space)의 효용성을 강조하였다. 공간의 기능은 사용자의 변화에 따라, 또는 시대의 변화에 따라 크게 달라질 수 있으므로, 그러한 변화에 대응하기 위해서는 건축적 통제 장치들을 최소화해야 한다는 것이 유니버설스페이스의 정의이다. 이런 면에서 '주택은 인간의 삶을 담는 기계'라며 섬세하게 공간을 구축했던 르 꼬르뷔지에(Le Corbusier)와 대비된다.

철도 역사로서 대공간으로 제공된 오르세는 유니버설스페이스에 대한 적절한 사례이다.

페이(I. M. Pei)는 루브르를 방문하여 기존의 궁전 건물을 박물관으로 사용함으로 부딪치게 되는 기능적인 한계들을 확인하고 "박물관은

1　어떤 장소의 내부에 있으며 그곳을 가능한 완벽히 경험하려 한다고 해서 실존적으로 내부자가 되는 것은 아니다. 가장 근본적인 형태의 내부성은 비록 깊은 생각 없이 장소를 경험하더라도 여전히 그 장소가 의미로 가득 차 있을 때 생긴다. 대부분의 사람들이 경험하는 내부성은 자기 집이나 동네, 또는 자기 지역에 있을 때, 그리고 그곳과 그곳 사람들을 알고 있을 때, 자신이 다른 사람들에게 알려져 있거나 거기에서 자신이 받아들여질 때 나타난다. 실존적 내부성은 장소에의 소속인 동시에 장소와 깊고 완전한 동일시이다. Relph, E.(1976), 127쪽 참조.

루브르라고 불리는 이 광대한 단지에 그저 세입자였다"고 지적했다. 루브르의 구조체는 지금 시대의 박물관이라는 기능을 수행하기에는 적절치 않아보였고, 공간 구조 역시 마찬가지였다. 벽체는 구조체로서 역할을 수행해야 하므로 변경, 철거의 가능성에 극히 제한적이기 때문이다. 더하여 수백 년 공고히 구축된 루브르의 표정이 바뀔 수 있음은 새로운 예술을 수용하는데 거리낌이 없었던 파리인들로서도 받아들이기는 어려운 것이었다. 그러므로 루브르에 대한 물리적 변화는 불가능했고, 보다 적극적인 박물관으로의 기능 전환은 이루어질 수 없었다. 결국 페이는 궁전이 위요하는 광장의 지하 공간 전체를 새로운 동선망으로 구축하는 설계안을 제시했다. 하지만, 이렇게 루브르 자체에 대한 구조적 조정이 불가능하므로 앞으로 계속 늘어나는 관람객을 감당하지 못하고, 수장 공간과 전시 공간의 지속적인 전이에도 대응하기 힘들 것이므로, 언젠가는 현재의 루브르가 다시 한번 한계 상황에 직면할 것을 당시에도 예측할 수 있었다. 그리고 이의 해결을 위해서는 다시 한번 천문학적인 재정이 투입되어야 할 것이다.

　하지만 오르세는 19세기 강구조의 발달로 이루어 낸 유니버설스페이스의 역사(驛舍)였다. 충분한 규모의 대공간에는 가장 적절한 용도의 미술관이 필요한 만큼 들어설 수 있었으며, 하물며 경제적 비용의 부담 역시 상대적으로 크지 않다. 더하여 파리 시민들의 기억 속에 남아 있는 찬란했던 산업 시대 철도역의 이미지를 그대로 유지한 채, 한 시대의 위대한 예술 작품들을 공간의 주인으로 맞이하여 새로운 장소로 오르세의 이미지를 재건한다. 이제 다시 이곳을 찾는 이들에게 오르세는 19세기 낭만주의와 인상주의 회화와 조각 작품들이 전하는 감동의 공간인 동시에 대공간을 가능케 한 철구조물과 유리창, 그리고 건물의 내외부에 자리잡은 거대한 시계 등 철도역의 흔적을 느낄 수

오르세역 내부 모습 (1900)

있는 중의적인 장소성을 획득하게 된 것이다. 루브르와 퐁피두를 잇는
가교로서 오르세는 파리가 인류 문화 예술의 중심지로 다시 자리잡는
중요한 역할을 수행하였다.

4. 뮤지엄

19세기 초 기병대 병영이 위치하던 장소는 법원, 정부 부처의 건물이
들어서 사용되다 1870년 파리코뮌으로 불리는 민중 봉기로 소실되었
다. 그렇게 버려진 장소에 1900년 만국박람회를 위한 철도역이 제안되
었고 박람회 개최 직전 호텔을 포함하여 현재의 모습이 갖추어졌다.

　1930년대에 들어서는 철도역을 버스 정류장이나, 파티 및 스포츠홀

오르세 미술관 (Musée d'Orsay)

로 전환하자는 제안이 나오는 등 오르세역은 이미 그 기능을 제대로 수행하지 못했다. 2차 대전 동안 호텔과 역은 징발되어 전쟁 포로를 수용하고 운송하는 등의 역할을 하다가, 오르세의 선로 길이가 새로 개발된 열차들의 늘어난 객차 수를 충족할 수 없는 한계에 직면하여 거의 방치되었고, 전쟁 후 창고, 주차장 등으로도 쓰였다.

1961년 오르세를 대신할 대규모 호텔의 건설 계획이 진행되었고 마침내 1970년에는 철거가 결정되어 오르세는 사라질 위기에 맞닥뜨렸다. 하지만 당시 파리의 몽빠르나스(Montparnasse)역과 알레스(Halles)의 재개발에 대한 거센 반대 여론으로 인하여 오르세의 철거와 새로운 호텔의 신축 허가는 거부된다. 1974년 대통령으로 선출된 지스카르 데스탱(Valéry Giscard d'Estaing, 1974-1981)은 오르세에 19세기 박물관을 설치하기로 결정했다. 이후 오르세는 19세기 건축물로서 가치를 인정받아 1978년 역사 기념물로 등재된다. 민간 위원회가 구성되어 박물관의 건설과 조직을 감독하면서 오르세의 새 역할을 준비하고, 프랑수아 미테랑(François Mitterrand, 1981-1995) 대통령 재임 중인 1986년 개관하여 일반에 공개되었다.

퐁피두 센터(Centre Pompidou)

1969년 낡은 파리 국립 도서관의 기능을 분산하기 위한 시설의 필요성이 제기되었다. 또한 현대 예술의 중심지로 확고히 자리 잡은 뉴욕과

경쟁하고 파리를 예술의 국제 중심 도시로 다시 일으켜 세우도록 새로운 현대 예술 박물관의 설립도 결정되었다. 현대 예술에 깊은 안목을 지닌 프랑스의 대통령 조르주 퐁피두(Georges Pompidou, 1969-1974)는 이 두 계획을 하나의 프로젝트로 합친다. 1971년 설계 공모전을 통해 이탈리아의 '렌조 피아노(Renzo Piano)'와 영국의 '리차드 로저스(Richard Rogers)'의 작품이 당선된다. 조르주 퐁피두의 갑작스런 사망 이후, 지스카르 데스탱 대통령 재임 중인 1977년 2월에 개관한다. 퐁피두 센터는 1905년 이후 현대의

퐁피두 센터 (Centre Pompidou)

예술 작품들을 중심으로 약 14,000여점을 소장하고 있으며, 이중 10%
는 일반에 공개, 전시하고 있다.

루브르 박물관(Musée du Louvre)

파리의 중심에 위치한 루브르 궁은 루이 14세 시기인 1672년 궁전을
베르사이유로 옮기는 바람에 본래 기능을 상실하고 수집품을 전시하
기 위한 장소로 쓰이면서 박물관의 역사를 시작했다. 프랑스 혁명 이
후 박물관으로서의 역할을 공고히 하며, 소장품의 수가 끊임없이 증가
하여 현재는 38만 여점에 이른다. 루브르 박물관은 고대부터 1850년경
까지 회화, 조각 등 예술 작품을 전시하고 있다.

루브르 박물관은 오래된 궁전이기 때문에 관람객이 증가할수록 불
합리한 동선과 비효율적인 공간 운용이 문제가 되었다. 미테랑은 1981
년 집권하면서 이런 문제를 해결하려고 '그랑 루브르(Grand Louvre)'
정책을 발표한다. 중국계 미국인 건축가인 페이(I. M. Pei)가 초청되어
루브르의 문제에 대한 건축적 해결책으로 유리 피라미드 계획안을 제
안한다. 처음에는 루브르의 르네상스 양식과 어울리지 않으며, 피라미
드가 죽음의 상징이라는 이유로 비판을 받았으나, 과거와 미래를 연결
하는 투명한 상징이라는 페이의 개념은 결국 받아들여진다. 박물관 주
출입구의 역할을 수행하는 유리 피라미드는 프랑스 혁명 200주년을 기
념하는 오브제로 제안되어 1989년 현재의 모습으로 완공되고, 시각과
동선의 가장 강력한 중심축을 형성한다.

루브르 박물관과 유리 피라미드 (Musée du Louvre et Pyramide)

고대부터 1850년까지 작품들을 전시하는 루브르 박물관
1848년부터 1914년까지 인상주의 작품들을 주로 전시하는 오르세 미술관
1905년 이후 현대 예술 작품들을 전시하는 퐁피두 센터

프랑스를 대표하는 미술관인 세 곳은 많은 우여곡절을 지내면서 빛을 발한다. 퐁피두 센터는 공장 같은 모습으로 혐오와 조롱을 받았으나, 당시 가장 전위적인 건축가의 작품을 그대로 수용하기로 결정했다. 퐁피두 센터는 그 자체로 전위 예술이 활개치던 20세기 초 파리의 자존감을 회복하고 미래의 실험 예술을 담고 드러내겠다는 상징이다. 루브르는 덜 알려진, 낯선 건축가에 의한 유리 피라미드의 적용으로 비난받았다. 그러나 파리의 중심을 차지한 루브르, 그 루브르의 중앙 광장을 차지한 유리 피라미드는 사실 문화와 예술의 전통 도시 파리를 결정체로 오브제화하면서 자리잡았다.
오르세는 그 중에서도 가장 익숙한 모습으로 오랫동안 자리를 차지하여 진부해 보이고, 파리의 쓸모없는 공간으로 인식되어 철거의 위기에 직면한다. 그러나 오르세는 오히려 그 외관, 그 골조의 형태를 그대로 유지하는 데 시민들의 지지를 받아, 예술을 담는 새로운 장소로 전환을 이루어 낸다. 오르세는 운명적으로 그 장소가 겪었던 불안정한 격변의 시대 상황을 예술로서 품었고, 그 자체로서 19세기부터 20세기 초반까지 전환기의 역사를 그대로 담았다.

5. 상징

도시의 상징은 다리처럼 실용적인 구조물일 수도 있고, 세인트루이스의 아치처럼 비실용적인 대건축물이나 보스턴 코먼같은 공원일 수도 있다.[2] 도시민의 자부심과 경제적 경쟁은 흔히 도시에 분류표를 붙여 주는 결과를 낳는다. 덕분에 독특한 차별성을 지녔다고 선포하는 별명이나 형용어구가 도시 이름에 따라붙는다. 피렌체는 대성당이란 뜻의 '두오호' 혹은 피렌체 광장을 의미하는 '피아자 델라 시뇨리아' 이고 번영한 곳이라는 뜻의 '라 피오렌테(la Fiorente)' 이기도 하다. 뉴욕은 유명한 스카이라인이자 '제국의 도시' 이며 형용어구 수십 개가 경쟁하며 따라붙는 도시이다.[3]

　이제 사람들은 파리를 상징하는 것으로 에펠탑과 함께 루브르 박물관, 오르세 미술관, 퐁피두 센터를 꼽는 데 주저하지 않는다. 에펠탑은 1889년 파리 박람회에서 산업 시대를 견인한 기념비로 들어선 이래 파

2　Tuan, Yi-Fu.(1974), 296쪽.

3　같은 책, 300쪽.

리의 가장 중요한 상징이었다. 프랑스 혁명 100주년을 기념하며 지어진 에펠탑은 주변의 경관에 압도적인 높이로 위치하며, 검붉은 철골조의 모습은 자신감 넘치는 자본주의의 상징이기도 했다.

1968년 5월 혁명을 거치면서 프랑스에는 자본주의 체제의 모순된 상황을 극복하려는 시도들이 나타났다. 또한 물질주의, 물신주의로 인한 인간 소외를 극복하는 과정에서 파리를 예술과 문화의 중심지로 다시 부활시키고자 했다. 마네의 〈풀밭 위의 점심 식사〉와 같은 작품들이 오르세에 새로운 장소성을 부여했다면, 숙고하고 오랜 기간 충분한 준비를 바탕으로 단장한 루브르, 오르세, 퐁피두는 파리에서 새로운 상징을 지닌 장소로 마련된 것이다.

$$\text{'마네' 를 품은 오르세} \quad \rightarrow \quad \begin{matrix} \text{루브르} \\ \text{오르세를 품은 파리} \\ \text{퐁피두} \end{matrix}$$

장소의 정체성은 서로 관련되고 다른 것으로 대체할 수 없는 세 가지 구성 요소, 즉 물리적 특징 혹은 외관, 관찰 가능한 활동과 기능, 그리고 의미 또는 상징들로 구성된다.[4] 여기서 의미 또는 상징은 인간이 부여하는 것이다. 하지만, 오르세를 비롯한 장소들은 이제 미술관으로서의 상징을 지닌다. 인간은 들르는 곳이고 예술이 그 장소들의 주체이다.

시각적인 물리적인 구조물로서 상징체계인 에펠탑과 달리, 루브르, 오르세, 퐁피두는 그 장소의 실제 주인들의 가치, 그 장소가 내미는 진

---

4   Relph, E.(1976), 138쪽.

보와 혁신에 대한 포용, 그 장소가 지닌 의미와 역할 등이 감각적으로
느끼고 판단할 수 있는 건축적 가치를 훨씬 뛰어넘는 상징적 존재/장
소이다.

6. 중국의 적극 수용

오래된 공간을 해체하고 반짝이는 새 건축물을 들이고자 하는 경제 가
치 우위의 판단이 난무하는 가운데 오르세는 예술을 통한 낡은 장소의
재생이라는 모험적 시도를 성공적으로 보여주며 큰 반향을 일으켰다.
　중국은 오르세의 성공을 가장 적극적으로 받아들였다. 오늘날의 중
국은 개발 행위를 거침없이 해 나가고 있지만, 한편으로는 1900년대에
조성된 산업 단지를 비롯하여, 역사 문화적 의의가 있는 건축물에도
현대 건축 요소를 융합하여 새로운 건축 유형을 구현하고 있다. 즉 과
거, 현대가 교차하는 시간적 병치를 실현하여 도시 발전의 새로운 요
소로 부각하거나 랜드마크로 드러낸다. 이러한 행위의 산물인 '창의산
업단지'가 북경, 상해, 광주 등의 지역에서 도시의 경제와 문화의 발전
을 주도하고 있다.
　상해는 도시의 현대화와 주변 지역의 도시화가 급속히 진행되면서
눈에 띄는 디자인의 건물들과 도시 공간들이 증가해 왔지만, 한편으로
는 19세기말 이후 조성되어 그대로 삶의 공간으로 유지되고 있는 주거
지나, 협소한 규모, 낙후된 설비, 입지 여건의 변화 등으로 폐허처럼
남아 있는 산업 시설들도 수없이 존재하는 그 자체로 콜라주 시티였
다. 이런 환경 속에서 상해는 오르세/장소의 교훈을 가장 적극적으로
해석하고 수용했다. 최신의 도시 공간으로 변모하기를 주저하지 않으

면서도, 낡음의 가치를 유지하고 드러내는 방법을 강구한다. 상해는
그 일환으로 예술과 문화, 그리고 생활을 품고자 하는 다양한 시도들
을 도시 곳곳에서 진행한다. 이런 시도의 결과로서 조성된 장소들은
현대인들의 일상에 익숙지 않는 과거의 장소, 특히 과거 상해의 장소
에 대한 시간, 공간 여행을 경험하게 한다.

첫 시도는 2001년의 신천지(新天地)라 할 수 있다. 20세기 초 조성된
조계지 건물들을 철거하지 않고, 잘 유지 보수하면서 새로운 기능을
수용하여 과거와 미래의 모습이 공존하는 장소로 만들어 내는 '문화거
리 조성 사업'이 성공적으로 이루어진다. 신천지 이후, 상해는 그 동안
불편하고 흉물스러웠던 장소들을 없애지 않고 활용하는 방안을 적극
찾는다. 도심의 오래된 공장, 역사성이 있지만 방치된 건축물의 재활
용 등을 통해 도시 발전의 키워드를 '중국제조'에서 '중국창의'로 삼
아 새로운 상해를 지향해 나간다. 이렇게 낡은 구조체를 해체하지 않
고 보수하면서 새로운 공간을 더하고 기능을 변경하며 문화의 장소로
변모하려는 작업이 이제는 경제 관점에서도 더 중요하게 인식되어 광
범위하게 전개되고 있다.

'1933노장방(老場坊)'은 도살장을 문화 공간으로 탈바꿈하여 새로
운 창의 산업의 모델로 제시한 것이다. 상해 문화·예술 복합공간은 대
부분 과거 공장 지대였던 곳을 재건·개발하는 유형이 주였으나, 독특
한 건축 형식을 지닌 상해의 도살장이 그 특이한 공간 구조를 드러내며
인간에게 개방된다. 수없이 끌려온 소들이 터벅터벅 줄지어 걸어갈 때
콘크리트를 울리는 발자국 소리와 울음소리를 느낄 수 있는 거친 경사
로, 성난 소를 피하도록 몰이꾼을 위해 마련된 작은 계단, 피냄새를 희
석하고 죽은 소의 영혼을 인도하도록 정성들여 마련된 둥근 창들, 정형
의 건물 구석구석 마련된 비정형, 비정상 느낌의 통로들. 소들의 죽음

의 장소 그 자체가 독특하고 낯설다. 이렇게 '1933노장방'은 상해에서 가장 큰 도살장, 수많은 소들이 죽어가는 장소에서 문화, 생활공간으로 변모한 곳으로 방문자들이 처음 경험해 보는 특별한 장소다.

7. 레디메이드(Ready-Made)

개념 예술을 앞세워 20세기 미술계의 혁명적 전환을 이끈 사람으로 마르셀 뒤샹(Marcel Duchamp)이 첫손에 꼽힌다. 1917년 1차 세계 대전이 끝나고 뒤샹을 포함한 예술가들은 반문명적인 전쟁의 충격으로 예술의 무가치를 고민한다. 시간과 시점의 변화에 따른 대상의 운동을 입체파 스타일의 구성으로 그려냈던 뒤샹은 미국으로 건너가 전시작품으로 〈샘 Fountain〉을 제출했다. '머트'라는 익명으로 제출한 '샘'은 논란 끝에 전시가 되지 못했다. 뒤샹은 편집인으로 참여한 잡지에 '샘'을 옹호하는 글을 실었다. 변기가 부도덕하지 않듯이 머트의 작품 '샘'도 부도덕하지 않으며, 일상의 평범한 사물이 새로운 사물로 창조되었다는 것이 글의 요지였다.

〈샘〉이 이미 만들어진 변기를 이용한다는 점에서 오르세는 샘과 마찬가지로 기성품이란 뜻의 레디메이드(Ready-Made)다. 어느 사물이 놓이는 장소와 그 사물을 보는 관점의 변화에 따라 예술 작품이 될 수 있듯이, 애물단지로 여겨졌던 오르세는 예술 작품을 담는 공간으로 새로운 역할을 부여받음으로써 파리에서 가장 소중한 장소 중 하나로 거듭날 수 있었던 것이다.

애초에 루브르는 궁전이라는 문화 유산으로서 장소성을 지니고 있었기에 박물관으로 사용되지 않았더라도, 그 형태와 공간이 지니는 가치는 훼손되거나 소멸하지 않았을 것이다. 수백 년 프랑스의 정신적 상징이었던 루브르는 용도와 무관하게 이미 그 자체로서 존재의 의미가 있다.

하지만 오르세는 산업 시대 이후 만국박람회를 위해 지어졌다. 처음에 오르세는 수백 년 역사의 켜를 안고 이루어 낸 전통적인 파리의 도시 경관 사이에서 시민들의 관심을 받지 못했다. 더욱이 오르세는 철도 역사에 대한 시민들의 애정을 담기도 전에 역사로서의 기능을 수용하기 어려운 한계에 직면했다. 그래서 비슷한 방식으로 지어진 다른 많은 건물처럼 쉽게 철거가 결정되었다. 그리고 나서는 전혀 다른 모습과 전혀 다른 용도의 또 다른 생경한 건물이 쉽게 들어설 수도 있었다. 루브르와 더 잘 어울리면서 우아하고 품위 있는 파리의 모습을 유지하기 위하여, 또는 경제적으로 더 이익이 되는 공간이 필요하기 때문에 또는 시민의 관심을 더 자극하기 위해 등등 수많은 합리적인 이유를 내세우며 사라지더라도 별일 없었을 것이다.

아름다운 선과 새로운 재료, 그리고 당시의 기술이 집약되었으나, 누구든 사용할 수 있으며 선입견 속에 그다지 관심을 끌지 못한 공장 생산된 소변기처럼, 애초에 오르세는 급하게 결정되고, 급하게 지어진, 그리고 이제는 그 기능을 다하여 부질없이 자리만 차지하고 있는, 그다지 주목받지 못한 골치거리로 보이는 레디메이드 공간이었다.

소변기가 샘이 되고, 뒤샹에 의해 예술 작품으로 등장했을 뿐 아니라, 가장 위대한 예술 작품의 하나로 등극한 것은 예술 개념을 획기적으로 전환하고 확장했기 때문에 가능했다. 오르세가 쓸모없는 철도 역사에서 가장 빛나는 미술관으로 극적 변신을 이룬 것도 심각한 문명 혼돈기에 그 시대를 꿰뚫은 예술가들의 위대한 자산들을 품었기 때문에 가능했다. 오르세는 공간의 주체가 사람이 아니라 예술 작품이 되어 예술의 장소로 새로운 성격을 부여받게 되고 미술관으로 다시 태어날 수 있었다. 오르세가 가지는 가치에 대한 시민의 인식도 전환되었다.

8. 장소-배치

그림 〈1787년 살롱 루브르 전시회〉는 18세기 말 루브르궁에 소장된 예술 작품들을 관람하는 모습이다. 많은 사람들 사이에서 더 많은 회화들은 서로 치열한 경쟁으로 두드러지기를 원했고, 의미를 드러내기를 원했다. 즉 화가들은 함께 전시된 작품들과 다른 '차이'들을 획득하고자 고뇌한 것이다. 그러므로 온갖 새로운 도전들이 넘쳐나며, 한편으로는 문명의 본질에 주의를 기울이고, 드러난 현상들에 대한 새로운 해석이나 조합, 그리고 전혀 시도해 보지 않았던 낯섬을 받아들이려는 데에 이르기까지 전통적 시간의 축 선상에서 해방되고자 하는 모색의 시기를 살아갔다. 이렇듯 변화의 물결이 넘쳐 났던 19세기 후반부터 20세기 초반까지의 예술의 경향은 기존의 예술을 뛰어넘고자 하는 강렬한 열망으로 비롯되었다. 들뢰즈에 의하면 이는 '빗장이 풀린 시간'일 것이다.

그에 따르면 빗장이 풀린 시간은 미친 시간이다. 그래서 신이 부여한 순환 질서에서 벗어나 있고 사건들에서 해방되어 있으며 운동에 종속된 관계를 전복하는 시간이다. 이 시간 속에서는 어떤 것도 펼쳐지지 않는다. 오히려 시간 자체가 스스로 자신을 펼친다.[5] 전환기, 혹은

5   Deleuze, G.(1968), 『차이와 반복(Difference et Repetition)』, (김상환 옮김, 민음

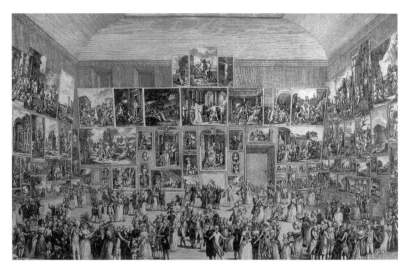

〈1787년 살롱 루브르 전시회〉, 피에트로 안토니오 마르티니

혼돈기의 시대로 일컫는 산업 혁명 후 19세기를 거쳐가는 서구 사회를 가장 잘 묘사하는 것이 바로 '빗장이 풀린 시간' 이다. 전통에 구속되지 않고 시간 자체가 스스로 자신을 펼쳐가는 탈영토화의 시대에 속해 있음을 화가들은 어느 순간 알아챈다. 발전한 과학 문명의 영향으로 기존의 사회 체제에 순응하며 구축해 온 전통적 회화의 기법을 뛰어넘어야 할 시대적 소명이 예술가들에게도 있었다. 당시는 빛, 색, 형태, 시간, 공간 등 회화의 본질을 살피고 연구하며 구현하는 남다른 모색이 가득한 시대였으며, 누가 더 앞서나가는지, 누가 더 시대정신을 이끄는지 전시 벽면 위에서 벌어지는 화가들의 치열한 도전들에 사람들은 매료되었다.

　이제 긴 시대의 작품들은 여러 자리에 구분되어 모이고 배치되었다.

사, 2019), 209쪽 참조.

즉 서로 다른 시대 구분에 의해 파리의 세 미술관은 성격이 규정되었다. 파리에 있었던 인류 문화의 위대한 성취물들이 루브르, 오르세, 퐁피두에 배치되어 있다. 이 작품들은 시간의 축선 위에서 계열화를 이루며 관계가 지어지고 구분되어지며, 배치된 것이다. 특정한 시간에 속한 사건들을 집합하고 계열화하고 배치하는 것은 기존의 시간 속에 이루어진 사건들과 구분되는 어떤 지점들의 총합일 것이다. 들뢰즈에 따르면 우리는 여러 특징들이 상호 작용하면서 극단화하는 자율적 순간을 형성할 때 '강렬한 얼굴'을 발견한다.

과거-루브르와 현재-퐁피두 사이의 어느 한 지점에 오르세가 있고, 이곳에 인류역사상 가장 역동적으로 일어났던 '해방된 시간', '전복하는 시간'이 혼돈과 모호함 속에서 발현되었기에 미래를 들여다보는 시간의 집합 장소이다. 작품들은 함께 전시-배치되어 서로 작용하고 반응하면서 기존의 경계를 넘어서고 새로운 영토를 구축한다. 이 작품들만으로 어느 곳이든지 장소성을 부여할 수 있겠지만, 그 시대 문명의 다른 양상을 표징하는 특정한 공간-오르세에 배치되어 상호 의미를 부각시키면서 더 강렬한 이미지를 투사한다. 이렇게 새로운 장소성을 갖게 되는 한 요소로서 '오르세'는 역할하며 재영토화된 '인상주의'로 인간을 사로잡는다. 즉 오르세와 작품들은 동등하다.

'장소'와 '사물'은 종속적 관계가 아니라 대등하게 결연되어 있으며, 그 결연으로 스스로의 의미가 부각된다. 동시대에 함께 태어난 혁명적 전환기를 겉으로 안으로 조직되어 큰 한 덩어리를 이룬 것이다. 따로이면서 하나인 것이다. 이를 들뢰즈는 배치 혹은 조직으로 이루어진, 또는 배치 혹은 조직을 이루는 '다양체'라 하였다. 어떤 기획자의 의도에 따라 작품들은 관계되며 그 장소도 작품들과 관계를 맺으며 한 덩어리, 하나로서 다양체를 이룬다.. 이를 상징하는 언표로서 '오르세'는 가치를 지닌다.

　이런 배치는 사실 마네의 그림에서 '숲', '정장의 신사', '나체의 여인' 등 서로 관련짓기 어려운 대상들과 유사하다. 마네는 이를 아무렇지도 않게 한 화폭에 배치시키므로 개체들은 자신의 본질을 유지한 채 기계적으로 관계하며, 다양체를 이룬다. 그렇듯이 파리는 그 도시안에 다양체로서 세 박물관을 배치하고 박물관은 위대한 인류의 자산들과 수평적으로 관련지어지면서 문화·예술 도시로서의 이미지로 다시 부각되어 하나의 거대한 배치물인 '파리'를 이룬다. 그리고 우리는 그런 배치물들에 사로잡혀 그 도시를 찾는 것이다.

〔전병권〕

9

패스트푸드점,
장소 사랑이 가능할까?

1. 커피 전문점 이전에 패스트푸드점

요즘 커피 전문점 열풍이 거세다. 사라지는 건 음식점이고 늘어나는 건 커피 전문 카페라는 말도 있다. 카페 안에서 혼자 휴대폰, 노트북을 펴 놓고 있는 모습이 흔하다. 여럿이 이야기 나누는 모습도 많지만 분위기가 예사롭지 않다. 밝고 넓은 분위기에 담배 연기도 없다. 커피를 좋아하는 걸까, 카페 공간을 좋아하는 걸까?

커피 전문점 열풍 이전에 패스트푸드점 열풍이 있었다. 스타벅스 한국 1호점은 1999년에 착륙됐고 토종 브랜드 롯데리아는 1979년에 개점하였으며 맥도날드 1호점은 1988년 서울 올림픽 직전에 열렸다. 요즘 청소년과 젊은 세대의 모임은 커피 전문점이 대세지만 과거 청소년의 모임은 주로 패스트푸드점이었다. 요즘은 혼자 먹는 곳도 카페지만 과거엔 혼자 먹을 수 있는 곳이 패스트푸드점이었다.

패스트푸드(fast food)란 미리 조리되어 레스토랑에서 빨리 제공되는 뜨거운 음식(hot food that can be served very quickly in a restau-
rant because it is already prepared)으로 정의하기도 하고(Cambridge
learner's dictionary), 햄버거, 도넛, 닭튀김과 같이 가게에서 간단한
조리를 거쳐 제공되는 음식으로 주문하면 즉시 완성되어 나오는 식품
을 통틀어 이르는 말이다(국립국어원, 2019).

즉, 패스트푸드는 고객이 주문하면 곧바로 음식이 제공되는 서비스
의 신속성이 있으며, 똑같은 맛과 청결한 점포 환경, 고객에게 친절한
서비스 등을 특성으로 하는 음식의 제조와 판매가 서로 분리되거나 일
부 분리되어 있으며 조직적인 경영 기법을 도입하여 운영이 되고 있는
외식 사업으로 메뉴 콘셉트에 따라 햄버거 전문, 치킨 전문 패스트푸
드점으로 구분하며, 국내에서는 외식 점포에서 식사를 하지 않고 배달
또는 테이크아웃 형태의 외식 업체도 포함된다.[1] 그러나 보통 패스트
푸드점이라고 할 때는 햄버거 중심의 패스트푸드를 판매하는 외식업
을 일컫는다.

함께 있는 곳과 혼자 있는 곳의 대세가 패스트푸드점에서 커피 전문
점으로 이동하고 있지만 유아부터 노인 세대까지, 소득 수준에 무관하
게 접근성이 더 넓은 곳은 패스트푸드점이라고 하겠다. 패스트푸드점
이라는 장소의 특성은 무엇일까? 왜 사람들은 이런 장소를 즐겨 찾을
까? 이런 장소도 사랑할 수 있는 곳일까? 카페의 원조 햄버거 브랜드
패스트푸드점에서 답을 찾아보자.

---

1   김태희 외(2017), 『외식서비스 마케팅』, 파워북.

2. 패스트푸드의 역사 및 햄버거 브랜드 실태

국내 패스트푸드 산업은 1979년 토종 브랜드 롯데리아의 개점을 시작으로 1984년 버거킹과 KFC, 1988년에 맥도날드가 도입된 이후 86 아시안 게임과 88 서울 올림픽을 거치면서 급성장 해왔다. 이후 웰빙 열풍이 생긴 2003년부터 감소 추세를 보였으나, 웰빙 트렌드의 소비 성향에 때맞춰 지속적인 신메뉴 출시와 매장 환경 개선에 힘쓴 결과 플러스 성장을 하였고, 현재 패스트푸드 브랜드의 도입이 거의 40년 역사가 되었다. 패스트푸드 산업은 1979년 롯데리아가 설립된 후, 초기 5-6년 사이에 급격히 증가하였는데, 그 이유가 싼 값의 음식이 빠른 시간 내에 제공 되어지는 간편성과 산뜻하게 꾸며진 쾌적한 점포 분위기가 소비자의 편의성에 대한 요구와 일치하였고, 또한 프랜차이즈 시스템이라는 새로운 방식으로 경영되며 셀프서비스와 통일된 언어와 서비스를 제공하기 때문인 것으로 평가되었다.[2]

국내 소비자들의 외식 소비 행태 중 테이크아웃 부분에서 주요 취식 메뉴는 패스트푸드의 대표 메뉴인 햄버거로 조사되었다(한국외식산업연구원, 2014). 한국 햄버거 시장은 2019년 롯데리아가 총 1,300여 개의 매장을 운영 중이며, 그 다음으로는 맘스터치 1,170여 개, 맥도날드가 420개, 버거킹이 339개, KFC가 200개 순이다. 그리고 최근에는 신세계푸드의 '자니로켓' 등 다양한 후발 브랜드들이 진출하고 있으며, 일반적인 패스트푸드 햄버거와는 달리 웰빙 컨셉의 수제 햄버거 전문점들이 증가하고 있다.[3] 패스트푸드 시장은 빠르지는 않지만 꾸준히

---

2 모수미 외(1986), 「패스트푸드의 외식행동에 관한 실태조사-여의도아파트 단지를 중심으로」, 한국식생활문화학회지 1(3): 292〜309쪽.

3 김경희(2016), 「패스트푸드 브랜드 개성에 따른 재포지셔닝 전략」, 한국식생활문

성장하고 있으며, 우리나라의 버거 패스트푸드 체인 규모는 2조 6287
억원으로 추정된다.

3. 패스트푸드점에서 외식한다

통계 자료에서 시작해 보자. 2016년에 농촌경제연구원에서 실시한 소
비 행태 조사의 성인가구원 총 5,296명의 자료를 분석한 결과, 우리나
라 19세 이상 성인의 주된 외식 장소는 한식당(42.1%), 육류 전문점
(37.6%), 패스트푸드 및 분식점(7.2%), 일식 및 횟집(5.6%), 양식당
(2.9%), 치킨 전문점(1.9%) 순이었다. 또 패스트푸드 및 분식점의 경
우 19~29세 미취업 집단(37.8%), 19~29세 직장인 또는 주부
(16.2%) 순으로 선택 비율이 높게 나타나 젊은 연령층이 선호하는 것
으로 조사되었다.[4] 대학생의 외식 메뉴의 빈도가 한식(50.1%), 패스트
푸드(14.4%), 기타(21.0%)인 보고[5]로 볼 때 대학생의 패스트푸드 이
용 빈도는 대략 15%대로 보인다.

우리나라에서 패스트푸드의 도입 초기에는 패스트푸드 이용자가 13
세 이하 어린이 〈 20-29세 〈 14-16세의 순으로 청소년이 가장 많았다.[6]
또한 40대 이상의 고객, 주부, 직장인들이 다른 연령대에 비해 패스트
푸드 레스토랑에 대한 관심도가 낮았다.[7] 즉 청소년과 20대가 패스트

화학회지 31(2): 121~30쪽.
4   최미경(2016), 「2016년 식품소비행태조사 자료를 이용한 외식고객 가치체계 분
석」, 한국식품영양과학회지 47(3): 337~46쪽.
5   김경희(2016), 121~30쪽.
6   모수미 외(1986), 292~309쪽.
7   이지혜 외(2013), 「패스트푸드 레스토랑 고객의 관여도, 고객 만족도, 브랜드 선

푸드점의 주고객이었다.

그러나 배소영 등(2016)의 연구에서는 패스트푸드점에서 20대보다 30대, 40대가 높은 구매 의도를 보이고, 대학 졸업 및 대학원 이상의 학력에서도 구매 의도가 높으며 기혼자들이 미혼자들보다 높은 구매 의도를 보이는 주목할 만한 변화가 보고되기도 하였다. 패스트푸드점을 이용하는 고객의 특성이 도입 초기와 다르게 이용 연령이 넓어지고, 선택이 고급화되는 경향이 뚜렷하게 나타나고 있다.

4. 어제 햄버거를 먹었다

2016년 질병관리본부 국민 영양 통계에 따르면 "어제 햄버거를 먹었다"고 답한 국민의 비중은 30-49세에서 3.54%를 차지하여 햄버거는 30-40대가 자주 먹는 음식으로 평가되었다. 20대의 경우에도 "어제 햄버거를 먹었다"고 응답한 비율이 6.56%로 상승하고 있는 것으로 보고되었다. 롯데리아의 2018년 매장 이용객은 전체 고객 중 10대가 28.9%, 20대가 26.1%, 30대가 32.7%, 40대 이상이 12.4%로 나타나, 30대 이상 고객이 45.1%를 차지했다. 맥도날드의 경우 2016년 매장 방문 전체 고객 중 53%가 만 30-49세 이상인 것으로 나타났다. 청소년에 이어 30-40대가 햄버거의 주 소비층으로 부각되고 있다.

이 통계 자료를 볼 때, 우리나라에서 패스트푸드 도입 초기에는 청소년과 20대가 주고객이었지만 이젠 30, 40대도 햄버거 패스트푸드점의 주고객이라는 특징적인 변화를 알 수 있다. 패스트푸드 이용자가

호도간의 관계에 관한 연구」, 관광학연구 37(8): 171~88쪽.

성인 세대까지 다양해지는 이유는 패스트푸드 도입 역사가 40년이 되었고 30, 40대는 유아 시절부터 패스트푸드를 맛보고 젊은 시절 패스트푸드와 함께 자라난 세대로 어릴 때 맛본 음식이라 거부감이 없기 때문이다. 또한 50대 이상에서 햄버거를 좋아하는 사람은 우리 나라에 햄버거 브랜드 패스트푸드점이 런칭될 때 20대를 보낸 사람들 이라 그 맛에 익숙하기 때문일 것이다. 미국에서 할머니, 할아버지들 이 모여 햄버거 패스트푸드점에서 점심을 먹는 풍경은 매우 흔한 일 이다.

5. 가정 내 식사가 어려워지고 식사 준비가 귀찮다

패스트푸드점을 찾는 이유도 변했다. 도입 초기에 패스트푸드점을 찾 는 이유는 '친구들과 어울릴 수 있는 장소이므로'(72.7%)가 가장 높 게 나타났으며, '식사하기가 간편해서'(37.5%), '장소 및 용기가 쾌적 하고 위생적이므로'(35.9%), '시간에 구애받지 않으므로'(20.0%), '배가 고파서'(17.1%), '음식이 빨리 준비되므로'(16.9%)의 순으로 나타났다[8]. 이때 특히 '가정의 식사 또는 간식 제공이 없어서'를 이유 로 패스트푸드를 찾는 경우는 0.4%로 아주 낮게 나타났다. 패스트푸 드점을 찾는 이유가 가정 내에서 소홀해진 식사나 간식을 대신하기 위 한 것이 아니라 가족과 사회생활의 사교를 위한 것이라는 특징이 잘 드러났다.

그러나 이젠 패스트푸드점을 찾는 이유가 크게 바뀌었다. 2016년 식

---

8   모수미 외(1986), 292~309쪽.

품 소비 행태 조사에서 성인이 패스트푸드 및 분식점을 선택한 동기는 '근로, 학업 등으로 가정 내 식사가 어려워서'가 15.3%, '식사 준비가 귀찮아서'가 12.2%로 나타났다.[9] 현대 성인의 패스트푸드 선택 동기는 가정 내 식사 대용의 의도가 높다는 뜻이다. 1인 가구가 많아지면 모든 외식의 식사 대용 비율이 더 높아진다. 또 현대 사회에서는 모임을 할 수 있는 장소가 다양해져서 패스트푸드 시장의 초기 선택 이유인 가족 및 사회생활의 사교를 위한 식생활 장소로는 이용도가 낮아졌다고 볼 수 있다. 사교는 커피 전문점이 대세다.

6. 패스트푸드점은 감성도 자극한다

2015년 상반기 기준 국내 패스트푸드의 시장 점유율 상위 6개 브랜드인 롯데리아, 맥도날드, KFC, 버거킹, BBQ, 맘스터치 등의 브랜드에 대해 대학생들이 느끼는 브랜드 개성을 보면, '친숙함', '활발함(열정)', '전문성', '신뢰성', '세련성' 등 다섯 가지 항목으로 도출되었다. 남학생은 가장 차별화된 브랜드 속성으로 '세련성'과 '친숙성'을 택했고, 여학생의 경우 '신뢰성'이었다. 전체 대학생에서 최대속성은 '친숙성'으로 나타나 대학생들이 패스트푸드 브랜드를 선택할 때는 친숙한 브랜드를 선호하는 것으로 나타났다.[10] 대학생에 제한된 연구 결과이지만, 일반화시켜 생각해도 별로 다르지 않을 것이다. 즉, 패스트푸드점은 감성도 자극한다.

9 최미경(2016), 337~46쪽.
10 김경희(2016), 121~30쪽.

패스트푸드 이용자들은 음식의 맛뿐만 아니라 서비스, 함께 식사하는 사람, 식사 상황 등 편안하게 느끼는 요인들을 중시한다. 또한 똑같은 패스트푸드 매장을 가더라도 사람들마다 같은 브랜드의 패스트푸드를 먹으며 느끼는 브랜드 감성은 다를 것이며, 사람들은 식사 상황이나 함께 식사하는 사람에 따라 그 모멘트에 필요한 감성을 충족시켜 주는 패스트푸드 브랜드를 선택할 가능성이 크다. 빠르게 나오는 편리한 음식을 선택하는 공간에서도 우리가 각각의 브랜드를 선택하는 중요한 이유는 친숙함에서 오는 편안함이다. 패스트푸드점도 편안한 게 최고다.

'친숙성' 또는 '편안함' 을 이유로 패스트푸드점을 찾는 현상을 어떻게 이해할 수 있을까? 우선 패스트푸드점이 감성도 자극한다는 점을 눈여겨 볼 필요가 있다. 사람의 행동과 선택은 계산에만 의존하지 않는다. 감성도 행동과 선택에 중요한 영향을 미친다. 그러니까 '가정 내 식사가 어렵다' 거나 '식사 준비가 귀찮다' 는 이유의 뒷면은 그래도 가정처럼 친숙하고 편안한 장소를 대신 찾는다는 것이다. 친숙하고 편안한 장소의 대명사는 본래 집이다. 패스트푸드점도 집처럼 친숙성과 편안함을 느낄 수 있다면 애착을 가질 수 있지 않을까?

7. 패스트푸드점과 실존적 내부성

장소를 인간 실존의 근원으로 보는 인본주의 지리학자 렐프(E. Relph)는 사람들이 자기 집이나 동네 또는 자기 지역에 있을 때, 자신이 그곳 사람들을 알고 있을 때, 자신이 그곳에서 다른 사람들에게 알려져 있거나 거기에서 자신이 받아들여질 때 실존적 내부성을 느낀다고 말한다.

그리고 실존적 내부성은 장소에의 소속인 동시에 장소와 깊고 완전한 동일시라고 정의한다.[11] 실존은 진짜 존재, 진짜로 있다는 뜻이고 내부성은 마음 속 감정, 생각을 의미한다. 그러니까 실존적 내부성은 진짜로 있다는 감정, 생각이다. 렐프의 말은 사람들이 자기 집, 동네, 지역에 있을 때, 그곳 사람들을 알고 받아들여질 때 진짜로 있다고 느끼고 생각한다는 뜻이다. 그리고 장소의 정체성은 지도 위의 주소가 아니라 한 개인이나 집단이 가지는 장소의 경험에 영향을 받는다는 것이다.

　패스트푸드점의 식사는 연령별로 다양한 즐거움을 선사한다. 부모와 함께 온 어린이는 마치 어른들이 어릴 때 중국집에서 귀한 자장면 외식을 할 때처럼 행복하다. 초등학생, 중·고등학교 청소년들은 즐겁게 소통하기도 하고, 학원가의 패스트푸드점의 청소년들은 입시 준비의 힘든 감정도 보인다. 주말에 주부의 가사 노동을 보상하고 가족 간의 공감과 추억을 만드는 소박하고 오붓한 가족 식사도 있고, 직장 급식이 없는 주말에 식사 준비가 힘든 1인 가구의 때우는 식사도 있다. 낯선 외국에서 여행객이 세계 어디에서나 두렵지 않은 패스트푸드의 맛과 익숙한 먹는 방식의 편안함도 있다. 비록 패스트푸드점 식사는 잘 차려진 밥상이 아니고 영양적 균형도 부족하지만, 그 속에서 사람들은 서로 알고 받아들여지며 실존적 내부성을 충분히 느낄 수 있다. 집밥에 길든 사람에게 패스트푸드점은 가정 요리와 집의 분위기와는 다른 행복함, 즐거움, 공감, 편안함을 느끼고, 어떤 경우는 나만의 우울감을 스스로 공감할 수 있다면 그곳이 바로 집이 될 수 있고 집에 있을 때처럼 진정 "있다"고 느낄 수 있다. 패스트푸드점은 장소 사랑이 가능하다. 즉 장소는 주관성과 경험이 강조된 세계에 대한 태도를 표

11　Relph, E.(1976), 127쪽.

현한 개념[12]이라는 에드워드 렐프의 주장과 함께 패스트푸드점의 장소
애는 충분히 근거가 있다고 하겠다.

8. 익명의 공간도 당신의 장소이다

최근 성인이 패스트푸드를 선택하는 주된 이유가 '가정 내 식사가 어
려워서', '식사 준비가 귀찮아서' 등이라는 보고[13]를 보면, 이는 친구
와의 교류보다는 혼자 편하게 패스트푸드점을 이용하는 빈도가 높을
수 있음을 의미한다. 혼자 식사를 해결하기 위해 패스트푸드점을 이용
하는 사람은 아무도 나를 알지 못하는 익명의 장소를 아무 눈치도 보
지 않고 편안하게 느낄 수 있다. 카페에서 혼자 공부하거나 혼자 시간
을 보내는 사람도 익명의 장소를 편안하게 누린다고 볼 수 있다. 패스
트푸드점과 카페 한쪽 구석에 얌전히 있는 사람도 꾸어다 놓은 보릿자
루가 아니다. 패스트푸드점에서 자발적이거나 비자발적인 1인 식사를
하는 경우에도 패스트푸드점에서의 식사 상황, 식사시 느낌 등에 초점
을 맞춰 본다면 패스트푸드점은 익명의 공간이더라도 장소감을 가지
며, 스스로 이 세상 속에 진짜로 "있다"고 느끼는 것이다.

---

12   팀 크레스웰(2004), 『장소』, (심승희 옮김, 시그마프레스, 2012), 131쪽.
13   최미경(2016), 337~46쪽.

9. 패스트푸드는 값과 맛으로 선택한다

이제부터 패스트푸드점은 장소 사랑이 가능하지 않다는 이야기를 해 보자. 다시 통계 자료에서 출발한다. 패스트푸드 애호가들은 선호 이 유로 신속한 제공, 저렴한 가격, 편리한 이용, 균일한 맛 등을 꼽는다. 이 중에서도 음식의 맛은 패스트푸드 애호가들이 가장 중요하게 여기 는 요소이다.[14]

　2016년 농촌경제연구원에서 실시한 식품 소비 행태 조사에서 성인 이 외식을 선택할 때 가격을 중요한 동기로 생각하는 집단은 다른 집 단에 비해 패스트푸드 및 분식(11.6%)을 선택한 비율이 높게 나타났 다. 또 음식의 맛이 외식 선택의 가장 중요한 기준이라고 응답한 집단 에서도 패스트푸드 및 분식(13.3%)의 선택 비율이 다소 높게 나타났 으며, 선택 기준이 음식의 청결도, 서비스 정도, 분위기, 건강에 좋은 요리, 또는 예약의 용이함이라고 응답한 집단에서도 패스트푸드 및 분 식(12.3%)의 선택 비율이 다소 높았다.[15] 즉, 패스트푸드의 선택 기준 은 가격과 맛, 음식의 청결도, 서비스 정도, 분위기, 건강에 좋은 요리, 또는 예약의 용이함 등이 모두 중요했다. 즉 우리는 패스트푸드를 선 택할 때, 가격이 중요할 때도 있고, 실망하지 않을 수 있는 예상되는 맛, 적어도 평균 수준은 하는 음식의 청결도와 매장의 분위기 등의 이 유가 중요하다고 하겠다.

　패스트푸드 도입 초기 조사에서도 패스트푸드의 선택 기준으로 기 호, 가격, 동행인과 같은 음식이 높게 나타났다. 또 연령이 낮을수록,

---

14　Longacre et al., (2016), 473~80쪽.
15　최미경(2016), 337~46쪽.

한 달 용돈이 적을수록 패스트푸드의 선택 기준이 가격이었다.[16] 패스트푸드는 지금까지도 비교적 낮은 가격으로 선택 가능한 외식 종류로 여겨진다는 것을 알려준다. 이처럼 패스트푸드의 선택 기준이 가격이 중요 이유가 되는 경우는 식사에서 감정을 느끼기에 어려울 것이라 생각된다.

10. 스토리와 문화가 없는 음식

패스트푸드의 서빙은 갈수록 패스트해지고 있다. 패스트푸드점은 셀프서비스가 기본 서빙 방법이지만 다른 편의식에 비해 점원과 직접적인 접촉을 통해 음식을 주문하면서 점원과 고객의 상호 작용이 활발하다는 특징을 가지고 있었다. 그러나 최근에는 무인 주문 시스템(키오스크)이나 휴대폰의 오더앱으로 주문하고 결제하여 매장에 가서 바로 찾을 수 있도록 주문 방법도 빨라지고 있다. 패스트푸드점은 가정에서의 식사나 외식 전문점의 다양한 분위기에 비해 식사에서 느끼는 친밀한 관계나 소통은 더욱 부족해져 가고 있다.

　패스트푸드의 맛은 거의 표준화되어 있다. 패스트푸드는 조리된 음식을 데우거나 반조리된 음식을 간단한 조리를 거쳐 조합하기 때문이다. 특히 패스트푸드는 지방을 다량 섭취하여 만족감을 느껴온 서구의 기름 문화권에서 시작되었다. 그래서 패스트푸드에서 느끼는 대표적인 맛은 기름진 맛, 느끼한 맛, 간이 진한 맛이다. 이런 맛을 좋아하는 사람은 패스트푸드가 맛있다고 느낀다. 패스트푸드가 맛이 없다고 느

16　모수미 외(1986), 292~309쪽.

끼는 사람은 이런 맛을 건강상 우려하거나 진한 맛을 싫어하거나 채
소가 부족한 맛을 싫어하는 경우가 많다. 패스트푸드의 맛은 단일화
되어 곡물과 콩, 생선을 발효시켜 양조한 간장과 국물 맛의 만족감이
중요한 아시아권 민족에게 맛의 충족감을 주기는 어렵다. 수수하고
슴슴한 맛을 주는 다양한 채소의 맛과 식감을 좋아하는 사람에게 패
스트푸드는 특색 없이 합쳐진 맛, 자극적인 무거운 맛으로 관능적으로
경험된다.

　현재 우리의 식생활은 전통적인 국물 문화에서 기름 문화로 옮겨가
고 있는데, 그 선두에 패스트푸드가 있다. 또한 패스트푸드는 칼로리
공급에 비해 채소가 부족한 음식이라 제철 채소의 비타민과 식이섬유
가 매우 부족하다. 패스트푸드의 패티는 원재료들이 대부분 잘게 썰어
져 조리되기 때문에 원래 식재료의 질을 알 수가 없고, 어디서 누구에
의해 어떻게 가꿔졌는지, 누구에 의해 운반되고 조리되었는지도 전혀
알 수 없다. 즉, 식재료의 질, 조리 과정의 위생 수준, 첨가물의 특징을
알기가 어려운 음식이다.

　패스트푸드는 조리 과정의 스토리와 문화가 없는 표준화된 음식이
라 할 수 있다. 엄마가 여러 가지 재료로 정성껏 끓인 된장찌개는 침이
돌고 눈물이 나는 스토리가 있다. 패스트푸드는 누가 어디서 어떻게
조리했는지 알 수 없으니 스토리가 없다. 음식도 문화가 있고 문화는
대체로 나라마다 지역마다 집집마다 다르다. 패스트푸드는 전 세계에
서 죄다 비슷하니 문화도 없다. 사람이 엄마표 밥, 모국의 음식, 고향
의 음식, 집밥을 망각하지 않았다면 스토리와 문화가 없는 패스트푸드
와 어딜 가나 브랜드마다 인테리어가 비슷한 패스트푸드점에 애착을
가지기 어렵다. 그렇다면 패스트푸드점은 장소 사랑이 어려운 곳이다.

　사람들은 신속한 제공, 저렴한 가격, 편리한 이용, 균일한 맛 등의

기준을 중요하게 생각하며 패스트푸드를 선택한다. 패스트푸드의 균
일한 맛은 전 세계인의 식단을 획일화할 수 있다. 패스트푸드의 맛이
내가 이미 알고 있고 기대한 맛과 유사하다는 점은 사람들에게 편안
함, 친숙함을 주는 장소 사랑의 근거가 되기도 하지만 그러나 이런 친
숙함은 패스트푸드에 대한 특별한 의미를 가지는 친숙함이 아니라 편
리함의 착각일 수도 있다. 패스트푸드점에서 나만의 경험이 결국 누구
에게나 똑같은 음식과 맛, 식사 환경으로 인한 것이라면 패스트푸드점
에 대한 애착도 나에게 특별한 경험과 기억을 만들어내지 못하는 장소
사랑 없는 장소감이라 할 수 있다.

11. 케렌시아(Querencia)

케렌시아는 원래 마지막 일전을 앞둔 투우장의 소가 잠시 쉴 수 있게
마련해 놓은 곳이다. 지금은 일상에 지친 사람들이 몸과 마음을 쉴 수
있는 재충전 공간이라는 뜻으로 쓰인다. 패스트푸드점은 우리의 식사
장소로 케렌시아가 될 수 있을까?

식사를 하는 장소는 식사 목적이나 함께 먹는 사람 등의 환경과 나
의 경험과 기억에 따라 다른 의미를 지닐 수 있다. 친구 생일 파티를
패스트푸드점에서 하는 유아들, 초등학생과 청소년들의 친구 모임, 학
원가의 패스트푸드점에서 자녀를 기다리면서 자녀 교육과 여러 가지
정보를 공유하는 학부모들에게는 유용한 식사 장소가 될 것이고, 휴일
에 오랜만에 쉬는 아빠와 함께 내가 패스트푸드점에서 외식을 즐기는
어린이들은 똑같은 인테리어와 똑같은 맛의 햄버거를 먹는 패스트푸
드점의 공간이지만 얼마나 사랑이 가득한 추억의 식사가 될까? 아빠와

이런 기억이 있는 패스트푸드점은 그 아이의 성장에서도 영양적 균형을 떠나서 패스트푸드는 좋은 음식으로 기억하게 될 것이므로 이러한 경우들은 패스트푸드점이 장소감[17]가 있다고 주장하고 싶다.

패스트푸드는 채소의 사용이 적고 동물성 지방의 사용이 많아 비교적 골고루 영양이 갖춰진 우리나라의 식사 형태나 음식보다 영양 균형성이 떨어짐에도 불구하고 패스트푸드 식사가 가지는 편리함, 신속함 등의 장점이 있다. 인간의 삶은 모든 것이 먹는 것과 연결되어 있다. 패스트푸드점의 장소 사랑을 더 높이는 방법이 가능할까?

최근 햄버거 시장은 수제 버거 등으로 고급화되고 있다. 기존의 패스트푸드 브랜드에서도 시그니처 버거 등 햄버거를 고급화해 차별성 있는 메뉴를 개발하고 있어 가격이 비싸다고 느끼는 사람도 많아지고 있다. 패스트푸드의 선택 기준이 가격뿐만 아니라 음식의 맛과 양, 청결도, 서비스, 교통의 편리함 등으로 다양하게 바뀌고 있다. 또한 패스트푸드 업체별, 브랜드별 마케팅 전략도 다양해지고 있어 24시간 영업, 와이파이, 드라이브 스루, 홈서비스, 시그니처 버거, 아침 메뉴, 딜리버리 등이 도입되고 있다. 패스트푸드 브랜드별로 추구하는 목표가 다양해지면서, 영업 전략도 차별화되고 있다. 비교적 싼 가격을 추구하는 소비자를 겨냥하기도 하고 럭셔리한 햄버거와 다양한 사이드메뉴 등 고급 이미지를 소비하는 고객도 아우른다. 패스트푸드점이 장소 사랑의 현장이 될 가능성이 여전히 높다는 뜻이다.

특정 장소가 협업, 체험, 재생, 개방, 공유를 통해 전혀 다른 장소로 탈바꿈할 수 있다. 닫힌 공간 안에 카페, 도서관이 들어가서 도심의 원

---

17   팀 크레스웰(2004), 11쪽. '장소감(sence of place)'이란 사람들이 장소에 대해 가지는 주관적이고 감정적인 애착을 말한다.

기 회복을 위한 케렌시아(Querencia) 공간으로 기능할 수 있다.[18] 아직 패스트푸드점이 케렌시아 공간으로 활용된 사례는 없다. 그러나 장소 재탄생 트렌드가 패스트푸드점을 빗겨 가라는 법도 없다. 패스트푸드점이 케렌시아 공간이 될 가능성은 열려 있다. 패스트푸드점의 공간이 현대인들에게 감성과 관계 소통의 식사 공간으로 유지된다면 패스트푸드점은 우리들에게 중요한 케렌시아 장소로 문화를 이어갈 것이다.

12. 바른 식생활 장소(Good Diet Place)

식생활에 대한 패러다임이 바뀌었다. 세계 경제가 발전하면서 에너지의 과다 소비, 환경과 자원의 고갈을 고려하지 않은 성장을 지속하면서 이익과 부를 창출하고 있다. 그러나 이 결과 환경의 변화와 이상 기후에 따른 재해가 잇따르고 있어 전 세계적으로 환경 친화에 대한 관심도 높아지고 있으며, 경제와 환경의 선순환을 목표로 하는 저탄소·친환경 산업으로 전환하고 있다. 이에 식생활 분야에서도 지속 가능한 저탄소·친환경 성장을 근간으로 하여 모든 식품의 생산에서부터 소비까지의 전 과정에서 에너지와 자원의 사용을 절약하고 환경 오염을 최소화할 수 있는 환경 친화적인 식생활로의 변화를 시도하고 있다. 환경·건강·배려의 3가지 핵심 가치를 기본으로 하며, 국민의 식생활 교육의 현장에서 그 가치를 교육하고 있다.

인간은 건강한 삶을 유지하는 것이 중요한 목표이다. 건강 관리에서 중요한 식생활의 공간을 인본지리학의 장소성으로만 해석하기는

---

18   김난도 외(2018), 『트렌드코리아 2019』, 미래의 창, 339~47쪽.

어렵다. 실제 인간은 식사를 선택하는 데 있어서 많은 다양한 의사 결정을 하고, 큰 고민 없이 습관적으로 행동하게 된다. 식사를 준비, 선택하고 먹고 소비하는 것과 관련되어 일어나는 일련의 행동을 식행동(food behaviors)이라고 하며, 건강 지향적 식행동을 가진 사람은 자연스럽게 항상 건강한 식생활을 하게 되므로 평소 식사에 대한 선택이 건강한 식행동으로 이루어지도록 바른 식생활 습관을 만드는 것이 중요하다.

따라서 식사 공간의 장소성은 식사 상황에서 관계와 소통 및 공감이 있는 의식적인 식생활을 한다면 그 식사 공간은 장소성을 가진다고 하겠다. 그러나 식사 공간에서 음식을 먹는, 즉 우리 몸에 필요한 영양분만을 취하게 되는 행위에만 초점을 맞추어 진다면 그 식사 공간은 장소상실이라고 하겠다.

식사라는 것은 단순히 영양소만을 몸 안으로 들여보내는 것이 아니다. 식사 내용을 포함하여 같이 식사하는 사람들, 부모와 아이가, 친구가, 연인이 함께 마음이 통하는 시간을 보낸다는 중요한 감정의 요소가 내포되어 있는 것이다. 즉, 패스트푸드점에서 감자튀김과 콜라를 먹으면서도 친구들과 즐거운 소통과 의미있는 경험을 한다면 그때의 패스트푸드점은 유의미한 장소성의 공간이고, 내가 어느 날, 영양성이 좋은 수제 햄버거를 먹어도 그냥 배고픔을 해결하는 행위만을 했다면 그때의 패스트푸드점은 영양적인 음식은 있지만 인식과 경험이 없는 무장소성의 공간이라고 하겠다.

식사 장소의 장소성을 몇 가지 특성으로 단순하게 결정하기는 어렵다. 같은 사람이 같은 식사 공간에서도 누구와 함께 관계성이 어떻게 공유되는지, 혼자이더라도 그 식사 시간을 어떻게 활용하고 느끼게 되는 지에 따라서 다르다고 하겠다. 따라서 식사 상황에 따라 관계성, 장소 사랑 등에 따라 식사 공간의 장소성은 다양하게 해석되어야 하겠다. 사람들이 어떤 공간에서 어떤 음식을 선택하더라도 스스로 좀더 영양적인 음식을 선택하는 의식적인 행동이 이루어진다면 그 식사 공간은 매우 의미 있는 장소성의 공간이 되며, 이는 바른 식생활 장소(good diet place)가 될 것이다.

패스트푸드는 영양 불균형의 위험이 있지만, 맛이나 편리성, 쾌적함을 우선으로 하여 소비자들에게 매우 인기 있는 외식 종류이다. 패스트푸드에 대하여 사람들이 좋아하는 '친숙함', '활발함(열정)', '전문성', '신뢰성', '세련성' 등의 속성과 패스트푸드점에서의 건강한 식행동을 선택하며 의식적인 식생활을 추구한다면 패스트푸드점은 항상 바른 식생활 장소(good diet place)가 되고, 패스트함과 익숙한 획일적인 맛으로 우리의 삶을 가끔 즐겁게 해줄 것이다. 우리는 모든 식사 공간을 바른 식생활 장소로 만들어 내는 노력을 하여야 하겠다.

〔최경숙〕

3

장소와 시, 전쟁
그리고 신화

10

시에 지은 시인의 집

내 그대를 생각함은 항상 그대가 앉아있는 배경에서 해가 지고 바람이 부는 일

처럼 사소한 일일 것이나 언젠가 그대가 한없이 괴로움 속을 헤매일 때에 오랫

동안 전해오던 그 사소함으로 그대를 불러 보리라

— 황동규 「즐거운 편지」[1] 중에서

0. 시인과의 대화

나는 묻는다. 「즐거운 편지」를 많은 이들이 여전히 애송하고 있다고. 그는 웃었다. 나는 또 묻는다. 문지 시집 시리즈 1번인『나는 바퀴를 보면 굴리고 싶어진다』로 선생님을 기억하는 사람도 많다. 하지만 그 이전에 보여주었던 절망의 자세들은 문학사에 보기 드문 표정이었다. 그

---

1 이 글에서 인용하는 모든 시의 원전은『황동규 시전집 1』,(문학과지성사, 2003)이다. 이후 인용문에는 원전을 밝히지 않는다.

는 희미하게 말한다. 어렵던 시절이었다. 살기도, 시 쓰기도 힘들던 시절이었다. 그러면 나는 이렇게 '집 이야기'를 꺼낸다.

심재휘: 저는 그때의 시들을 '집의 시'라고 부르고 싶어요. 기억하시죠? 그 시들에 담긴 집의 의미를?
황동규: 집은 그저 나 자신이랄까, 안과 밖을 구분하는 상징이랄까, 안과 밖이 불화하던 시절이었죠.
심재휘: 집은 그러니까 시인의 내면을 그려내는 장소였던 거지요?
황동규: 시가 그리 말하고 있지 않나요? 집을 버리고 떠돌아다닐 수밖에 없는 시와 시인의 자화상을!

1. 시인 황동규

맥주 한잔을 앞에 놓고 어두운 술집에서 기울인 대화였다. 우리는 시인 황동규를 기억한다. 「즐거운 편지」의 시인. 그러나 즐겁지 않았던 시인. 즐겁지 않았던 시절. 대한민국의 60년대와 70년대가 그러했다. 시인들은 시대를 바라보아야 했고 고통스러워 했다. 황동규가 문단에 나온 그 시대는 그러했다.

1960년 4월에 혁명이 일어났고 그 이듬해에는 쿠데타가 발생했다. 쿠데타(Coup d' Etat)는 프랑스어로 '국가에 대한 일격'이라는 뜻이다. 피지배 계급이 일으킨 의미 있는 저항이 혁명이라면 일부 권력이 자신들의 탐욕을 위해 무력으로 정권을 빼앗는 반란을 쿠데타라고 한다. 근대화된 이후의 우리나라에서는 여태까지 그런 의미이다. 만주군관학교와 일본 육군사관학교를 나와 만주의 관동군 중위로 해방을 맞은 한 장교는 대한민국 육군이 되었다. 61년 소장으로 쿠데타를 일으켜 불과 2년 후에 육군 대장이 되었다. 그해 그는 대한민국 제5대 대통령이 되었다.

소위, 군사 정권의 시작이다. 64년부터 수년간 베트남에 젊은이들을 파병하였고 65년에 한일협정을 맺었다. 정책을 지속하기 위해 69년에는 3선 개헌을 했다. 1972년 10월, 제3공화국 헌법을 폐기하고 새 헌법을 제정했다. 유신헌법이다. 대통령이 국회의원 일부를 임명할 수 있었고, 직선제를 간선제로 바꾸었고, 대통령 6년 연임제를 실시했다. 긴급 조치 1호에서 9호를 발동하여 개헌 논의 일체를 금지하고, 정치 활동, 언론 및 표현의 자유를 제한하였다. 후락한 나라를 발전시키기 위해 다소의 제약은 필요하다 하였다. 60년대와 70년대가 그랬다.

황동규는 스무 살인 1958년 『현대문학』으로 등단하였다. 이후에 『어떤 개인날』(1961), 『비가』(1965), 『태평가』(1968), 『열하일기』(1972) 등의 시집을 차례로 펴냈다. 이 네 권의 시집에는 한국 전쟁 이후의 폐허 속에서, 군사 독재와 개발 독재 속에서, 시민으로 살아간다는 것은 어떤 의미인가를 고민하는 한 시인의 특별한 태도가 담겨있다. 그의 시는 인간이 '세계 내 존재' 라는 사실을 확인하는 뼈아픈 언어들이다.

'세계 내 존재' 는 20세기 철학자 하이데거의 용어이다. 하이데거는 인간의 존재를 '존재' 그 자체로만 파악하지 않고 '세계 내 존재' 로 설명한다. 독립적이고 고유한 본성을 가진 존재로만 인간을 바라보는 것이 아니라 세계와의 관계 속에서 이해하자는 것이다. '인간' 이라는 용어는 추상화된 말이다. 현실의 인간, 즉 개인은 구체적인 시간·공간 속에서 개별의 모습을 지닌 채 성장하고 사라진다. 그때 한 인간이 차지하는 시공은 현실 세계 속에서의 시공이다. 현재의 조건들을 바라보고 그 조건들과의 관계를 생각하고 스스로의 삶을 자기에게 주어진 조건에 맞게 설정해야 하는 상황으로부터 아무도 자유롭지 않다.

'세계 내'의 '존재'로서 올바른 존재 방식을 찾아가는 과정이 황동규의 시에서는 장소, 특히 '집'을 통해 구현된다. 장소는 이렇듯 '세계 내 존재'가 되어가는 한 시인의 여정을 충분히 감당하기도 한다.

2. 시 속의 집

집이라는 용어는 '가옥'(house)과 '가족'(family), 혹은 '가정'(home)을 포함한다. 전통 사회에서는 가문이나 족보 상의 계보 등을 집이라는 말과 동일시한다. 보통의 경우, 집은 가옥, 가족, 가정의 어느 하나를 지칭하거나 그 의미가 결합되어 있는 다의어로 기능한다.

'가옥'은 건축 공간을 의미하는 용어이다. 가장 많이 사용된다. '가족'은 한 집에 동거했거나 동거하고 있는 혈연관계를 지칭한다. 이때의 집은 '가족'의 다양한 관계를 내포할 수 있다. 가족 구성원 간의 유대감을 함축하는 말로 '가정'을 사용한다. 한편, 문학 작품에 등장하는 집은 거주 공간의 의미뿐만 아니라 가족의 범주까지도 넘어서는 경우가 많다. 이를테면, 고향이나 조국처럼 돌아가야 하는 곳, 잃어버려서는 안 되는 곳, 마음의 본향(本鄕) 등을 집으로 해석하기도 한다. 소월과 백석으로 대표되는 식민지 시대의 많은 시인들이 국가의 상실과 가족의 해체, 그리고 그에 따른 유랑과 고독의 정서를 집의 상실로 표현한 것[2]은

---

2 오세영, 「식민지문학의 상실의식과 낭만주의」, 『한국 근대문학과 근대시』, 민음사, 1996, 193~221쪽.

집의 의미가 확장된 예라고 할 수 있다.[3]

시인들은 대체로 집을 개인의 안정과 안전을 확인하는 소재로 사용한다. 문학 주제어로서 집에 대한 정의는 "비호성(庇護性)의 행복한 공간이며 장소"[4]이다. 바슐라르 역시, 거주 공간인 집은 기하학적인 공간을 초월하며 인간과 집이 '역동적인 공동체성'을 지니고 있다고 보았다. 그는 인간이 집에 거주한다는 역동성을 '인간 생활의 위대한 통합력'으로 해석하였으며 집과 방이 시적 정서의 내밀성을 분석하도록 한다는 점에서 '시인의 심리적 도해'를 보여준다고 파악하였다.[5]

그러나 특이하게도 황동규 시에 나타나는 집은 앞선 정의와는 사뭇 다른 면모를 보여준다. 바슐라르의 언급처럼 '시인의 심리적 도해'를 선명하게 보여주기는 하여도 '비호성의 행복한 공간'으로 나타나지는 않는다. 게다가 그의 집에는 여타의 가족 구성원이 등장하지 않고 오로지 시적 화자만이 부각되는 것도 특징이다. 이는 황동규 초기 시의 갈등 양상에 비추어볼 때, 그가 집을 '삶의 근원적인 자리의 체계'[6]로 이해하기 보다는 어떤 불편한 내면을 표출하는 도구로 활용한 데에서 원인을 찾을 수 있다. 하이데거가 말한 '세계 내 존재'를 구축해나가는 방법이다.

---

3   집의 상징은 시대마다 달라지기도 한다. 산업화 시대의 소외 문제를 다루었던 조세희의 『난장이가 쏘아올린 작은 공』이나 현대 문명 속의 개체의 단절 문제를 다룬 최인훈의 『타인의 방』 같은 경우가 대표적인 예이다.

4   이재선, '집의 공간시학', 『한국문학 주제론』, (서강대출판부, 1991), 347쪽.

5   가스통 바슐라르, 『공간의 시학』, (곽광수 옮김, 민음사, 1990), 157~99쪽.

6   이재선(1991), 347쪽.

3. 문 닫힌 집

단언컨대, 황동규 시는 '집의 시'라고 할 만하다. 이때 집이란 벽으로
안과 밖이 나뉜 장소 역할을 한다. 작품 속에서 방문, 창문, 대문은 장
소를 구성하는 장치로 도드라진다. 문은 한 세계와 다른 세계를 연결
하는 기능을 한다. 더불어 차단하는 능력도 탁월하다. 문이 있으나 열
지 못할 때 폐쇄의 고통은 더 강해진다.

황동규는 자신을 절망하게 하는 현실 세계의 문제들을 적나라하게
고발하는 것보다 세계를 고통스럽게 살아내는 자의 모습을 드러내는
데 관심을 보인다. 왜 그랬을까? 당시의 많은 시인들이 군사 독재의 현
실을 지적하거나 극복하고자 한 것에 비해 절망의 늪으로 빠져들기를
선택한 황동규의 자세는 매우 독특한 것이 아닐 수 없다.

"네 나를 꼭 이겨야겠거든 신호를 보여다오. 눈물 담긴 얼굴을 보여
다오. 내 조용히 쓰러져 주마"(「이것은 괴로움인가 기쁨인가」)라든가
"당신이 나에게 바람 부는 강변을 보여주면은 나는 거기에서 얼마든지
쓰러지는 갈대의 자세를 보여주겠습니다."(「기도」) 라는 나직한 외침
을 두고 김병익은 '쓰러진 자기 자세의 비극'[7]이라고 이름 붙였다. 황
동규는 그렇게 시를 썼다.

> 아무래도 나는 무엇엔가 얽매어 살 것 같다
> 친구여, 찬물 속으로 부르는 기다림에 끌리며
> 어둠 속에 말없이 눈을 뜨며.
> 밤새 눈 속에 부는 바람

---

7   김병익, 「사랑의 변증과 지성」, 『삼남에 내리는 눈』 해설, 민음사, 1975, 14~7쪽.

언 창가에 서서히 새이는 밤

훤한 미명, 외면한 얼굴

내 언제나 날 버려두는 자를 사랑하지 않았는가.

어둠 속에 바라지 않았는가.

그러나 이처럼 이끌림은 무엇인가.

새이는 미명

얼은 창가에 외면한 얼굴 안에

외로움, 이는 하나의 물음.

침몰 속에 우는 배의 침몰

아무래도 나는 무엇엔가 얽매여 살 것 같으다.

누가 나의 집을 가까이 한다면

아무것도 찾을 수 없으리

닫힌 문에 눈 그친 저녁 햇빛과

문밖에 긴 나무 하나 서 있을 뿐.

그리하여 내 가만히 문을 열면은

멀리 가는 친구의 등을 보게 되리.

그러면 내 손을 흔들며 목질의 웃음을 웃고

나무 켜는 소리 나무 켜는 소리를 가슴에 받게 되지.

나무들이 날리는 눈을 쓰며 걸어가는 친구여

나는 요새 눕기보단 쓰러지는 법을 배웠다.

―「어떤 개인 날」 부분

과연, 우리는 힘에 부치는 절망을 대면했을 때 어떤 표정을 짓고 어
떤 몸짓을 하게 될까. 손 안의 희미한 희망을 놓치지 않으려고 몸부림

을 칠까? 절망이 안 보이는 숲속에 들어 한동안 숲 바깥의 바람 소리를 잊으려 할까? 황동규의 선택은 세 번째 것이었다. 쓰러짐을 통해 절망을 그렸다. 절망을 통해 고통스러운 세상을 잊지 않았다.

위의 시는 첫 시집 『어떤 개인 날』의 표제작이다. 집은 '나의 처지'와 '내가 대면하고 있는 외부 세계'를 구분한다. 겨울밤의 강설이라는 집밖의 상황과 그것을 외면할 수도, 나서서 대응할 수도 없는 자의 운명이 나타난다. "나는 요새 눕기보다 쓰러지는 법을 배웠다"는 문장은 비장하다. '쓰러짐의 의지'이다. 스스로 쓰러져서 황폐해지고자 하는 열망을 우리는 이해하기가 쉽지 않다.

한 개인이 처해 있는 참담한 상황을 더욱 돋보이게 하는 것은 "언 창"이나 "닫힌 문"이다. 그러니까 황동규에게 집은 내면의 갈등을 외면화하는 도구다. 우리는 세상에 버림을 받았다고 느낄 때, 지독한 비애가 우리를 찾아올 때, 거리를 걷기보다 집안에 유폐되기를 선택한다. 그때 집은 편안함을 제공하지는 않는다. 오히려 울리지 않는 전화, 바람 부는 창밖을 보면서 버림받고 패배한 자신을 선명하게 오려낸다.

집은 바깥세상의 어둠과 풍설을 밤새도록 고민해야 하는 곳으로서, '나'를 찾는 그 누구도 들어올 수 없는 폐쇄된 곳으로서, 견고한 성채이자 감옥이다. 안전과 안정의 상징인 집을 자신을 유폐하는 장소로 사용하는 셈이다. 집이 간혹 '폐쇄적 한계나 감금의 뇌옥(牢獄)'으로서 문학적 모티프가 되기도 하며[8] 비호성이 확보된 공간이 너무 두터운 벽을 형성하여 오히려 감금하고 있다는 느낌을 주기도 한다는데[9] 황동규의 경우가 그런 예이다.

---

8 이재선(1991), 347쪽.

9 Davies, M. & Wallbridge, D., 『울타리와 공간』, (이재훈 옮김, 한국심리치료연구소, 1997), 180~92쪽..

그의 시 「겨울날 엽서1」은 집 바깥의 암울한 분위기와 그것을 생각하는 화자의 편치 않은 마음을 담고 있다. 집밖과 집안으로 나뉜 장소의 구도가 핵심이다. 잠을 자려고 누워 있거나 집안을 서성거릴 때, 화자는 늘 바깥의 상황을 느끼며 집안의 존재 방식에 대해 불편한 생각을 한다. 잠들려 하거나 술에 취해 있는 '집안'의 삶과 춥고 어두운 '집밖'의 대비는 '나'의 절망을 더욱 도드라지게 한다. 이 시에서도 결국, 집은 '나'를 세계로부터 분리하는 장소의 역할에 충실하다.

이렇게도 시가 꾸려진다. 현실의 집은 일상의 모습을 띠고 있어서 우리에게 충분히 납득할 만한 장소가 된다. 누구나 자신의 처지를 이러한 구도로 그려낸 적이 있기 때문이다. 이때 집은 우리의 마음을 뒤집어 쓴 상징으로 몸을 바꾼다. 우리는 은연중에 현실로 쓰고 상징으로 읽는다.

여기에서 주목해 보자. "친구"를 부르는 이 "혼자 사는 이"의 시선을. "빈 뜰"과 "멀리 뜬 해"에 자꾸 신경을 쓰는 마음을. "창밖에선 나무들이 모두 서서 잠들어 있다"(「심야(深夜)-김현에게」)라거나 "창밖에선 소리없이 눈이 내린다"(「허균4」)처럼 그는 항상 집의 바깥을 이야기한다. 집밖을 자주 내다본다는 것은 무엇을 의미할까? 또 어떤 느낌을 만들어낼까?

'본다'는 행위는 '보는 주체'와 '보는 장소' 그리고 '보려는 대상'뿐만 아니라 '주체와 대상 간의 거리'를 포함한다. 보는 행위가 이루어지는 장소는 집밖보다는 집안이 훨씬 많다. 그러나 거실 풍경은 '나'의 처지를 대변하는 것이므로 보려는 대상이라기보다는 보여주려는 대상이다. 시선의 진실한 관심은 '창밖'에 있다. 집안이 보여주려는 나라면 집밖은 보고자 하는 세계다. 시는 춥고 황폐한 세계에게 기꺼이 쓰러져주겠다고 선언한 '나'를 보여주는 데 초점을 맞추지만 사실은 그런 내가 여전히 그 어둠을 지켜보고 있다는 것을 부각한다.

가령, "나는 본다. 숨죽인 정적을"(「비가 제9가」), "창밖을 내다본다."(「세 개의 정적」), "나는 창의 전부를 열어놓고/ 라디오의/ 바흐의 전부를 열어놓고/ 들여다본다."(「새」) 등이 그러하다. 이는 모두 그가 언명한 "병자의 광학"(「새벽빛」)이다.

위의 시들은 정확하게 5.16 쿠데타가 일어난 1961년부터 유신헌법이 제정된 1972년까지의 기록이다. 그 십여 년을 역사는 어떻게 기록하고 있는가? 황동규가 「태평가」에서 풍자한대로 그때 우리는 "유신안약을 넣고 에세이를 읽는" 눈먼 자들은 아니었을까. "도처철조망(到處鐵條網), 개유검문소(皆有檢問所)"의 시대를 새마을 운동으로 일군 태평성대로 착각한 것은 아닐까? 지금도 그리 여기는 자들이 도처에 있으니 그때 제대로 자신을 본다는 것은 얼마나 고독한 일이었을까. "나는 본다", "창밖을 내다본다", 그리고 "거리를 나는 창의 전부를 열어놓고 (…) 들여다 본다"에 이르기까지, 본다는 것은 집밖을 본다는 뜻. 알다시피, 주체가 대상을 보는 행위, 즉 '나는 본다(I see)'라는 말에는 '나는 안다', '나는 깨달았다'는 의미가 함축되어 있다. 시인은 여러 시에서 이 행위를 반복해서 사용한다.

그러나 여전히 자조의 빛깔이 강하다. 어둡고 우울한 세계를 바라보아야만 하는 자의 절망은 보는 자와 보이는 대상 간의 거리로 나타난다. 회복할 수 없는 거리다. 안과 밖의 불통을 확인하는 "병자의 광학"(「새벽빛」)은 '닫힌 문', 혹은 '닫힌 창'에 의해 더욱 깊어진다.

그는 「기도」라는 시에서 '닫힌 문'의 상징을 만들어낸다. 스스로를 감금하려는 의지를 드러내고 있다. "사랑하던 꽃나무"와 "엎어진 컵" 사이에 닫혀진 창문이 있다. 그는 "이런 것만 남아 있습니다"라고 고백한다. 이 처절한 기도는 자조에 가깝지만 결연하기도 하다. 이순신이

"신에게는 아직도 열두 척의 배가 남아있사옵니다"라고 나즉히 읊조리
는 장면과 닮는다.

　그러니까 황동규 시의 묘미는 이제부터 시작이다. 절망도 힘이 될
수 있을까? "나는 알겠다. 언제부터인가/ 육체의 쓴맛이 머리칼 곱게
빗고 흙냄새를 맡으며/ 얼마나 오랜 나날을 닫힌 문 속에 있었던가를./
나는 여기 있다/ 미친 듯이 혼자 서서 웃으며/ 나는 여기 있다"(「겨울
날 단장」)는 표현처럼 절망에 대한 탐닉과 절망을 바로 보겠다는 이 의
지는 타락한 역사를 바로 보려는 힘이 될 수 있을까?

4. 열린 문과 거리의 집들

시인의 마음이 변한다. 그러면 시 속의 집도 변한다. 『어떤 개인날』(1
시집)과 『비가』(2시집)에 나타나는 집과 『태평가』(3시집)와 『열하일
기』(4시집)에서의 집은 다르다. 이 변화는 황동규의 개인사와도 연관
이 있다. 앞선 두 시집에 만연한 절망의 배후에는 전후의 황폐한 세계
와 60년대의 정치 현실이 있다. 이 시기는 황동규가 대학과 군대를 경
험하던 때이다.

　2시집 『비가』(1965)를 출판한 다음 해에 그는 대학원을 마치고 교편
을 잡는다. 67년에는 영국 '에딘버러 대학'으로 유학을 간다. 이듬해에
영국에서 돌아와 모교의 전임 강사로 자리를 잡고 70년에는 미국 아이
오와 대학에서 두 번째 외국 체류 경험을 한다. 약소국이라는 조국의
현실을 체험하는 일련의 사건들로 인해 황동규의 시는 점차 현실의 장
소 속으로 들어가기 시작한다.

　관념의 공간이 현실의 장소로 바뀐다. 문밖에 대한 생각도 달라진

다. "약소민족"(「태평가」)의 문 닫힌 집을 거리를 두고 조망한다든지, "연희 송신탑"(「신초사」)을 불안의 소재로 활용한다. 겨울과 강설, 어둠과 결빙의 공간으로 단순하게 나타내던 집의 바깥은 이제 "김해에서 화천까지/ 방한복 외피에 수통을 달고./ 도처(到處) 철조망/ 개유(皆有) 철조망"(「태평가」)이다. 또는 "학생들이 돌을 던진다./ 높은 축대 위로 돌이/ 하얗게 뜬다 돌을 맞으며/ 언덕에서 손수레가 구른다./ 한 가족이 모두 끌려 내려온다."(「신초사」)고 쓴다. '잠긴 문' 혹은 '열리지 않는 문'은 여전히 상징적이지만 문밖의 상황은 더 이상 상징의 영역에 머물지 않는다.

> 다색(多色)의 새벽 하늘
>
> 두고 갈 것은 없다. 선창에 불빛 흘리는 낯익은 배의 구도
>
> 밧줄을 푸는 늙은 배꾼의 실루엣
>
> 출렁이며 끊기는 새벽 하늘.
>
> 뱃고동이 운다. 선짓국집 밖은 새벽 취기
>
> 누가 소리 죽여 웃는다.
>
> 축대에 바닷물이 튀어오른다.
>
> 철새의 전부를 남북으로 당기는
>
> 감각의 자장(磁場) 당겨지고
>
> 바람 받는 마스트의 검은 깃발.
>
> 축대에 바닷물이 튀어오른다.
>
> 누가 소리 죽여 웃는다.
>
> 아직 젊군
>
> 다색의 새벽 하늘.
>
> ─「기항지 2」 전문

　"선짓국집"이 있는 어느 항구는 우리가 공감하기에 충분한 장소감을 갖는다. 장소감이란 경험한 것을 구체적으로 드러낼 때 발생한다. 시인은 출어를 준비하는 "늙은 배꾼"과 소리 죽여 웃는 누군가의 항구를 과장이나 왜곡 없이 묘사한다. 술과 해장국의 실내보다는 거친 항구의 풍경을 시각 경험에만 의탁한 채 담담하게 그린다. 취기의 시선이 격해질 법도 한데 '나'의 사유나 느낌을 가능한 유보한다.

　『태평가』의 「기항지」 연작은 항구라는 특정 장소를 건강한 감각으로 취재하면서 "반쯤 탄 담배를 그림자처럼 꺼버리고/ 조용한 마음으로"(「기항지1」) 바깥세상의 구체를 시화한 완성도 높은 작품들이다. 게다가 "늙은 배꾼"이나 "하숙집 아주머니"(「겨울 항구에서」)와 같이 개인의 삶을 구성하는 또 다른 존재들의 발견은 황동규 시의 변화를 이끄는 중요한 요인이다. 이러한 시의식의 변화는, 물론 여러 부분에서 그 원인을 찾을 수 있겠지만 무엇보다도 두 번의 유학경험에 기인하는 바가 크다.

　황동규의 「외지에서1」은 유학생황에서 체득한 뼈아픈 현실 인식의 기록에 해당한다. 그가 영국에서 본 창밖 풍경은, 그 강렬한 인상은 두 가지로 요약할 수 있다. 밤에도 가로등이 켜져 있을 뿐만 아니라 집들의 문이 열려있다는 것, 그리고 안개 낀 거리의 사소한 모습들조차 자유롭고 평화롭다는 것이 그것이다. 이 풍경이 분단국가인 조국의 그 무엇보다도 강해 보인다고 두 번씩이나 중얼거린다. 이때에도 '집안'은 '나'가 서 있는 곳, 혹은 '나'의 내면에 해당한다. 그러나 집밖은 이전과는 상당히 다른 세계이다. 약소국가의 국민과 약소국가의 비애를 절감케 하는 현실 세계가 집의 안과 밖이 된다. 이러한 대비는 『태평가』의 「외지에서」 연작이나 『열하일기』의 「아이오와 일기」 연작 모두에서 일관되게 드러난다.

한편, 눈여겨 볼 것은 '문'의 상징이 바뀌고 있다는 점이다. 황동규는 영국과 미국에 체류하면서 '열린 문'의 힘을 배운다. 문이 열려 있다는 것, 즉 유폐된 자아가 어떤 방식이든 세상과 소통을 한다는 것, 단절된 개인들이 서로 소통한다는 것, 특히 현실이 안고 있는 모순들을 있는 그대로 바라보기 위해 눈과 마음을 연다는 것이 얼마나 강한 것인가를 깨닫는다. 『태평가』와 『열하일기』에 전에 없던 표현, '문을 연다'는 진술이 자주 나타나는 것은 바로 그러한 자각과 관련이 있다.

「열하일기 1」에 담긴 '나'의 고백은 집의 변화를 대변한다는 측면에서 의미심장하다. "밤의 창호지와 이별"하겠다는 표현은 유폐 의지와 결별하겠다는 선언이다. 그는 그동안 충분히 자신을 들여다 보았다. 황동규는 창과 문을 여는 것과 제대로 들여다보는 것의 소중함을 말한다. "전부를 열어놓고" 바라보면 얼어있는 것, 빼앗긴 것, 전도된 것들을 볼 수 있다. '나의 집'에 매몰되어 있던 '나'의 시선은 드디어 "물구나무 선 초가집들"에 닿는다. 자아의 내면을 상징하던 집이 고통 받는 이웃의 상징으로 그 외연을 넓힌다.

『태평가』에 들어있는 「흙집」에서 그는 이렇게 말한다. "내 보았네/ 흙집 조금씩 허물어져 흙이 되는 것을./ 저 집은 기우는 벽에 나무를 받쳤고/ 이 집은 방금 흙담장이 눕고 있다./ 뒤뜰 감나무 하나가 찢어진 연을 달고 있다./ 흙집에 말을 시켜보라./ 기억의 시초부터 흙 아니면 집이고 했지./ 이제 한번 다른 것이 되고 싶어."

"흙집"은 흙으로 된 집이며, 그 집은 흙 이외의 다른 것이 될 수 없으며, 흙으로 쌓아올렸으므로 그 집은 다른 것보다 쉬 무너지는 습성이 있다. "흙집"은 그 집에 사는 사람들의 다른 이름이라는 것을 누구나 알 수 있다. 그동안 집안의 정황을 보여주는 데 힘을 썼다면 「흙집」에서는 집밖의 풍경을 잘 보기 위해 애쓴다. "이제 한 번 다른 것이 되고 싶어"라고 뱉어내는 '나'의 말은 강한 울림을 준다. 그래서, '흙집'은 힘이 있다.

이처럼 '문 열린 집'의 형상도 중요한 변화이거니와 자주 나타나는 '거리의 집'도 의미심장하다. '나의 절망'보다 '우리의 절망'과 '절망의 원인' 쪽으로도 관심을 쏟기 시작한 것이다.

> 이제 아무도 살고 있지 않는 집이 없다.
> 마음의 집을 팔고
> 아직 거느려보지 못한 책들도 팔고
> 빈 봉우리 하나쯤 사고 싶다.
> 잔뿌리 덮인 저녁하늘 한편에는
> 해가 굴러가고
> 나머지에선
> 온통 바람이 분다.
> 사적(私的)으로 분다.
>
> 두 눈이 지워진 돌의
> 얼굴을 두 손으로 받쳐들고
> 딸애는 자꾸 고마 귀신이라 부르지만
> 바람 속에 자세히 보면
> 내 얼굴이다.
>
> ―「어느 조그만 가을날」 전문

집은 더 이상 "마음의 집"이 아니다. 사람이 들어가 살고 있는 현실이다. 집은 이제 '가옥'이자 '가족'이며 '가정'이다. 그동안 집은 젊은 시인 황동규의 절망을 드러내는 하나의 상징이었다. 일종의 감옥이자 유배지였다. 집안에는 가족이나 가정이 없으며 집밖에는 사람들의 집이 없었다. 『어떤 개인날』과 『비가』에서 보여준 바가 그러했다. 그러나 『태평가』와 『열하일기』를 거치면서 '집'은 크게 변한다. 닫힌 문이 열리고 거리의 집을 바라본다.

황동규의 시에 내재된 갈등 양상의 변화는 집의 상상력의 변화와 맥락을 같이 한다. 현실 문제에 눈을 뜬 화자를 눈이 없는 얼굴로 그려내는 아이러니는 비정주에 대한 시인 황동규의 강렬한 열망으로 읽힌다. "난세에는 떠도는 것이 상책이다"(「여행의 유혹」)라는 말이 이후 시 세계를 가늠하게 하는 강력한 선언처럼 들린다. 그리고 그는 길을 나선다.

〔심재휘〕

11

『청록집』과
장소의 미학

1. 『청록집』

개인이나 지역 공동체, 그리고 국가에 이르기까지 누구에게나 어디에서나 어려운 시간은 온다. 그 세월을 건너가는 방법도 온다. 우리는 어땠나? 어려움의 크기와 깊이는 생각하기 나름이지만 주권을 빼앗겼던 36년은 민족의 역사에서 가장 난감하고 고통스러웠던 시간이 아닐 수 없다. 고유의 역사가 절멸될 수 있었다는 점에서 더욱 그렇다. 문학도 그러했다. 우리의 근대 문학이 특정한 누구에 의해, 그리고 어떤 작품에 의해 시작하였다고 말할 수는 없다. 조건이 있었고 상황을 만들었고 작품들로 성취하였다. 1900년대 초반이었다. 그리고 그때 나라를 잃었다.

조선의 많은 시인들은 창졸간에 근대를 받아들여야 했다. 그 악조건 속에서 전통과 근대를 이은 소월의 노력은 놀라운 것이었다. 20년대의 일이었다. 또한 30년에는 정지용이 있었다. 지용은 시가 생각의 표출이 아니라 언어 감각의 소산이라는 것을 압도적인 결과로 보여주었다. 이들은 우리 시의 근대화를 촉진한 선구자들이다. 그리고 30년대 말, 일제는 조선어 교육을 폐지하였고 뒤이어 조선어 사용도 금지하였다. 신문과 잡지는 폐간이 되었다. 식민지 국민의 성과 이름도 바꾸어야 했다.

흔히, 청록파[1]라고 하는 세 명의 시인은 이 시기에 문단에 나왔다. 1939년의 일이었다. 청일전쟁(1894)과 러일전쟁(1904)에서 이겨 정세를 장악한 일본은 조선을 식민화하고(1910) 만주사변을 조작(1931)하여 만주국(1932)을 어렵지 않게 만들었다. 그리고 중일전쟁(1937)에서 자신을 얻은 침략 본성이 아시아를 넘어 태평양을 건널 때(1941) 조선인은 말을 빼앗긴 채 황국의 신민이 되어갔다. 박목월, 조지훈, 박두진 세 명의 공동 시집인 『청록집』(1946)이 해방 전이 아니라 해방을 기다려 출간된 연유가 그러했다. 이 시집에 실린 시들은 그러니까 해방 전의 작품들이다. 엄혹했던 시절에 우리말로 시를 써야 했던 세 명의 시인은 각자 고통을 견디는 방법을 찾아야 했다. 그들의 시에 나타나는 장소는 그 고통의 표정을 잘 보여준다.[2]

물리적 개념으로서의 공간 특히, 시 속에 놓인 공간은 일종의 무대 장치다. 시인은 시의 지향을 잘 드러내기 위해 공간을 고안한다. 당연하게도 이 원리는 고전 문학에서도 작동한다. 그런데 고전 시가에 나타나는 공간을 장소라고 하지는 않는다. 집단 공동체의 무의식이 반영

---

1 청록파는 유파 개념이 아니다. 『청록집』 발간에 관여한 박목월, 조지훈, 박두진 세 사람을 단순히 묶어 부르는 말이다. 청록은 박목월의 「청노루」에서 비롯하였다. 세 사람은 이후에 문학이든 문학 외적이든 행보를 같이 한 적은 없다.

2 『청록집』의 작품들이 보여준 공통점이라면 '자연'을 적극 활용한다는 것이다. '자연'에 기댄 서정으로 이름을 알린 이들의 성향에 대해서 당시 비평가들은 문제 의식이 결여된 현실 도피로 평가하기도 했다.

된 민요는 물론이거니와 권력적 질서에 예속된 기득권층의 시가 문학의 경우, 작품에 등장하는 공간은 오랜 시간동안 소속 집단의 합의 속에서 만들어진 것이다. 이점에서 장소는 공간과 다르다. 장소에는 장소를 경험하는 주체, 즉 근대 개념의 핵심인 '개인'이 있다. 장소에는 장소 경험을 통해 장소감을 형성하는 과정이 개입한다. 문학에서의 장소는 세계를 살아내는 개인의 미의식을 바탕으로 한다.

　문학 속에는 한 개인이 살아가는 특정한 세계가 담겨있고 그 세계를 바라보는 개인의 판단이 들어있다. 이는 경험을 전제한다. 문학 작품에서 장소의 문제 즉, 장소의 선택과 재현의 문제는 작가의 시선과 당대 사회, 문화 공간의 시선 체계를 드러내는 것으로 보아야 한다는 주장에 주목할 필요가 있다.[3] 한 시대를 통과하는 시인은 자신의 경험에서 파생하는 판단을 다시 문학의 언어로 돌려놓는다. 문학의 언어는 판단을 다시 경험으로 돌려놓는 일이며 미적으로 환치하는 노력의 결과물이다. 장소에도 그 노력이 묻어있다.

2. 박목월, 유폐의 장소에서 너머의 세계를 보다

문학사에서 목월 박영종을 흔히 '향토적 서정'을 간직한 시인이라고 부른다. 『청록집』에 실린 그의 시들이 주로 자연을 관조하는 자에 관한 것이어서 그의 이름에는 자주 '목가적'이라는 말이 따랐다. '목가적(牧歌的)'이라는 말의 사전적 정의에는 "전원의 분위기" "평화롭고 고즈

3　문재원(2007), 「문화전략으로서의 장소와 장소성」, 『장소성의 형성과 재현』, 부산대 한민족문화연구소 참조.

넉한 느낌"이라는 의미가 들어 있다. 목가 즉, 목동들이 부르는 노래를
염두에 둔 말이다. 그러나 목월 시가 목가적이라는 말은 다소 수정할
필요가 있다.

산이 날 에워싸고
씨나 뿌리며 살아라 한다.
밭이나 갈며 살아라 한다.

어느 짧은 山자락에 집을 모아
아들 낳고 딸을 낳고
흙담 안팎에 호박 심고
들찔레처럼 살아라 한다.
쑥대밭처럼 살아라 한다.

산이 날 에워싸고
그믐달처럼 사위어지는 목숨
그믐달처럼 살아라 한다.
그믐달처럼 살아라 한다.

—「산이 날 에워싸고」 전문[4]

"산자락에 집을 모아/ 아들 낳고 딸을 낳고/ 흙담 안팎에 호박 심고"
자연과 더불어 청빈하게 사는 삶을 노래한 듯하다. 이 시는 목월의 목
가적인 성향을 대변하는 시로 알려져 왔다. "가야 할 때가 언제인가를

---

4   이 글의 시 인용은 『청록집』(을유문화사, 1946)을 기준 삼았다.

/ 분명히 알고 가는 이의 / 뒷모습은 얼마나 아름다운가"라고 「낙화」에서 노래한 이형기조차 이 시의 내용이 "자연에 대한 귀의적 자세"라고 주장했다. "산이 권고하는 바 그대로 씨나 뿌리고 밭이나 갈며 들찔레처럼, 쑥대밭처럼 살아가기를 다짐하고 있는 것"이라는 것이다.[5] 과연 그럴까?

이 시에 등장하는 장소는 배산임수가 아니다. 산이 날 에워싼 곳이다. '나'는 그렇게 장소를 표현했다. 자연에 귀의하여 순응하며 살아가고자 했다면 그 삶을 "들찔레"나 "쑥대밭", 그리고 "그믐달"로 표현하지는 않았을 것이다. 나를 에워싼 산이 나에게 이곳에서 그냥 "살아라 한다"고 했다며 그럼 어찌해야 하느냐고 묻는 듯하다. "그믐달처럼 사위어지는 목숨"의 내가 이 짧은 시에서 여섯 번이나 중얼거리는 말이 과연 자연귀의의 다짐일까?

자신이 산으로 둘러싸인 공간에 고립되어 있다는 '나'의 자각은 너머의 세계를 그리는 열망을 동반한다. 문제는 너머의 세계로 나아가는 '길'이 늘 좁고 멀며 때로는 끝이 보이지 않는 다는 것이다. 이와 같은 장소의 구성으로 말미암아 목월의 시는 특유의 그리움과 애달픔의 정서를 자연스럽게 완성한다.

『청록집』에 실린 목월의 시에 길은 이렇게 나온다. "뵈일 듯 말듯한 산길(…) 길은 실낱 같다"(「길처럼」)라거나 "가느른 가느른 들길"(「가을 어스름」), "아지랑이 아른대는/ 머언 길"(「춘일」) 등이 그러하다. 그리고 그 유명한 "외줄기 길"(「달무리」, 「나그네」)도 등장한다. 너머의 세계로 가는 길은 멀고 희미할 뿐만 아니라 끊어질 듯 가느다랗다. 이곳을 벗어나려는 마음에게 너머의 세계로 가는 일은 쉽지 않은 탓이

---

5   이형기(1996), 「자연·생활·고향회귀」, 시집 『나그네』 해설, 미래사, 143쪽.

다. 그러한 길의 표현으로 말미암아 지금 여기는 더욱 유폐의 장소성을 띨 수밖에 없다. 길이 제 기능을 다하지 못할 때 고립감과 단절감이 도드라지기 때문이다.

「산그늘」을 읽으면 그러한 느낌이 더욱 짙다. 장독 뒤 울밑에서 시작한 시선은 이내 "무질레밭 약초(藥草)길"을 넘어 "황토(黃土) 먼 산"의 비탈길에 가 닿는다. 허리띠 같이 좁고 가느다란 길을 넘으면 너머의 세계가 있을 것이다. 산그늘을 드리우는 뒷산과 멀리 보이는 황토 먼 산 사이에 꽤 너른 장소가 열리지만 실상 이 광활함도 산에 둘러싸인 유폐의 장소일 뿐이다. 오히려 넓음은 "젊음"과 "흐르는 꿈"을 "애달픔"에 거 상하게 복속시키는 역할을 할 뿐이다. 길에 대한 기대가 사실상 힘든 상황에서 시의 배경으로 놓인 개방된 장소는 고립된 자의 우울을 더욱 선명하게 부각한다. 이 푸 투안이 말한 바, 광활함은 자유롭다는 감정과 밀접하게 연관되어 있는데 광대한 느낌을 얻기 위한 조건이 바로 '고독'이기 때문이다.[6] 그래서 목월은 길을 떠난다. "강나루 건너서" 가는 길은 "외줄기"이고 삼백리길이다. 그는 그 길을 "구름에 달 가듯이" 간다.

시인은 이렇게 말한다. "혈혈단신 떠도는 나그네를 나는 억압된 조국의 하늘 아래서, 우리 민족의 총체적인 얼의 상징으로 느꼈으리라."[7] 나그네 상징은 어렵던 한 시대를 넘어가는 방법이다. 목월의 시가 넓고 열린 장소를 배경으로 삼고 있으면서도 그 장소가 목가적인 느낌이나 자유로움을 환기하지 않는 것은 지금 이곳의 삶이 유폐되어 있다는 의식이 더 강하게 발현되기 때문이다. 지상의 이곳은 나를 가두는 곳

---

6   이 푸 투안(2005), 90~7쪽.
7   박목월(1958), 『보랏빛 소묘』, 신흥출판사.

이다. 해방되기 이전의 세상은 그러했다. 구름에 달 가듯이 이 억압을
벗어나야 했다.

3. 조지훈, 자폐의 장소에서 나를 들여다 보다

지훈 조동탁은 한학자 집안의 가풍 속에서 어린 시절을 보냈다. 등단
하고 일제의 탄압을 피해 오대산 월정사에 들어가 외전 강사로 일하며
한시와 불경을 읽었다. 흔히들 그를 선비의 기질을 갖춘 시인이라고
부른다. 그의 시가 품고 있는 정신과 풍모가 그러했다.

목월처럼 지훈 역시 식민지 당대의 시 쓰기가 고통스럽기는 마찬가
지였다. 그는 아름다웠던 과거를 잊지 않기로 했다. 목월이 너머의 열
려있는 세계를 그리워했다면 지훈은 폐쇄의 장소를 찾아 들어갔다. 그
안에 스스로를 가두고 견인의 풍경을 제 눈에 수렴했다. 들판보다는
집이, 특히 전통 가옥이, 이를테면 한옥을 비롯해서 궁이나 누각이나
별채 등의 장소가 시에 자주 등장하는 까닭이다. 자발적인 유배도 고
통을 견디는 하나의 방법이었으리라.

지훈의 등단작 「고풍의상」은 이렇게 시작한다. "하늘로 날을 듯이
길게 뽑은 부연끝 풍경이 운다./ 처마 끝 곱게 느리운 주렴에 반월(半
月)이 숨어/ 아른 아른 봄밤이 두견이 소리처럼 깊어가는 밤" 그리고
그는 이 적막한 장소에 회장저고리에 열두 폭 치마를 입은 여인을 세
우고 담채화를 그리듯 감각적으로 묘사한다.

선과 면과 색채뿐만 아니라 미세한 움직임까지 정밀하게 포착하려
했다. 장소는 대청마루가 있는 전통 가옥이다. 전통 의상과 그 옷을 입
은 여인의 동작을 부각하기 위하여 밑그림인 장소는 다소 희미하게 처

리하였다. 자세히 보면 부연 끝 풍경이 우는 어느 고적한 대청마루가 액자 역할을 하며 그림을 더욱 선명하게 만드는 것을 느낄 수 있다. 밤이라서 집중하는 효과는 크다. 액자 바깥은 소거된다. 이러한 경우 시선은 외부로 확산되기보다는 내부로 수렴된다. 무대 위를 스포트라이트로 비추는 셈이다.

팀 크레스웰은 장소를 권력의 맥락에서 의미가 부여된 공간으로 파악했다. 그는 공간이 장소로 탈바꿈해 가는 과정에서 주관적이고 감정적인 애착이 발생한다고 보았다.[8] 『청록집』에 들어있는 지훈의 시에서 궁궐과 한옥, 그리고 민족 고유의 처소들은 시인의 지향을 구성하는 중요한 장소다. 주관적이고 감정적인 애착의 장소라 할 만하다. 장소애착에 대해 투안은 특정한 개인과 특정한 장소 사이의 정서적 유대를 '장소애'[9]로 명명하였다.

그런데 장소애라고 해서 그 감정은 모두 흐뭇한 것만은 아닌듯하다. 지훈의 장소애는 비장하다가도 가련하고 은근하면서도 곡진하다. 백석이 유년의 화해로운 고향을 연출할 때, 그곳은 순수와 사랑과 유대의 원형이었다. 제국주의의 폭력으로부터 훼손되지 않은 장소였고 그 장소애에는 슬픔이 끼어들 여지가 없었다. 그에 비해 지훈이 애착을 보이는 장소들은 슬픔과 고통을 전제하고 있다. 폐쇄한다는 것은 바깥을 상정하고 있기 때문이다. 거문고를 타며 이 밤에 옛날을 살아보자는 시인의 바람은 그래서 처연하다.

메를로퐁티는 이 푸 투안처럼 공간을 공간과 장소로 구분한다. 투안에 따르면 공간은 장소보다 추상적이고 공간에 가치를 부여함으로써

---

8   팀 크레스웰(2012), 1~22쪽 참조.
9   이 푸 투안(2011).

공간은 장소가 된다. 퐁티도 같은 생각이다. 그리고 퐁티는 "장소성"에서 조금 더 나아가 "상황성(situation)"을 말한다. 지훈의 대표작 「승무」는 한 폭의 그림이지만, 서사가 개입할 여지는 없어 보이지만, 고통스러운 시대를 건너가는 자들의 상황이 있다.

　　얇은 사(紗) 하이얀 고깔은
　　고이 접어서 나빌레라.

　　파르라니 깎은 머리
　　박사(薄紗) 고깔에 감추오고

　　두 볼에 흐르는 빛이
　　정작으로 고와서 서러워라.

　　빈 대(臺)에 황촉(黃燭)불이 말없이 녹는 밤에
　　오동잎 잎새마다 달이 지는데

　　소매는 길어서 하늘은 넓고
　　돌아설 듯 날아가며 사뿐히 접어 올린 외씨보선이여.

　　까만 눈동자 살포시 들어
　　먼 하늘 한 개 별빛에 모두오고

　　복사꽃 고운 뺨에 아롱질 듯 두 방울이야
　　세사에 시달려도 번뇌는 별빛이라.

휘어져 감기우고 다시 접어 뻗는 손이

깊은 마음 속 거룩한 합장인 양하고

이 밤사 귀또리도 지새는 삼경(三更)인데

얇은 사(紗) 하이얀 고깔은 고이 접어서 나빌레라.

—「승무(僧舞)」 전문

「승무」는 지훈의 대표작이다. 한밤에 비구니가 춤을 추는 모습을 언어로 그렸다. 불가에 내려오는 전통 춤이라 고전미에 숭고미가 어울린 수작이다. 그런데 장소는 어디인가? "빈대(臺)"라고 말한다. 대는 사방을 관망하기 좋게 높은 곳에 지은 건축물이다. 벽이 없어서 열린 구조이다. 그리고 대는 루(樓)나 정(亭)과 더불어 본채로부터 떨어진 한적한 곳에 있다. 절이라고 치면 대웅전 마당으로 들어가는 입구쯤이겠다. 용주사에서 승무를 보고 이 시를 지었다고 전한다.

지훈은 "빈 대(臺)"를 빌어 특별한 상황을 만들었다. 어둠으로 주변을 삭제하여 사방이 열린 "빈 대(臺)"를 폐쇄된 장소로 연출한 것은 승무에 집중하기 위해서이다. 파르라니 깎은 머리와 뺨에 흐르는 눈물로 비구니의 슬픈 서사를 암시한다. 하지만 고통스러운 세상사와 그로 인한 번뇌는 누구에게나 있기 마련이어서 그것을 극복하는 방법이 중요한 것인데, "먼 하늘 한 개 별빛"은 다소 선문 같기는 해도 견딤의 상징으로 충분하다. 지훈은 역사가 절멸될 위기의 시기에 '나와 우리'에 몰입하는 것으로 고통을 견딘다. 비구니의 춤사위에서 기구한 상황을 읽는 것, 궁극에는 그 상황에 대한 태도를 다시 춤사위에 그려 넣는 솜씨가 탁월하다.

매우 고아한 취미는 그러나 견딤의 미학과 다르지 않다. "꽃이 지기로서니/ 바람을 탓하랴"로 시작하는 「낙화」는 스스로를 미닫이 안쪽으로 유폐하려는 의지의 절정이다. 미닫이 바깥으로 꽃이 지고 동이 튼다. 그는 밤새 촛불을 켜고 앉아 "묻혀서 사는 이"의 자세를 취했으리라. 방문을 열고 닫는 것이야 일상사지만 이 시의 표정을 읽으면 붉게 물드는 미닫이는 쉽게 열릴 것 같지는 않다. 지훈이 시에 도입하는 이 자폐의 장소가 고통을 견인하는 시인의 장소와 다르지 않기 때문이다.

4. 박두진, 표상 공간에서 통합의 세계를 꿈꾸다

목월과 지훈의 서정에 비해 혜산 박두진의 감성은 많이 달랐다. 그는 비탄의 세계에 머무르지 않았다. 선비의 견인도 없을뿐더러 애달픈 그리움이나 수세적인 고립도 없다. 혜산이 관심을 가진 것은 생명이 넘치는 자연과의 건강한 교감이었다. 목월과 지훈의 것과는 성질이 아주 다른 현실적인 자연관이다. 시관과 자연관의 차이는 공간 배경에서도 나타난다.

혜산의 시에 나타나는 공간은 하늘과 바람이 가득한 산과 들판이다. 목월 역시 넓게 열린 공간을 활용하였지만 그에 비해 혜산의 시에 등장하는 공간은 이보다 훨씬 크고 넓다. 김용직은 이를 두고 "엄청난 양감, 아주 큰 테두리"[10]라고 불렀다. 목월은 유폐된 자아를 부각하기 위해 화자의 시선이 닿는 경계를 한정했다. 넓어도 좁았다. 닫혀 있는 장소였다.

이에 비해 혜산은 경계가 없는 공간을 그렸다. 하늘에서 지구를 내

---

10   김용직(1996), 『한국현대시사』, 한국문연, 530~1쪽.

려다보듯 하였다. 경험보다 생각이 가득한 열린 공간이었다. 목월이
경험의 내부를 살폈다면 혜산은 경험을 초월한 관념을 다루었다. 경험
의 관여 정도에 따라 장소와 공간을 구분한다면 혜산의 공간은 일종의
상징이다. 문학에서는 이를 표상공간이라고 한다. 표상공간이 장소가
되려면 특정한 경험 속의 공간이 특별한 매력으로 포착되어야 한다.
"대기를 표현할 때 공간에 정당한 몫을 부여한 것은 인상파가 처음이
었다."고 한 스티븐 컨의 주장은 '내가 감각한 새로운 공간', '나를 매
혹시킨 공간'의 탄생을 의미한다.[11] 이때 공간은 장소가 되는 것이다.
　혜산은 자신을 매혹시킨 공간을 찾아가지는 않았다. 느낌의 환기보
다 강한 신념의 표출이 중요했다. 자연이 지니는 생명력과 통합의 질
서를 자신의 발언에 연결했다. 그 결과, 혜산의 시에는 고요한 풍경화
의 세계와는 다른, 생명이 살아 넘치는 표상공간이 등장한다.

　아랫도리 다박솔 깔린 산(山) 넘어 큰 산(山) 넘어 큰 산(山) 그 넘엇 산(山) 안
보이어, 내 마음 둥둥 구름을 타다.

　우뚝 솟은 산(山), 묵중히 엎드린 산(山), 골골이 장송(長松) 들어 섰고, 머루 다
랫넝쿨 바위 엉서리에 얽혔고 살살이 억새풀 우거진 데 너구리, 여우, 사슴, 산
(山)토끼, 오소리, 도마뱀, 능구리, 등 실로 무수한 짐승을 지니인,
산(山), 산(山), 산(山)들!, 누거만년(累巨萬年) 너희들 침묵(沈默)이 흠뻑 자리
함 즉 하매.

　산(山)이여 장차 너희 솟아난 봉우리에, 엎드린 마루에 확 확 치밀어 오를 화염

11　　스티븐 컨(2004), 박성관 역, 『시간과 공간의 문화사 1880-1918』, 휴머니스트,
2004, 401~4면.

(火焰)을 내 기다려도 좋으랴?

핏내를 잊은 여우 이리 등속이, 사슴 토끼와 더불어 싸릿순 칡순을 찾아 함께
즐거이 뛰는 날을 믿고 길이 기다려도 좋으랴?

—「향현(香峴)」 전문

「향현(香峴)」은 혜산의 첫 번째 추천작이다. 그는 등장에서부터 매
우 남다른 자연관과 시관을 선보인 셈이다. 이 시에서 주목하는 것은
화해와 상생의 삶이다. 여우와 이리가 어찌 풀을 뜯어먹고 살 수 있겠
는가마는 그는 이전의 시에서 다루지 않았던 다양한 동물 소재들을 나
열하며 산속의 구성원들이 서로 화해하며 살아가는 모습을 희망한다.
현실과 깊이 연계되어 있는 시인의 독특한 의지가 반영되어 있다.[12]

혜산 박두진의 자연 체험은 목월, 지훈과 다른 면이 많다. 그는 성장
기를 통해 지극한 가난을 경험했다. 그는 궁핍의 원인을 일제의 수탈
에서 찾아 강한 반일감정을 보이기도 하거니와 각박한 세상인심에 대
해 분노를 갖기도 했다. 그는 후일 자신의 반일감정이 지사적인 성격
의 발로가 아니라 "절실한 생의 옹호와 그 생존의 유지 확인을 위해서
촉발"[13]했다고 말했다. 현실의 중심으로부터 스스로 소외되었다고 느
끼던 시기에 자연은 그에게 유일한 해방구였다. "자연은 내 생애의 아
주 결정적인 사상의 바탕, 성격 형성의 한 틀을 마련해 주었다"[14]고 말
할 정도였다. 그러한 시 의식을 드러내기 위해 "아랫도리 다박솔 깔린

---

12 그의 자연관은 현실 세계의 직접적인 문제들과 깊은 관계를 맺고 있다. 김기중
은 이러한 그의 성격을 두고 '불의에 대한 대타적 저항과 고통에 대한 내향적 견인의
태도'로 요약하였다. 김기중(1990), 『청록파시의 대비연구』, 고려대 대학원 박사,
119쪽.

13 박두진(1986), 『그래도 해는 뜬다』, 어문각, 1986, 137쪽.

14 박두진, 앞의 책, 213쪽.

山 넘어 큰 山 넘어 큰 山 그 넘엇 山" 혹은 "우뚝 솟은 山, 묵중히 엎드린 山" 등과 같이 상당한 규모의 공간을 선택한 것은 혜산의 시가 지니는 남다른 특징이다. 정지용은 추천사에서 이러한 혜산 시의 공간배경을 일러 '신자연(新自然)'[15]이라고 명명하였다.

> 새로 푸른 동산에 금빛 새가 날러 오고 붉은 꽃밭에 나비 꿀벌 떼가 날러들면 너는 아아 그때 나와 얼마나 즐거우랴. 섧게 흩어졌던 이웃들이 도라오면 너는 아아 그때 나와 얼마나 즐거우랴. 푸른 하늘 푸른 하늘아래 난만한 꽃밭에서 꽃밭에서 너는 나와 마주 춤을추며 즐기자. 춤을추며 노래하며 즐기자. 울며 즐기자. … 어서 오너라…
>
> —「푸른 하늘 아래」 부분

자연이 그에게 결정적인 사상의 바탕이자 성격 형성의 기틀을 주었다고 하였지만 공간을 이러한 모양으로 나타낼 수 있었던 것은 실상 신앙의 영향이 크다. 혜산은 사랑과 희생이라는 기독교 정신을 시에 구현하려고 했다. 목월과 지훈이 특정한 장소를 활용한 것에 비해 혜산의 자연 공간이 관념의 표백에 가까웠던 이유이기도 하다.

문학의 여러 장르 중에서도 특히, 시는 관념의 개입을 달가워하지 않는다. 관념어는 이해를 목표하기 때문이다. 이해를 하면 감흥은 잘 일어나지 않는다. 언어에서 유발하는 감흥이라기 보다 이해한 상황에서 독자가 스스로 만들어 내는 정서 반응이기 쉽다. 이미 경험했던 유사한 정서 반응을 지금의 관념에 대입하기도 한다.

혜산의 공간이 비록 표상성을 지니기는 하지만 그가 호소하듯이 진

---

15   김용직(1996), 534면. 재인용.

술하는 어법은 힘이 있다. 시가 그려주는 공간은 이 어조와 어울려 마음 속에 강한 파문을 일으킨다. 자유와 통합에 대한 열망이 지극히 통제가 되던 시기에 혜산의 신념은 존중할 만하다. 알레고리로 모여드는 풀과 나무, 그리고 새와 짐승들은 나라를 잃은 국민들에게 기다릴만한 미래를 주기에 충분하였다.

5. 다시 『청록집』

망치는 못을 박을 수 있고 신발은 십리를 갈 수 있다. 기호에 불과한 시는 과연 무엇을 할 수 있을까. 망치를 든 손이 내려치지 않으면 망치는 못을 박을 수 없고 발이 움직이지 않으면 신발은 십리를 갈 수 없다. 그렇듯이 독자가 시에 끌려가지 않으면 시의 기호들은 아무 것도 할 수 없다. 그러면 독자의 무관심과 무능을 탓해야 할까? 시는 어려운 일이다.

풀밭에 수많은 풀과 꽃이 있듯이 시도 그러하다. 수많은 표현과, 표현을 만드는 각자 다른 태도와, 태도를 관장하는 다양한 삶이 있다. 물론, 풀밭에도 산 것과 죽은 것이 있듯이 시라고 해서 모두 살아 있는 것은 아니다. 그러나 간혹, 존재하는 것만으로도 힘이 되는 시들이 있다. 살아 있는 것만으로도 역사가 되는 시들이 있다.

문학사에서 1940년대는 암흑기였다. 조선어가 금지된 40년대 전반기는 물론이거니와 해방후의 후반기도 마찬가지였다. 구호를 시라고 하지 않기 때문이다. 이 혼돈 속에서, 오랜 시간 민족의 마음으로 자리잡은 노래의 미학이 희미해지다가 끝내 사라질 수도 있었을 것이다. 그 정서와 그 발화와 그 기호들이 기억을 잃고 밀려드는 새로운 현대로 나아갈 수 있었을 것이다.

그때 『청록집』이 발간되었다. 당시의 새 국가 건설에 고무된 목소리들은 그들의 시를 두고 나약한 감수성이라고 비판하기도 하고 수세적인 자세라고 욕하기도 했다. 환란을 견디는 다양한 방법을 인정하지 않은 탓이다. 게다가 소월과 지용, 영랑과 미당으로 이어지던 전통 시가의 감성이 『청록집』으로나마 겨우 명맥을 유지할 수 있었다는 사실도 알지 못했다. 우리 민족만의 고유한 정서는 이후 일군의 시인들에 의해 여전히 이어지고 있다.

〔심재휘〕

12

일본의 독도 장소화 기도,
왜 위험한가?

1. 머리말

독도(일본 명칭은 다케시마) 문제를 놓고 한일 관계가 예사롭지 않은 적대적 파국으로 치닫는 형국이다. 이 문제는 역사성을 토대로 한 외교적 문제임에 틀림이 없다. 한국은 독도와 관련해 역사적, 지리적, 국제법적으로 한국의 고유 영토이며 따라서 독도에 관한 영유권 분쟁은 존재하지 않는다는 입장이다. 일본은 역사적으로나 국제법적으로 독도는 일본의 고유 영토인 다케시마이며, 따라서 한국의 다케시마 점거는 불법이라고 주장한다. 특히 시마네 현이 2005년 3월 매년 2월 22일을 '다케시마의 날'로 정하는 조례를 제정한 이래 외무성, 문부과학성, 시마네 현, 신문, 잡지, 방송 등 중앙과 지방, 정부와 민간을 가릴 것 없이 다케시마 주권론을 확산시키는 데 더욱 주력하는 모양새다.

   일본은 왜 이렇게 다케시마 주권론에 집착하는 것일까? 또 그런 집착은 앞으로의 한일 관계나 동아시아 지역 전반에 어떤 영향을 미치게 될 것인가? 이 문제에 대한 해답은 여러 가지 방향에서 찾을 수 있겠지만, 여기에서는 보다 근본적인 새로운 문제 틀 즉, 공간과 장소를 둘러싼 대립이라는 문제 틀로 접근해 보고자 한다. 이것이 다케시마 주권론에 대한 집착의 배경을 보다 명확히 이해하고, 나아가서 그런 집착이 초래하게 될 위험성을 구체적으로 예측할 수 있는 방법이라 생각되기 때문이다.

공간은 그 자체로 보면 자연적이고 가치 중립적이며 탈 역사적인 데 반해, 장소는 인위적이고 가치 담지적이며 역사적이다. 이런 공간과 장소의 관계에 대해서 흔히들 공간에 의미가 부여될 때 그 공간은 장소로 탈바꿈한다고 한다. 문제는 공간에 의미를 부여하는 과정이다. 특히 보다 큰 스케일의 정치적 실체를 구성하고 싶어 하는 사람들 즉, 권력은 무에서 유를 만들어내기도 한다. 그 과정에서 역사와 정체성을 부여하는 노력을 계획적으로 실행한다. 예를 들면 대중 매체를 동원하여 직접 경험과는 거리가 먼 대중적 합의의 정체성을 만들어내 이용한다. 대중적 정체성은 파급력이 클 뿐만 아니라 최소 수준의 신뢰성만 유지되면 쉽게 변조되고 조작될 수 있기 때문이다. 이렇게 권력의 맥락에서 공간에 의미를 부여하여 장소가 만들어지게 되면, 주관적이고 감정적인 애착이 발생한다. 그러면 권력은 탄생한 장소를 다시 이용한다. 정체성을 확고히 하거나 정체성의 창조적 생산을 위한 원료로 활용하는 것이다.

공간과 장소라는 개념 틀에서 바라볼 때, 현재 일본이 독도 문제에 접근하는 방식은 독도에 대한 장소화 기도라 규정할 수 있다. 독도와 일본과의 관련성을 끊임없이 생산, 재생산해 의미를 부여하고 그 과정에서 새로운 '다케시마 상'을 구축한다. 그리고 그렇게 만들어진 '다케시마 상'에 일본인으로서의 정체성을 투영하고 결집시키는 순환 구조를 만들어 내는 데 몰두하고 있다. 상상의 공간에 불과한 독도를 현실의 장소 다케시마로 재탄생시키려는 공작을 전개하고 있는 것이다. 더구나 그것은 사실상 상상의 영역에서 일방적으로 전개되고 있다고 볼 수 있는데, 여기에 문제의 심각성이 있다. 상상에는 한계가 없으며 그것이 현실화할 경우의 파장은 상상의 폭에 비례하기 때문이다.

일본은 이미 근대를 거치면서 자신들과는 무연이었던 공간을, 무주지의 선점이나 군사적 압력이라는 제국주의적 논리를 동원해 장소화한 풍부한 경험을 가지고 있다. 타이완과 한반도, 센카쿠 제도(중국 명칭은 댜오위다오)와 다케시마, 만주 등이 바로 그것이다. 이들 지역을 장소화하는 과정은 각각 달랐지만, 이미 그 지역을 장소화하고 정체성을 형성해 살아가던 타 민족의 역사적 경험과 현실을 일방적으로 부정한 점에서는 동일했다. 근대 일본의 장소화는 타 민족과의 민족적 갈등을 필연적으로 동반할 수밖에 없었다.

현재 일본이 상상의 영역에서 전개하고 있는 독도에 대한 장소화 기도는 근대 일본의 다양한 장소화 경험을 도외시한 채 생각할 수 없다. 일본의 만주 장소화 경험을 검토해 보고 이를 바탕으로 독도 장소화 기도의 성격을 규명해 보려는 이유다. 이와 함께 독도 장소화 기도가 초래하게 될 위험성을 예측해 보고 그에 대처해 무엇을 해야 할 것인지에 대해서도 생각해 보고자 한다.

2. 만주, 장소화의 논리 구조

만주는 본래 근대 일본과는 아무런 관련이 없는 무연의 땅이었다. 근대 일본이 만주를 영토로 지배하는 장소화에 성공하기까지는 청일전쟁(1894-1895)과 러일전쟁(1904-1905)이라는 두 차례의 대규모 대외 침략 전쟁을 거쳐야만 했다. 만주에 대한 영토적 지배욕은 에도 막부 말기부터 존재하던 뿌리 깊은 욕망이었지만, 청일전쟁 전까지 그것은 상상 속에서나 가능한 지극히 비현실적인 몽상에 가까운 것이었다.

에도 막부 말기에 정한론으로 유명한 요시다 쇼인(吉田松陰)은 만주와 관련해서, 러시아와 미국 등 구미 열강과 맺은 조약은 지키되 불평등 조약 아래 빼앗긴 이권은 조선과 만주로 영토를 확장해 만회해야 한다고 주장한 바 있다. 요시다는 만주가 일본과는 무연의 공간이라는 사실을 명확히 인식한 상태에서, 만주 영토화 즉 장소화의 필요성을 지적한 것이다. 만주와 청국에 대한 영토적 관심은 근대 일본이 출발한 이후 더욱 커져갔다. 열강에 의한 청국 분할 경쟁이 본격화할 가능성이 높아지는 상황에서, 일본도 그 경쟁에 뛰어들 준비를 서둘러야 한다는 주장이 대두하였다. 그러나 당시 일본의 국력을 감안해 볼 때 현실적인 주장은 아니었다.

일본의 만주 지배 가능성이 급격히 높아지고 또 현실화한 것은 청일전쟁을 통해서였다. 청일전쟁에서 승리한 일본은 1895년 4월 17일 청일강화조약을 체결하고 랴오둥 반도를 획득함으로써 만주의 일부를 장소화하는 데 성공했다. 그러나 일주일도 지나지 않은 4월 23일 러시아가 주도하는 삼국간섭이 일어나면서 만주 지배의 꿈은 일단 사라져버렸다. 일본은 1895년 11월 랴오둥 반도 환부조약을 체결하고 랴오둥 반도를 청국에 반환했다.

짧은 기간이나마 청일전쟁을 통해 만주를 지배한 경험은 만주와 일본의 심리적 거리, 즉 가상적인 장소화와 실질적인 장소화의 간격을 좁히는 결정적 계기가 되었다. 다만, 일본이 만주를 지배해야만 하는 당위성이나 논리를 구축하는 데까지는 이르지 못했다.

일본의 만주 지배가 실현된 것은 러일전쟁을 통해서였다. 일본은 1905년 9월 포츠머스강화조약을 체결하고 러시아가 보유하던 랴오둥반도에 대한 조차권을 승계했다. 또한 영일동맹을 근거로 참전한 제1차 세계 대전(1914–1918) 당시에는, 중국의 베이징 정부를 압박해 이른바 대중국 21개조 요구(1915. 5)를 관철시켰다. 중국과 몽골 등에서의 광범위한 권익을 규정한 21개조 요구에는 만주 지역에 대한 조차기한을 기존의 25년에서 99년으로 확장하는 내용이 포함되어 있었다. 그 후 일본은 1931년 9월 만주사변을 일으켜 만주의 대부분 지역을 점령하고 1932년 3월에는 괴뢰 국가인 만주국을 성립시켰다. 이어서 9월에는 일만의정서를 교환하고 만주국을 승인함으로써 만주 지역에 대한 지배권을 확립했다. 일본은 국제연맹이 1933년 2월에 열린 임시 총회에서, 리튼 조사단의 보고서를 기초로 만주에 대한 중국의 주권을 확인하고 만주에서의 자치국의 수립과 일본군의 철수를 권고하는 결의안을 가결시키자, 3월 국제연맹 탈퇴를 선언하고 대외적 고립의 길로 들어섰다.

사실 러일전쟁이 발발할 당시만 해도 일본이 생각하는 만주는 청국의 영토였다. 그뿐만 아니라 영국, 미국 등의 열강과 일본의 이해관계가 일치하는 문호 개방되어야 할 지역 즉 공간이었다. 러일전쟁이 발발한 직후인 1904년 3월, 요시노 사쿠조(吉野作造)는 "정로(征露)의 목적"이라는 글에서, 러시아의 영토 확장 그 자체에 반대할 이유는 없지만 그 영토 확장 정책이 가장 비문명적인 외국 무역의 배척을 동반하는 이상, 분연히 자위의 권리를 발동시키지 않을 수 없다고 역설했다. 1899년 미국의 국무장관 존 헤이가 발표한 바 있는 중국에 대한 문호개방선언의 문맥에서, 남만주를 문호 폐쇄하고 있는 러시아를 비문명 국가로 비판한 것이다. 러시아는 의화단사건(1900)이 진압된 이후에도 만주에 주둔 중이던 군대의 철수를 중단함으로써 국제 사회의 비난과 견제를 받고 있었다.

외채 모집을 위해 영국을 방문 중이던 스에마쓰 겐초(末松謙澄)도 1904년 5월에 열린 한 연설회에서, 극동 지역에서의 영국, 미국, 일본의 이해관계는 정확히 일치한다면서, 세 나라가 손을 맞잡는 것이야말로 다른 문명국들의 권리와 이익을 지키는 길이라고 목소리를 높였다. 아울러 일본은 자신을 위해 싸우고 있는 것이지만 동시에 영국과 미국의 위임을 받아 문명과 인도를 위해 싸우는 것이기도 하다면서, 러일전쟁에서 일본을 지지해 줄 것을 호소했다.

요시노와 스에마쓰의 발언에서, 만주는 청국의 영토이자 열강이 이해를 공유해야 할 영토적 자산 즉 개방된 공간이라는 인식을 확인할 수 있다. 또한 영국과 미국을 대신한 대리전쟁을 수행함으로써 그들과의 신뢰 관계를 공고히 하려는 일본의 의도도 읽을 수 있다.

그러나 러일전쟁이 끝난 직후 일본의 태도는 급변한다. 1905년 10월 말 일본 정부가 결정한 만주에 관한 청일 조약 체결 방침에 따르면, 청국은 만주에 위치한 다수의 도시를 외국인의 상업과 거주를 위해 개방해야 하지만, 동시에 일본의 동의 없이는 어떠한 명분으로도 만주의 일부를 타국에게 할양하거나 타국이 점령하도록 승인할 수 없었다. 랴오둥 반도를 세력 범위로 확립하는 데서 그치지 않고, 만주 전역에 대한 실력을 행사하려는 이런 자세는, 문호개방선언에서 이탈하여 만주를 독점적으로 장소화해 나가겠다는 의지의 표현으로도 읽히는 대목이다.

그러나 일본의 희망과는 달리, 만주를 문호 개방된 공간으로 유지함으로써 상공업상의 기회를 균등하게 누리려는 구미 열강의 이해관계 역시 강고했다. 이토 히로부미(伊藤博文)는 1906년 5월 일본 정부에서 개최된 만주 문제에 관한 협의회에서, 일본의 만주 정책에 대한 영국과 미국의 불만을 전달하면서 깊은 우려를 표명했다. 일본이 군사적 목적에서 만주의 외국 무역을 제한하기 시작하면서 만주의 문호는 러시아가 지배할 때보다도 훨씬 폐쇄적이 되었다는 것이 불만의 내용이었다. 영미 양국은 러일전쟁 당시 일본을 동정하고 군비를 제공한 것은 문호개방주의를 위해 싸운다는 것을 알았기 때문이라면서, 만약 지금과 같이 만주의 문호를 일본에게만 차별적으로 개방하는 정책을 계속 추진한다면, 그것은 일본에 도움을 준 국가들을 무시하는 자살적 정책이 될 것이라고 경고했다.

러일전쟁 이후 일본 사회에서는 '일본은 20만 명의 희생과 20억 엔의 돈으로 만주를 획득했다'라는 말이 널리 퍼져 나갔다. 만주는 일본의 특수 권익이라는 논리가 생성된 것이다. 영국, 미국 등 구미 열강과의 신뢰 관계보다도 만주 지역에 대한 일본의 특수 권익을 앞세우는 일본의 논리는 만주사변 이후에까지 지속적으로 작동했다. 야마가타는 "제2 대청 정책"(1909)에서, 조차 기한이 만료되면 청국은 뤼순과 다롄을 포함한 관동주의 조차권 반환을 요구해 오겠지만 '20억의 자재(資財)와 20여 만의 사상자를 내면서까지 획득한 전리품'을 반환하는 것은 불가능하다고 선언했다. 1931년 9월 만주사변이 일어났을 당시에도 '20억 엔의 자재와 20만 명의 영령으로 획득한 만주의 권익을 지켜라'와 같은 슬로건이 등장해 호전주의를 부추겼다.

러일전쟁을 거치면서 만주는 일본에게 있어 더 이상 상상의 공간이 아니었다. 현실의 장소로 탈바꿈하기 시작한 것이다. 일본은 20만 명의 희생과 20억 엔의 돈을 투입해 획득한 전리품이라는 논리를 내세워 만주 장소화 기도를 합리화시켰다. 만주를 배타적으로 지배하려는 일본의 의도는 열강의 신뢰를 잃을 만큼 노골적이었다. 일본의 만주 장

소화는 만주를 개방된 공간으로 유지시키려는 구미 열강과의 본격적
인 대립을 예견케 하는 것이었다.

3. 만주, 장소 상실의 위기 구조

만몽 지역을 놓고 일본과 국제 사회 특히 중국과의 장소 투쟁은 격렬
하게 전개된다. 일본은 우선 만몽 지역에 대한 특수 권익을 실체화하
는 일에 착수했다. 일본과의 연결고리를 강화해 장소화의 실체를 만들
어내기 위해 움직인 것이다. 육군의 참모본부, 외무성 그리고 국가를
대신해 자금을 융통하던 상사 등이 참여했다. 일본이 만몽 지역에서
광산 개발 등에 필요한 시설을 설치하여 경영하고 있다는 실적을 만들
어 내려고 노력했다. 다나카 기이치(田中義一) 내각(1927.4-1929.7)은
만주와 내몽골을 중국 본토와 분리시켜 일본의 특수 권익으로 삼겠다
는 노골적인 방침을 발표했고, 관동군 참모 그룹은 만주에 대한 직접
지배를 획책해 1928년 만주 군벌 장쭤린(張作霖)을 폭살시켰다.

　그러나 만몽은 특수 권익이라는 일본의 논리는 국제 사회로부터 인
정받지 못했다. 1928년 7월 외무성 아시아 담당국장 아리타 하치로(有
田八郎)는 이 문제와 관련해, 지금까지 세계 각국은 만주 동삼성(헤이
룽장성, 지린성, 랴오닝성)에 대한 일본의 특수 권익을 승인한 바 없으
며, 최근에는 영국 외상도 자국 의회에서 일본의 특수 권익을 부정하
는 발언을 했다고 실토했다.

　미국과 영국의 입장에서 보면, 일본이 주장하는 만몽의 특수 권익이
란 자신들과의 신뢰 관계를 깨뜨리고 일방적으로 탈취해 간 사적 권익
에 불과했다. 만주에 대한 일본의 일방적 장소화로 인해, 상공업상의

기회 균등을 보장하는 개방된 만주 공간이 붕괴될 위기에 처한 것이다. 미국과 영국이 러일전쟁 이후 일본의 만몽 지역으로의 침략을 계속 견제한 이유는 바로 여기에 있었다.

제1차 세계 대전 직후부터 중국에서는 불평등 조약 체제의 해체를 요구하는 목소리가 커졌다. 1919년 5·4운동 당시 공표된 "베이징 학생계 선언"은 칭다오(靑島)를 돌려받고 중국과 일본 사이에 존재하는 밀약, 군사 협정, 기타 불평등 조약까지도 모두 취소하는 것이 바로 공리이고 정의라고 강조했다. 쑨원(孫文)은 1923년 1월 "중국국민당 제1차 전국 대표 대회 선언"에서 중국과 열강이 체결한 모든 불평등 조약을 폐지하고 서로를 존중하는 대등한 새 조약을 체결해야 한다고 역설했다. 쑨원의 외교 기조는 1920년대 중반 이후 북벌을 완수한 장제스(蔣介石)의 혁명 외교에 계승되었다. 장제스의 국민 정부는 1928년 7월 청일통상항해조약의 폐기를 선언했다. 한편 워싱턴회의(1921~1922)에 참석한 베이징 정부의 대표단도 치외법권의 철폐와 관세자주권의 회복 그리고 조차지의 반환을 요구했지만 열강의 견제로 뜻을 이루지 못했다. 특히 일본 전권인 시데하라 기주로(幣原喜重郎)는 중국이 자유로운 주권국으로서 체결한 국제적 약정을 폐기하려는 행위에 대해서는 동의할 수 없다고 경고했다.

일본의 입장에서 보면 1920년대는 만몽의 특수 권익을 인정하지 않는 열강과 조약 위반을 일삼으며 만몽의 특수 권익을 부정하려는 중국에 둘러싸여 있던 시기였다. 일본은 마치 만몽 지역이 국가의 존립을 위해 없어서는 안 될 근본적인 장소인 것처럼 담론의 수위를 높이는 것으로 대응했다.

1925년 1월 시데하라 외상은 귀족원 본회의에서, 만몽뿐 아니라 중국 전체에 대해 일본은 국가적 생존상 대단히 밀접한 이해관계를 갖는 것이 사실이라고 강조했다. 다만 일본 국민이 만몽 지방에 대해 특히 더 예민한 것은 만주 벌판에서 자위와 동양 평화를 위해 국운을 건 두 차례의 전쟁을 겪었기 때문이라면서, 중국이 대외적으로 성실히 국제 의무를 이행하고 대내적으로 각 지방의 평화와 질서를 유지하는 데 필요한 안정된 정부를 수립하기를 기대한다고 연설했다.

시데하라는 1920년대의 일본 외교를 대표한 인물이다. 시데하라의 외교는 영미 협조주의 외교로 불렸으며 군부 등의 강경파로부터 연약 외교로 공격받았다. 주목되는 것은 그런 시데하라에게서, 만몽은 특수 권익이라는 논리가 일본의 국가적 생존 문제로 전환되고 있다는 사실이다.

만몽을 생명선으로 규정하는 모습은 마쓰오카 요스케(松岡洋右)에게서 더욱 극명하게 드러난다. 마쓰오카는 1930년 12월에 열린 제국의회에서, 만몽 문제에 임하는 시데하라 외상의 태도를 방관주의라고 맹비난하면서, 만몽 문제는 일본의 존망이 걸린 문제이며 일본 국민의 생명선이라고 역설했다. 만몽을 일본이라는 국가의 생존권 및 주권과 관련해 없어서는 안 되는 근본 장소로 규정해서 말한 것이다.

마쓰오카는 베르사유조약이 체결된 지 얼마 지나지 않은 1919년 7월, 명백히 선과 악이라는 윤리적 가치관에 입각해서 일본의 산둥반도 획득을 도둑질이라며 비판한 바 있다. 그러던 그가 만몽을 일본의 생명선으로 규정한 것은 의미하는 바가 크다. 일본의 만몽 지배는 특수 권익의 실현이 아니라, 그 어떤 가치관으로도 평가가 불가능한 절대 가치가 되어 버린 것이다. 이렇게 해서 일본과는 아무런 연관이 없던 만주, 만몽은 열강과의 신뢰 관계보다 중요한 일본의 특수 권익이 되었고, 나중에는 일본 민족의 존망이 걸린 생명선이 되었다.

1931년 9월 관동군이 주도해 일으킨 만주사변은 바로 그런 일본의 자의적인 인식 전환 속에서 일어난 사건이었다. 만주사변이 폭발하기 2개월 전인 1931년 7월 도쿄제국대학 학생들을 대상으로 한 여론 조사가 이루어졌다. 이 조사에서 만몽에 대한 무력행사가 정당한 것인지를 묻는 질문에 무려 88%가 그렇다고 대답했다. 즉시 무력행사를 단행해야 한다고 대답한 학생도 52%에 달했다. 전쟁을 각오해야 한다는 비율이 90%에 가까운 수치를 나타낸 것이다. 한편 도쿄제국대학 학생들을 대상으로 한 여론 조사는 만주사변이 발발한 직후에도 이루어졌는데 그 결과는 대동소이했다. 만몽은 일본의 생명선이며, 만몽 문제는 군사 행동으로 해결해야 한다고 대답한 학생들의 비율이 854명 중 무려 90%에 달했다. 여론 조사 결과는 만몽이라는 장소에 대한 일본 국민의 주관적 감정적 애착이 극에 달해 있음을 잘 보여준다.

일본이 국제연맹의 만주 철수 권고를 거절하고 연맹 탈퇴를 선택한 것은 자연스러운 귀결이었다. 1933년 2월 국제연맹 총회에서 마쓰오카는, 극동 지역에서 분쟁이 일어나는 근본적인 원인은 중국의 무법률적 국정과 인국에 대한 의무를 다 하지 않은 채 어디까지나 자신의 의지만을 관철시키려는 태도에 있다고 비난했다. 중국은 오늘날까지 오랜 기간 독립국으로서의 국제적 의무를 게을리해 왔고, 그 때문에 일본은 중국의 가장 가까운 인국으로서 가장 많은 피해를 입어 왔다는 것이다. 마쓰오카는 만주에서 일본이 경험한 두 차례의 전쟁 중 러일전쟁은 일본 국민의 존립을 건 전쟁이었다면서, 어느 국가나 존립 때문에 도저히 양보도 타협도 할 수 없는 사활 문제를 갖기 마련인데, 일본에게 있어 그것은 곧 만주 문제라고 강조했다. 만주 문제는 일본 국민에게는 실로 생사가 걸린 문제라고 강변한 것이다.

애초에 만몽은 일본과는 아무런 관련이 없는 무연의 땅 즉, 공간이었다. 러일전쟁을 거치면서 특수 권익이 되었고 만주사변이 임박한 시점에는 모든 가치에 앞서는 절대 가치 즉, 생명선이 되었다. 가상적인 상상의 공간이었던 만몽이 실질적인 현실의 장소로 탈바꿈한 것이다. 문제는 이런 만몽의 장소화 및 장소화 논리가 국제 사회로부터 아무런 지지도 받지 못했다는 사실이다. 만몽의 장소화는 일본 국민의 자의적 영역에서 달성되었으며, 따라서 만주의 장소화에 동반한 일본 국민의 애착은 주관적 감정적이었다고 평가할 수 있다.

그럼에도 일본은, 일본이 정당하게 획득한 만몽 지배의 법적 권리를 아무런 근거 없이 부정하려는 중국, 그런 중국의 편에 서서 일본의 만몽 지배를 저지하려는 영국과 미국이라는 허상을 만들어 내고, 그에 맞서는 길을 선택했다. 일본 국민의 폭발적인 애착을 배경으로, 생명선인 만몽에 대한 주권을 확립하기 위해 만주사변을 선택한 것이다. 만주사변은 중일전쟁, 태평양전쟁으로 이어지는 본격적인 대외 침략 전쟁의 서막이었다.

4. 독도 장소화 기도와 그 현재적 의미

이제 근대 일본의 만주 장소화 경험을 염두에 두면서 현재의 독도 문제에 대해 생각해 보기로 하자. 독도 문제에 대한 일본 정부의 인식이 가장 잘 드러나 있는 것은 일본 외무성 홈페이지이다.[1] 홈페이지를 열어 보면 TOPICS란에 '일본의 영토(북방 영토, 다케시마, 센카쿠 제도)'가 나오는데, 이를 클릭해서 찾아 들어가면 다케시마 페이지를 볼 수 있다.

---

1   일본 외무성 홈페이지(https://www.mofa.go.jp/mofaj/).

　　다케시마 페이지에는 우선 '다케시마 영유권에 관한 일본국의 일관된 입장'이 나오고 이어서 '다케시마 데이터' '다케시마 영유권에 관한 일본국의 입장과 한국의 불법 점거 개요' '다케시마에 대한 인지' '다케시마의 영유' '울릉도 도항 금지' '다케시마의 시마네 현 편입' '제2차 세계 대전 직후의 다케시마' '샌프란시스코 평화 조약에서의 다케시마 취급' '미군 폭격 훈련 구역으로서의 다케시마' '이승만 라인의 설정과 한국의 다케시마 불법 점거' '국제사법재판소에 회부 제안' '다케시마 문제 Q&A'의 순으로 등장한다.

　　이 가운데 '다케시마 영유권에 관한 일본국의 일관된 입장'에는 다음과 같이 일본의 다케시마 주권론이 함축적으로 기술되어 있다.

　　다케시마는 역사적 사실에 비추어도 또한 국제법상으로도 분명히 일본국 고유의 영토입니다. 한국에 의한 다케시마 점거는 국제법상 아무런 근거가 없이 행해지는 불법 점거이며, 한국이 이런 불법 점거에 따라 다케시마에 대해 실시하는 그 어떤 조치도 법적인 정당성을 가지지 않습니다. 일본국은 다케시마 영유권을 둘러싼 문제에 대해 국제법에 따라 침착하고도 평화적으로 분쟁을 해결할 생각입니다.

　　일본 외무성 홈페이지는 이 기술에 주까지 붙여 한국이 다케시마를 실질적으로 지배한 것을 보여주는 명확한 근거를 제시한 적이 없다고 밝힌다. 이 기술은 국제법을 준수하는 일본과 국제법을 준수하지 않는 불법적인 한국이라는 대립 구도를 극명하게 부각시키고 있다. 이런 내용은 '다케시마 영유권에 관한 일본국의 입장과 한국의 불법 점거 개요'에서 조금 더 구체적으로 설명되어 있다. 이어지는 항목들에서는 한일 간에 쟁점이 되고 있는 사안을 중심으로, 한국이 제시하는 독도

영유권의 근거를 비판함과 동시에 일본의 다케시마 주권론의 정당성
을 주장하고 있다.

　다케시마 홈페이지에서 전개하고 있는 다케시마 주권론의 주요 내
용을 정리해 보면 다음과 같다. 즉, 17세기 초부터 일본의 민간인들은
정부(에도 막부)의 공인 아래, 다케시마를 울릉도로 가기 위한 항행의
목표로 삼거나 또는 배의 중간 정박지로 이용함과 동시에, 강치나 전
복을 포획하는 어장으로 활용했다. 그런 과정에서 늦어도 17세기 중반
에는 일본의 다케시마에 대한 영유권이 확립되었다. 따라서 1905년 1
월 일본 정부의 각의 결정에 따라 이루어진 다케시마의 시마네 현으로
의 편입(시마네 현 고시 제40호, 1905.2.22)은 영유 의사의 재확인을
의미한다. 그 후 관유지 대장 등록과 강치 포획의 허가, 국유지 사용료
의 징수 등을 통해 평온하고도 계속적으로 주권을 행사했다. 이와 관
련해 다른 나라로부터 항의를 받은 적도 없었다. 제2차 세계 대전 후
샌프란시스코 평화 조약이 체결되는 과정에서, 한국은 미국에 대해 일
본이 포기해야 할 지역에 다케시마를 추가하도록 요구했으나 미국으
로부터 일본의 영토라는 이유로 거절당했다. 결국 샌프란시스코 평화
조약에서는 일본이 포기해야 할 지역으로 제주도, 거문도 및 울릉도를
포함한 조선을 규정하게 되었으며, 이로써 제2차 세계 대전 후의 국제
질서를 구축한 샌프란시스코 평화 조약에서 다케시마가 일본국의 영
토임이 확인되었다는 것이다.[2]

2　외무성 홈페이지의 주장에 대해서는 이미 이를 조목조목 비판한 방대한 연구 성과
가 한일 양국에 축적되어 있는 상태이다. 다케시마 페이지에 대한 총괄적 비판을 시도
한 최근의 연구로는 다음과 같은 것이 있다. 최장근, 「일본 외무성의 독도 영유권 날조
방식」, 『한일군사문화연구』 25집, 2018년. 김명기·이동원 공저, 『일본 외무성 다케시
마 문제의 개요 비판』, 책과사람들, 2010년.

외무성 홈페이지는 전근대에서 근대 그리고 현대에 이르기까지 독도가 일본인들의 생활 영역인 장소로 기능했다는 논리를 생성해 내기 위해 집중하고 있다. 강치와 전복 잡이를 강조하거나 국유지 사용료의 징수 등에 방점을 찍는 것은 바로 그런 논리를 뒷받침하기 위한 전략인 것이다. 독도와 일본인 사이의 연결고리를 강화함으로써 독도라는 공간이 가상에서나마 일본인의 정체성을 확인하는 다케시마라는 장소가 되기를 노리고 있다.

반면 외무성 홈페이지는, 한국이 1905년의 시마네 현 고시 제40호보다 이른 시기인 1900년 10월 대한제국 칙령 41호를 통해 울릉도와 독도에 대한 영유권을 분명히 밝힌 사실에 대해서는, 이를 인정하려 하지 않는다. 독도의 시마네 현으로의 편입은 러일전쟁으로 인한 일본의 군사적 압박이 극도에 달하고, 대한제국의 외교권이 상당 부분 제약당한 상태에서 이루어졌다는 사실에 대해서도 언급하지 않는다. 샌프란시스코 평화 조약에서 일본이 포기해야 할 지역에 독도가 명기되지 않은 사실을 강조하면서 다케시마 주권론을 전개하고 있는데, 이 또한 전혀 논리가 서지 않는 행위이다. 한반도에 속한 수천 개의 도서명을 일일이 다 기재하는 쪽이 오히려 더 비상식적이고 비논리적인 일이 아닐까?

외무성 홈페이지는 일본 스스로가 다케시마에 대한 영유권을 부정한 사실에 대해서는 이를 철저히 외면하는 자세로 일관한다. 1695년 12월 24일 에도 막부는 에도에 있는 돗토리(鳥取) 번저(藩邸)에 대해, 울릉도 외에 이나바(因幡), 호키(伯耆) 양국(兩國)에 부속한 섬이 있는지를 물었고, 그러자 돗토리 번저에서는 다음날 울릉도와 독도는 이나바, 호키 양국에 속하지 않는다는 답변을 내놓았지만, 외무성 홈페이지는 이에 관해 한마디 언급도 없다. 또한 1877년 3월 29일 태정관이,

울릉도 외 1도(독도)는 일본과 관계없다는 결정을 내린 사실에 대해서도 이를 외면하고 있다.

태정관의 결정은 시마네 현의 조회에 대한 답변으로서 주목해야 할 일이다. 1876년 10월 시마네 현은, 17세기 돗토리번 호키국 요나고(米子)의 주민 오야 진키치(大谷甚吉)와 무라카와 이치베(村川市兵衛)의 두 집안이 울릉도를 개척한 경위를 조사하고, 울릉도와 독도의 약도를 첨부한 문서를 내무성에 제출했다. 내무성은 두 섬이 일본령이 아니라는 결론을 내렸지만 판도의 취사는 중대한 사건에 해당되는 관계로 1877년 3월 17일 태정관에 최종 판단을 요청했다. 이에 대해 태정관은 3월 29일 내무성에 지령을 내려 두 섬이 일본령이 아니라고 선언했다. 이 지령은 4월 9일자로 내무성에서 시마네 현으로도 전달되었고, 이로써 시마네 현의 조회 문제는 일단락되었다. 태정관이 작성한 지령에는, 1693년 안용복이 일본으로 건너간 것을 계기로, 에도 막부와 조선 정부 사이에서 울릉도와 독도의 영유권 문제가 불거졌지만, 교섭 끝에 일본과는 관계가 없는 것으로 결론이 난 바 있다는 사실이 명기되어 있다.

일본 외무성의 주장을 한마디로 정리하면, 다케시마는 역사적으로나 법적으로 일본의 고유 영토이며, 한국은 독도 영유권을 뒷받침할 만한 아무런 근거도 갖고 있지 못한 상태에서 다케시마를 불법 점거하고 있다는 것이다. 또한 일본은 다케시마에 대한 정당한 주권을 회복하기 위해 평화리에 외교적 노력을 다 하고 있다는 점도 강조한다. 국제법을 준수하는 일본과 국제법을 준수하지 않는 한국을 대비시키고 있다. 스스로 다케시마 영유권을 부정했던 사실을 외면하면서까지 말이다.

한편 WILL 3월호 『다케시마 문제 100문 100답』(2014)에는 독도 문

제에 대한 일본 민간의 인식이 종합적으로 잘 드러나 있다.[3] 이 책은
시마네 현의 제3기 다케시마문제연구회가 자신들의 연구 성과를 정리
해 출간한 것이다. 그 내용은 '우리의 섬 다케시마', '다케시마 편입',
'전후-이승만 라인의 횡포', '한국의 주장에 반론한다①', '국제사법
재판소', '에도 시대의 다케시마', '회도(繪圖)를 읽는다', '한국의 주
장에 반론한다②', '시마네 현의 대응 활동을 알자' 등 총 9부로 구성
되어 있다.

이 책이 독도 문제를 바라보는 전체적인 시각은 제3기 다케시마 문
제연구회의 좌장을 맡았던 시모조 마사오(下條正男)의 간행사에 함축
적으로 잘 표현되어 있다. 간행사의 일부를 소개하면 대략 다음과 같
다.[4]

즉, 1954년 9월 한국의 해양경비대가 다케시마를 무력으로 점거한
지 60년의 세월이 흘렀다. 당시 일본 정부는 이 문제를 국제사법재판
소에서 해결하자고 제안했지만 한국 정부는 이를 거부하는 성명서를
발표했다. 다케시마는 일본에 의한 '조선 침략의 최초의 희생지'이며
따라서 일본이 다케시마 영유권을 주장하는 것은 '재침략을 의미한다'
는 것이 성명의 내용이었다. 이런 한국의 역사 인식은 그 후 다케시마
를 한국 '민족의 섬'이자 '자존심'의 상징으로 만들기에 이르렀다. 그
러나 일본 외무성은 '다케시마는 역사적으로나 국제법적으로 명백한
우리나라 고유의 영토'라거나 한국이 '불법 점검'하고 있다고만 할

---

3   『다케시마 문제 100문 100답(竹島問題100問100答)』에 대한 국내외 연구자들의
비판은 이미 다양한 각도에서 활발하게 진행되어 왔다. 그 중에서 특히 경상북도독도
사료연구회가 펴낸 『『竹島問題100問100答』에 대한 비판』(경상북도, 2014)은 전문을
번역 게재하고 전체 내용에 대한 총괄적 비판을 시도했다는 점에서 주목된다.
4   『『竹島問題100問100答』에 대한 비판』 참조.

뿐, 일본의 국가 주권이 계속 침해받는 현실에 대해서는 이를 외면해
왔다. 그 때문에 한국의 외교통상부는 독도에 대해, 역사적·지리적·국
제법적으로 명백한 한국의 고유 영토인 이상, 독도를 둘러싼 영유권
분쟁은 존재하지 않는다거나 독도는 외교 교섭이나 사법적 해결의 대
상이 될 수 없다는 태도를 취하게 된 것이다. 한국의 이런 태도는 한일
관계의 악화를 초래하는 원인이며, 나아가서 주변 여러 나라와의 역사
문제에도 악영향을 미치는 원인이 되고 있다. 그러나 1905년에 이루어
진 다케시마의 시마네 현으로의 편입은 국제법적 절차를 밟은 정당한
조치였으며, 따라서 외교 교섭이나 사법적 해결의 대상이 되지 않는다
는 한국의 주장에는 무리가 있다는 것이 바로 그것이다.

　시모조의 발언에서는 애초에 독도는 일본과는 관련이 없는 무연의
공간이었다는 인식조차 찾아볼 수가 없다. 독도 문제를 거론하면서 한
일 양국의 민족주의를 부추기며 갈등과 대립을 조장하려는 태도를 보
인다. 독도 문제에 대처하는 한국의 자세를 아무런 근거도 정당성도
없는 감정적 자존심의 발로쯤으로 폄하할 뿐이다. 국제법을 평화리에
준수하려고 노력하는 일본과 국제법을 지키지 않는 한국의 태도를 극
명하게 대비시키면서, 다케시마에 대한 정당한 주권을 침해하는 한국
의 지속적인 불법적 행위는 일본의 국익에 피해를 입히고 있다는 논리
를 생성해 내고 있다.

5. 맺음말

한일 간 대립의 초점이 되고 있는 독도 문제를 장소 철학 내지는 장소
론에 따라 고찰하는 것은 쉬운 일이 아니다. 독도 문제에는 여러 가지

사안이 복합적으로 중첩되어 있기 때문이다. 독도 문제의 실체를 보다 명확히 파악하기 위해 우리는 주로 역사적인 관점에서 크게 두 가지를 검토했다. 하나는 과거 일본이 만주 내지는 만몽에 대해 어떤 과정으로 영토 확장의 장소화를 노렸는가 하는 것이고, 다른 하나는 현재 일본 정부의 독도 장소화 기도가 어느 단계에 이르렀는지 하는 것이었다.

일본 정부의 내각부가[5] 다케시마에 대한 여론 조사를 처음 실시한 것은 2013년이었다. 전국의 일본 국적 보유자 3,000명을 대상으로 한 이 조사에서 유효 응답자 수는 1,784명이었다. 이 가운데 다케시마는 역사적으로나 국제법적으로 일본의 고유 영토라고 대답한 비율은 60.7%였고, 한국이 다케시마를 불법 점거하고 있다고 대답한 비율은 63.1%에 달했다. 2017년도에 시행한 여론 조사에서는 다케시마 주권론이 더욱 확산된 결과를 확인할 수 있다. 전국 18세 이상 3,000명을 대상으로 한 이 조사에서는, 한국이 다케시마를 불법 점거 중이라고 대답한 비율이 63.1%를 기록해 변화가 없었지만 1,790명의 유효 응답자 중 78.7%가 다케시마는 일본의 고유 영토라고 대답했다. 2019년도 여론 조사(3,000명 중 유효 응답자 수 1,546명) 결과도 2017년도와 큰 차이가 없어서, 다케시마를 일본의 고유 영토라고 대답한 비율은 77.8%, 한국이 불법 점거 중이라고 대답한 비율은 63.5%를 기록했다.

2017년과 2019년의 여론 조사 결과는 2013년에 비해 독도 문제에 대한 일본 국민의 인식에서 큰 폭의 변화가 있었다는 것을 말해준다. 정치나 외교에 무관심한 일본 국민의 성향을 고려해 볼 때 주목할 만

---

5 일본 내각부 정부광보 홈페이지(https://www8.cao.go.jp/intro/kouhou/).

한 변화라 할 수 있다.[6] 특히 다케시마의 날 조례 제정 이후 일본 정부와 지방단체, 학계 등이 나서서 방송, 신문, 잡지, 교육 등을 통해 다케시마 주권론을 적극적으로 확산시킨 결과라 하겠다.

그럼에도 불구하고 일본 사회는 그런 결과에 만족하지 않고 있다. 다케시마에 대한 인지도가 2019년 기준 94.5%(2017년 93.8%)에 달하는 현실에 비춰 볼 때, 다케시마를 고유 영토로 여기는 일본 국민의 숫자가 너무 적다고 지적한다. 교육 관계자와 협력해 적극적인 계몽 활동을 펼쳐 나가야 한다고 목소리를 높이고 있다.

일본의 다케시마에 관한 설문조사 결과가 말해 주듯이, 일본의 독도 장소화 기도는 이미 상당 부분 성과를 내고 있다. 그리고 그에 동반하여 다케시마에 대한 일본 국민의 감정적 주관적 애착도 상승하고 있으며, 장소의 대중적 정체성 또한 뚜렷이 발현되고 있다. 최근 일본의 한 중의원 국회의원의 입에서 다케시마를 되찾는 방법으로 전쟁이란 단어가 나온 사실을 무겁게 받아들일 필요가 있다. 이런 상황 속에서 일본이 일본국헌법(평화헌법)을 개정하고 군사력을 사용할 수 있는 보통국가가 된다면, 독도 문제는 한일 관계뿐만이 아니라 동아시아 지역 전체의 평화 체제를 위협하는 요인이 될 가능성이 있다. 헌법 개정을 재촉하는 아베 신조(安倍晋三) 내각의 행보를 예의주시해야 하는 이유는 바로 여기에 있다.

---

6   예를 들어, 2018년 4월 NHK방송문화연구소가 실시한 헌법 개정 문제에 관한 의식 조사(『「헌법에 관한 의식 조사」의 단순 집계 결과(2018.5.1)』에 따르면, 전국 18세 이상의 일본 국민 3,480명 가운데 헌법 개정 문제에 관심이 있다고 대답한 응답자 수는 1,891명으로 69%에 지나지 않는다. 평화헌법 개정 문제는 전후 꾸준히 논의되어 온 민감한 문제이다. 그럼에도 불구하고 다케시마 주권 문제에 대한 관심도에는 미치지 못한다고 할 수 있다. 그만큼 다케시마 주권론의 파급력은 상상 이상으로 큰 것이 아닌가 생각된다.

　공간과 장소라는 문제 틀에서 바라볼 때, 독도 문제와 만주 문제 사이에는 여러 가지 공통점이 존재한다는 사실에 대해서는 더 이상의 설명이 필요 없을 것이다. 일본에 대한 무관심은 일본의 자의적 인식 전환을 재촉할 뿐이다. 일본의 다케시마 주권론을 논리적으로 비판하고 아울러 동아시아 지역의 평화 체제가 무너지지 않도록 정치적 외교적 역량을 효율적으로 집중시켜 나가야 할 시점이다. 그리하여 상상의 영역에서 전개되고 있는 일본의 독도 장소화 기도에 브레이크를 걸어야 할 것이다.

〔최석완〕

13

신화와 장소:
단군 신화는 장소 이야기다

1. 공간, 장소, 신화

공간이 탄생하고, 탄생한 공간이 장소로 바뀌는 것은 신화의 주요 내용이다. 신화는 가늠할 수 없는 태초의 시간에 기대어, 가늠할 수 있는 공간에 유의미한 장소를 만들었다. 시간과 달리 예나 지금이나 커다란 변화 없이 존재하는 공간은 이야기를 머금고 장소로 탄생한다. 『성경』의 조물주는 첫날부터 시간과 공간을 만들며 천지를 창조하고, 반고는 죽어서 하늘과 바람과 땅과 바다가 되며, 마고 할미는 산, 하천, 섬, 다리 등 천지 창조에 관여했다. 신화는 인간의 지성이 발달하면서 함께 변화했다. 현대의 신화는 다양하게 사용되고, 인간의 욕망에 맞춰 공간에 의미를 부여하며, 장소로서의 정당성과 권위를 확보하고자 했다.

신화가 품은 스펙트럼은 넓고 다채롭다. 신화학에서는 인간이 제사를 지내는 의식과 더불어 시작하고, 신에 대한 의식을 통해 전승되는 것으로 사용한다. 신화는 고대 사람의 사유나 표상이 반영된 이야기에 국한되어 좁은 의미로 사용되기도 하지만, 확장되어 신비스러운 이야기나 획기적인 업적을 비유적으로 이르는 말로 사용되기도 한다. 더 나아가 캠벨은 신화의 해석에 대하여 "최종적인 체계가 있을 수 없고, 앞으로도 그런 것은 있을 것 같지 않다"고 했다.[1]

그래서일까? 우리 주변에 신화라는 단어는 차고도 넘친다. 진실의 가장 큰 적은 거짓이 아니라 '그럴듯하고 비현실적인 신화'라고 한 케네디의 연설문에서도, 신문의 칼럼에서도, 사설 학원의 입간판에서도, 심지어 학술 담론에서도 쉽게 발견된다. 그러므로 루돌프 볼트만(Rudolf Bultmann)의 주장처럼 세계에 대한 객관적인 그림을 제공하기보다, 자기가 살고 있는 세계에 대한 인간의 자기 이해를 표현하는 것으로 신화를 이해하는 것이 맞을 것이다.[2]

장소. 장소는 공간과 다르다. 우리는 공간에 서로 다른 층위의 장소가 존재함을 인정해야 한다. 1970년대 인문지리학에서 공간과 장소를 구분한 이후 둘은 다시 분리되었다. 의미가 없는 영역으로서 공간은 장소와 구분됐다. 공간에 애착을 갖게 되면, 그 공간은 장소가 된다. 그래서 인간이 세계를 경험하는 심오하고도 복잡한 측면의 것을 장소라고 말할 수 있다.

공간과 장소의 구별에는 '인간'이 있다. 물론 문제는 있다. 사회적으로 생산된 '사회적 공간' 때문에 장소의 개념 사용에 혼란이 생겼다. 실제 미시적인 부분까지 고려하면, 장소 개념은 다른 개념들과 섞이어

1   조셉 캠벨, 『세계의 영웅 신화』, (이윤기 옮김, 대원사, 1991), 370쪽.
2   로버트 시걸, 『신화란 무엇인가: 신화의 이론과 의미』, (이용주 옮김, 아카넷, 2017), 78~89쪽.

혼란스럽게 사용될 수밖에 없다. 학자들마다 장소를 정의함에 미묘한 차이가 있지만, 장소는 인간이 중심이다. 그래서 "우리는 지금 세계 내에서 각자의 자리, 각자의 장소를 갖기 위해 열심히 살아가고 있다"는[3] 말을 할 수 있다.

이러한 인간 중심적 사고는 우리가 사용하는 단위에서도 발견된다. 예를 들어 '한 홉'은 목마른 사람이 단숨에 마실 수 있는 물의 양을, '한 마지기'는 한 말의 씨앗을 뿌릴 수 있는 땅의 넓이를 말한다. 이것은 장소의 의미와 맞아 떨어진다. 순전히 인간을 중심에 놓고 자신이 다룰 대상을 단위화했다.

이 글에서는 신화를 이용하여 '공간'의 '장소화'를 고찰했다. 물론 본고에서 말하는 신화는 신화학에서 말하는 정형화된 의미뿐만 아니라, 현대 사회에 회자되는 광범위한 의미까지 포함한다. 이를 통해 우리 인류가 '신화'라는 이름으로 공간의 장소화를 어떻게 진행하고, 이것이 의미하는 바가 무엇이며, 인간의 속성과 성향을 어떻게 성찰할 수 있을지 고민했다.

2. 고대 신화와 장소

2.1 단군 이야기와 장소

단군 신화에는 다음과 같은 이야기가 담겨 있다. 옛날에 환인(桓因)의 서자(庶子) 환웅(桓雄)은 인간 세상을 탐냈다. 환인은 환웅이 인간을

---

3 팀 크레스웰(2012), 역자 서문.

널리 이롭게 할 만한지라 허락하고, 환웅은 태백산(太白山) 신단수(神壇樹) 밑에 내려와 그곳을 신시(神市)라 불렀다. 환웅천왕은 인간의 삼백예순여 가지 일을 맡아서, 인간 세상을 다스리고 교화했다. 곰 한 마리와 범 한 마리가 신웅(神雄)에게 사람이 되고 싶다고 빌자, 신웅은 신령스러운 쑥 한 심지[炷]와 마늘 스무 개를 주면서 "이것을 먹고 백일 동안 햇빛을 보지 않으면 사람이 될 것"이라고 말했다. 곰은 기(忌)한 지 삼칠일(三七日) 만에 여자의 몸이 되었으나, 범은 사람이 되지 못했다. 웅녀(熊女)는 단수(壇樹) 아래서 아이를 배게 해달라고 축원하였다. 이에 환웅이 잠깐 사람으로 변하여 웅녀가 임신한 뒤, 아들 단군(檀君) 왕검(王儉)을 낳았다. 단군은 평양성에 도읍을 정하고 조선(朝鮮)이라 일컬었다. 또 도읍을 백악산(白岳山) 아사달(阿斯達)에 옮겼다. 나라를 다스린 것이 일천 오백년이었다.

단군 신화에서 '천상'의 존재 환웅이 '지상'으로 활동 장소를 바꾼 것, 곰과 범 한 마리가 신웅의 요구에 따라 활동 장소를 '동굴'로 바꾸어 인간으로의 변신을 시도한 것은 '자기'를 중심에 두고 공간을 해석하여, 공간을 장소로 만든 것이다. 그래서 한국의 신화는 한국을 떠나 미국과 가나에서 커다란 감흥을 주지 못한다. 바로 신화의 장소성 때문이다. 거기에서 이곳은 그저 공간에 불과하다.

단군 신화가 실린 『삼국유사』는 『제왕운기』보다 불과 십여 년 먼저 간행되었다. 『삼국유사』에 등장한 곰은 『제왕운기』에서 신으로 바뀐다. 짧은 시기에 벌어진 이러한 변화는 당시(고려시기) 단군 신화의 서사 구조가 불안했음을 나타낸다. 그러나 극동과 시베리아에 있는 '곰 신앙'은 결국 곰과 신을 하나로 묶는다. 바로 장소성의 이해가 신화 서사 구조의 불안정을 이해할 수 있는 토대가 되었다.

단군 신화는 '하늘'에서 '인간계'로 내려온 공간 이동, 왕국을 건설

할 '이 공간'에 대한 권위의 확보로 정리되고, 이것은 결국 공간과 장소의 의미를 명확하게 설명하는 근거가 된다. 바로, '내가 살고 있는 이 땅은 다른 공간과 다르게, 신에게 축복받은 장소'임을 강변한다.

반면, 시간은 매우 유연하게 작동한다. 신화에서 시간을 백일이라 약속했지만, 약속한 시간의 5분의 1밖에 안 되는 21일 만에 다시 '동굴 밖', 그러나 전과 다른 '인간의 공간'으로 웅녀를 이동시킨다. 세계가 상대적인 것처럼 시간도 상대적으로 나타난다. 하이데거의 생각처럼 장소의 본질은 시간이다. 신화 속 존재는 자신을 드러낼 장소를 찾고, 그곳에서 실현되어 특정한 형태를 지닌 존재자가 된다. 이러한 현존재(dasein)는 특정한 장소에 특정한 방식으로 존재하는 현실적인 존재가 된다. 그러면서 장소를 내포한다. '지금-여기'에서 현존재가 이루어지기 때문에, 그 장소의 본질은 '시간'이 된다. 공간과 시간이 서로 대조된다면, 장소는 공간에 시간을 머금고 있다.

단군 신화에서는 천상과 지상, 신성과 세속, 하늘과 땅, 신시와 왕국, 신과 인간, 파송자와 파송되어 하강한 존재, 천상의 신과 지상의 신 등. 신의 이야기를 통해 무수한 사이[間]를 채우고, 연결한다. 그리고 마침내 자신들의 정체성과 장소가 연결된다. 그리고 '우리가' 세계 안에 자리 잡을 수(situatedness) 있는 정당성과 권위를 확보하게 된다. 바로 현존재는 '세계-내-존재(In-der-welt-sein)'로서 관계를 통해 실현되기 때문이다.

2.2 반고 이야기와 장소

중국 신화도 마찬가지다. 중국의 창조 신화에 등장하는 반고(盤古)는 천지를 개벽한 인물이고, 혼돈(混沌)에 시간과 공간의 질서를 부여한 존재이다. 반고는 삼국시대 서정(徐整)의 『삼오역기(三五歷紀)』에 처음 등장한다. 이어서 임방(任昉)이 편찬한 『술이기(述異記)』에 등장하면서 반고가 죽어 천지만물이 탄생함을 이야기한다.

처음에 하늘과 땅은 달걀처럼 생긴 혼돈이었다. 여기서 반고는 태어났다. 그리고 1만 7~8천년이 지난 후에 천지개벽이 있었다. 알의 밝은 부분인 양청(陽淸)은 하늘, 알의 누런 부분인 음탁(陰濁)은 땅이 되었다. 반고가 죽은 뒤 머리와 팔 다리는 오악(五岳)으로, 눈은 해와 달로, 기름은 강과 바다로, 털은 풀과 나무가 되었다. 입김은 비바람이 되고, 음성은 천둥이 되고, 눈빛은 번개와 벼락이 되었다. 눈을 뜨면 낮이고 감으면 밤이다. 입을 열면 봄, 여름이고, 다물면 가을, 겨울이다. 기분이 좋으면 날이 맑고, 화를 내면 흐렸다.

반고도 마고 할미처럼 인류를 위해 자신의 몸으로 천지를 창조했다. 그의 머리는 동악인 태산(泰山), 두 발은 서악인 화산(華山), 왼팔은 남악인 형산(衡山), 오른팔은 북악 항산(恒山), 배는 중악인 숭산(嵩山)이 되었다. 오악은 중국을 대표하는 정신적 영산(靈山)이다. 반고 신화도 단군 신화처럼 공간을 장소로 바꾼 이야기다. 신화 특히 원시 신화는 주변 세계(그 가운데 공간도 있다)를 자신들의 인식을 기초로, 초현실적 상상을 가미하여 인위적으로 해석했다. 여기서 공간은 장소로, 무의미한 존재는 유의미한 존재로 탈바꿈했다.

그런데, 혼돈(混沌)의 입장에서 생각해 보면 상황이 조금 달라진다. 누구에게나 입장이 있다. 그 입장은 바로 그가 서 있는 장소와 관련된다. 혼돈에 시간과 공간의 질서를 부여했지만, 그것은 어디까지나 혼돈을 배제시킨 행위이다. 혼돈의 입장에서 보면, 혼돈은 무질서가 아니다. 타자의 눈으로 보기에 혼돈은 무질서일지 모르지만, 혼돈은 혼돈 그 자체이고, 혼돈은 혼돈 그 자체로서 가치가 있다.

혼돈은『장자』응제왕편에 등장한다. 혼돈은 중앙에 사는 신이다. 남해에는 숙(儵), 북해에는 홀(忽)이라는 신이 살았다. 숙과 홀이 혼돈에게 융숭한 대접을 받고, 그 보답으로 인간이 가진 일곱 개의 구멍을 혼돈에게 만들어 주었다. 먹고, 듣고, 마시고, 숨 쉬고, 볼 수 있는 일곱 개의 구멍이 없는 혼돈은 타자의 눈으로 보기에 무척이나 불쌍했다. 하지만 일곱 번째 구멍을 만들자 혼돈은 죽었다. 혼돈을 혼돈이게 하는 것이 파괴되었기 때문이다.

나의 장소는 타자에게 공간으로 존재할 수 있다. 그 장소를 타자의 눈높이에 맞춰 그들의 장소로 만들면, 나의 장소는 죽는다. 비록 혼돈은 인간의 장소로 재탄생했지만, 혼돈의 장소는 사라졌다. 하이데거식으로 표현하자면 다른 사람에게 지배되는 현존재는 죽어야 할 운명. 여기서의 죽음은 장소에 있음을 포기하는 절대적 지평, 현존재의 마무리이지만, 하이데거도 장자처럼 죽음을 모든 것의 종결로 생각하지 않았다. 죽음은 존재의 또 다른 방식이다. 그러기에 중요한 것은 바로 '거기(da)'라는 장소성이고, 장소성의 상실은 혼돈처럼 지금-여기에서 종말을 고하는 것이다.

신화 속 장소는 지극히 주관적 관점의 산물이다. 하이데거는 사람은 자신이 사는 곳과 분리될 수 없다고 강조했다. 그래서 "장소는 인간 실존이 외부와 맺는 유대를 드러내는 동시에 인간의 자유와 실재성의 깊이를 확인하는 방식으로 인간을 위치시킨다."고 했다.[4] 신들의 이야기를 만든 인간도 자신이 사는 곳과 분리해서 신화를 만들지 않는다. 남해의 숙도 북해의 홀도, 심지어 중앙의 혼돈도, 저마다의 장소로서 존재하는 공간은 서로에게 교차되면서 다양한 가치와 의미를 갖는다. 세

---

4   에드워드 렐프(2017), 25쪽.

계는 상대적이다. 그러기에 '세계-내-존재'로서 장소가 현존재에게 유의미하다.

2.3 마우이(Maui) 이야기와 장소

단군과 혼돈의 전설이 있는 한국과 중국으로부터, 단군 후손 가운데 일부가 떨어져 나갔는지 아니면 반고의 사체 일부가 흘러갔는지, 기원 전 수세기에 아시아에서 이주한 사람들이 있다. 폴리네시아(Polyne-sia) 사람들이다. 이들의 거주 지역은 중심에 타히티, 북쪽에 하와이 제도, 서남쪽에 뉴질랜드, 동남쪽에 이스터 섬, 서쪽에 사모아와 통가 등이다. 북쪽의 하와이 제도, 서남쪽의 뉴질랜드, 동남쪽의 이스터 섬, 서쪽의 사모아와 통가 등이다. 한국과 중국의 신화에 이어 이들의 신화에도 장소와 관련하여 흥미로운 사실이 담겨 있다.

디즈니 애니메이션 〈모아나 Moana〉(2016)로 널리 알려진 마우이는 폴리네시아 신화에 등장하는 신이다. 신화 속에 마우이는 히나(Hina)의 다섯째 자식으로 태어났다. 마우이는 형들과 함께 바다 속에 있는 카우니호하키(Ka-uni-ho-haki)의 늙은 이빨(Old One Tooth)을 당겼다. 그때 형 하나가 뒤를 돌아보게 되니 커다란 땅이 솟아오르고, 이를 보고 놀라 도망치니 노는 놓치게 되고 낚시 줄은 끊어졌다. 하지만 마우이는 커다란 땅을 낚았다. 이것이 폴리네시아의 섬이다. 다른 이본들을 보면, 땅을 낚아 올릴 때, 형 하나가 (뒤를 돌아보지 말라는 경고를 어기고) 뒤를 돌아봤다. 그러자 고기는 도망가고, 이로 인해 섬들이 뿔뿔이 흩어지게 되었다고 전한다.

공통된 이야기는 마우이가 폴리네시아 섬들을 낚아 올렸다는 것이다. 하나인 땅이 여러 섬으로 분리됐지만 이들은 하나다. 마우이 신화

는 폴리네시아 사람들의 바람을 담고 있다. 신화는 공간적으로 분리
된 자신들의 상황을, 하나로 연결된 장소로 확인하려는 염원을 담고
있다.

신화를 만든 사람들은 마우이 신화와 연결하여 자신의 장소에 권위
를 부여했다. 모양이 마우이의 상반신 뒷모습을 닮았다고, 하와이 마
우이 섬은 이름이 마우이다. 또 신화에서 마우이는 아주 큰 물고기를
낚았다. 하와이에서는 그것이 하와이 섬이고, 뉴질랜드에서는 그것이
'마우이의 물고기' 뉴질랜드 북섬이다.

폴리네시아는 많은 섬들이란 뜻이다. 오세아니아 동쪽에 분포하는
수천 개의 섬, 태평양의 반을 차지할 정도로 광대한 영역에 폴리네시
아인들이 살고 있지만, 이들은 마우이 신화를 통해 자신들의 공간적
한계를 장소성으로 극복한다. 실제 이들은 현저한 동질성을 갖고 있
다. 형질적으로는 명확한 단일 인종을 형성하고, 문화적으로는 최북단
하와이의 카나카족의 언어와 남서단 뉴질랜드의 마오리족의 언어가
통할 정도다. 이처럼 누구나 자신이 사는 공간을 의미 있고, 가치 있는
장소로 만들고자 한다. 그것은 "모든 민족에게 환경은 단순한 자원을
넘어 깊은 정과 사랑의 대상이자 기쁨과 확실성의 원천이기" 때문이
다.[5]

신화는 상상력의 산물이지만 현실에 기초한다. 신화는 공간을 장소
화하지만, 주어진 공간의 특징에 기초하여 완성된다. 하이데거는 경험
을 넘어서는 초월적인 개념으로서의 존재를 인정하지 않았다. 마우이
신화는 폴리네시아라는 특정한 장소에서 자신들의 한계를 극복하려는
경험 위에, 자신들의 염원을 담고 있다. 폴리네시아 사람들은 마우이

---

5   이-푸 투안(2011), 12쪽.

신화를 통해 "현존재는 그가 어디에(woran) 놓여 있는 지를, 다시 말해 그의 존재 가능이 어떤 상황에 어디에 놓여 있는지를"[6] 이야기하고 있다.

3. 현대 신화와 장소

3.1 달의 신화, 공간의 장소화

"달아달아 밝은 달아 이태백이 놀던 달아" 애석하게도 달에서는 이태백이 논 적도, 토끼가 방아를 찧은 적도 없다. 우리는 우리가 믿고 싶은 것만 믿고, 믿지 못할 것은 그럴듯한 이야기로 만들어 믿으려 한다. 신화 속 이야기가 바로 그렇다.

고대에 달은 상아(嫦娥)가 살던 곳이다. 『회남자(淮南子)』에 따르면, 전설적인 궁수 예(羿)의 아내인 상아는 서왕모(西王母)에게 둘이 먹으면 불로장생하고, 혼자 먹으면 신선이 된다는 불사약을 받았다. 불사약을 혼자 먹은 상아는 몸이 가벼워져 달나라까지 날아갔고, 달에서 신선이 되어 광한궁(廣寒宮)에서 살게 되었다. 후세에 이 이야기는 달에 계수나무가 있고, 토끼가 떡방아를 찧는다는 식으로 확장되었다. 이처럼 중국 사람들은 달이라는 공간을 장소로 만들었다. 자신들이 아는 인식의 범주 내에서, 자신들과 유의미한 관계를 가진 장소로 만들었다.

그런데 얼마 전, 중국은 상아 4호를 지구 밖으로 쏘아 올렸다. 상상

---

6   마르틴 하이데거, 『존재와 시간』, (이기상 옮김, 까치, 2007), 200쪽.

이 만든 신화 속 인물이 아니라, 과학 기술이 만든 상아가 달에 도착했다. 그것도 지금까지 인식할 수 없었던 달의 뒷면에 말이다. 하나 더, 지구의 '위성'인 달의 뒷면을 탐사하기 위해 오작교라는 '인공위성'을 띄워 상아가 달에 도착하도록 했다. 견우와 직녀를 만나게 한 오작교로 달과 상아를 만나게 했다. 지구의 위성을 탐사하는데, 인간이 만든 인공위성이 커다란 조력자 역할을 했다.

고대 중국인들의 신화에 나오는 상아와 오작교는 과학 기술의 발달로 달이라는 공간을 현대인들에게 또 다른 장소로 만들었다. 이제 달이라는 공간에 또 하나의 장소가 더해졌다. 서왕모의 불사약을 먹고 달나라로 가버린 상아는 인류 최초로 달 뒷면에 착륙한 상아 4호가 되었고, 칠월칠석에 견우와 직녀의 만남을 잇는 까마귀 다리는 달 궤도를 도는 통신위성이 되어 상아 4호와 지구와의 교신을 이어주는 작교(鵲橋 췌차오)가 되어 현대인들에게 새로운 장소로서 달을 각인시켰다.

그럼, 달에 대한 신화는 끝났을까? 그리고 장소화는 마침표를 찍었을까? 하이데거의 생각을 확장하자면, 특정한 장소에 특정한 방식으로 존재하는 현실적 존재인 현존재에 의해 장소는 존재하고, 현존재의 끝과 함께 현존재의 장소도 끝난다. 그리고 이러한 행위는 또 다른 현존재에 의해 지속된다. 그래서 절대 공간 위에 상대적이고 주관적인 각자의 장소가 켜켜이 쌓인다. 지금, 달이란 공간 위에 고대 상아가 살았던 신화의 장소와 상아 4호의 장소가 퇴적되어 공존하는 것처럼, 달이라는 공간은 인류의 바람과 소망에 따라 다양한 장소로 존재할 것이다. 그래서 기존의 많은 신화처럼, 인류는 또 다른 신화로 공간을 자신만의 장소로 바꿀 것이다.

3.2 장소의 확장, 신화의 둔갑

속된 말로 '뻥'이라고 말하는 과장은 그것이 크면 클수록 잘하는 것이다. 이러한 과장에는 양면성이 있다. '상상력'과 '거품'이다. 신화는 이러한 경계에서 교묘하게 군중에게 최면을 건다. 현대 사회의 광고는 이미 이러한 전략을 충분히 잘 실현하고 있다. 장 보드리야르(Jean Baudrillard)는『소비의 사회』에서 이러한 문제를 '소비'라는 각도에서 접근했다. 그가 말한 '기호'를 소비하는 새로운 자본주의 사회가 바로 소비의 사회이다. "만약 사람들이 문자 그대로 소비할(전부 사고, 모조리 먹어치우고, 소화한다) 뿐이라고 한다면 소비는 신화가 되지 않을 것이다."[7] 또 다른 신화의 탄생이다.

장 보드리야르는 소비와 소비를 둘러싼 우리의 현실을 비판했지만, 우리의 현실은 훨씬 다양하고 복잡한 형태로 신화를 만들고 있다. 그리고 여전히 과장의 양면성에서 교묘히 줄타기를 하며, 자기에게 이로운 쪽으로 마음을 옮기고 있다.

마우이 신화가 전해 내려오는 하와이도 그렇다. 와이키키 해변 (Waikiki Beach)에 즐비하게 늘어선 화려한 호텔과 해변 위의 연인들, 세계적인 관광지와 휴양지로 하와이를 떠올리는 것은 또 다른 형태의 신화가 소비와 기호와 관련하여 존재하고 있다는 보드리야르의 지적과 통한다. "3면 기사는 단순한 하나의 범주가 아니라 우리들의 주술적 사고, 우리들의 신화적 축이 되는 범주이다. 이 신화는 현실, '진실'과 '객관성'의 한층 더 탐욕스러운 요구 위에 입각하고 있다."[8] 하와이는

---

[7]   장 보드리야르, 『소비의 사회(그 신화와 구조)』, (이상률 옮김, 문예출판사, 1992), 301쪽.
[8]   같은 책, 26쪽.

1959년 8월 21일 미국의 50번째 주로 정식 편입되었다. 하지만 하와이 원주민들의 삶은 릴리우오칼라니(Liliʼuokalani) 여왕이 미국인들에 의해 추방되고, 하와이 왕국이 멸망되고, 미국에 의한 통치와 착취가 진행되면서 상처를 받았다. 원주민은 미국에 의한 피해와 아픔을 언급하는 데 이것은 하와이가 가지고 있는 속살이다.

하와이만 그런 것이 아니다. 거대 건축물로 장식된 현대 도시도 그렇다. 과거에는 도시라는 공간에 사상을 가미하여 장소를 만들었다. 음양오행같은 사상으로 계획된 북경은 고대 중국인들이 생활하는 공간의 장소화였다. 신의 축복이 가득하고, 신의 축복을 받은 천자가 천하를 다스릴 것이라는 사상에서 이루어진 도시 계획이다.

황제와 천하, 음양오행과 사상은 민중과 국가, 발전과 경제로 변했지만, 신화는 지금도 여전하다. 특히 2008년 북경 올림픽을 전후해서 북경에 세워진 건축물은 자금성이나 만리장성이 가진 역사적 의미와 무관하지 않다. 바로 통치자가 거주하는 곳으로서의 명맥을 잇는 것이다. 자금성 동쪽 왕부정(王府井)에 2006년 홍콩 재벌 이가성(李嘉誠)이 잠실 종합운동장 13배 크기로 지은 '동방광장(東方廣場)'이나, 북경 수도공항 제3청사도 축구장 170개 넓이다. 황제가 머물던 자금성을 남과 북으로 가로지르며 동과 서를 구분하는 축선은 여전히 의미심장하게 사용된다. 남쪽에는 모택동(毛澤東)기념관, 북쪽에는 북경 올림픽 주경기장이 위치해 있기 때문이다. 덤으로 중국인들은 새롭게 가공된 축선에서 '용'을 읽어내기도 한다.

이것은 신화다. 황제의 권력을 잇는 국가 권력의 위엄과 권위를 보여주는 그래서 공간에 다양한 이미지를 부가하는 또 하나의 신화다. 중국은 소수 민족과 내부의 분열 요소를 제거하고 하나의 중국을 유지해야 한다. 더불어 과거 조공하러 오는 사신에게 위압감을 주며 중화의 권위를 드러내야했던 것이 교묘하게 작용하였다.

중국만 그럴까? 경복궁과 근정전 터를 잡는 데 동원된 풍수의 명당 논리도 우리 생각처럼 '사람이 살기에 좋은 또는 편안한 땅을 찾기 위한 이론'이 아니었다. 오히려 '누구도 범접하기 어려운 권위 있는 공간 찾기 이론'이었다.[9] 공간을 장소로 만들면서 지배와 피지배의 논리가 자연스레 들어가고 신화로 마무리된다.

광화문 광장을 바꾼다는 것도, (거주하는)사는 집이 (사고파는)사는 집으로 바뀐 것도, 높이 치솟은 아파트가 방방곡곡 자리를 차지하는 것도, 한국이라는 공간에 짓는 장소가 비정상적으로 수도권에 몰려있는 것도, 지금 우리는 계속해서 공간에 신화를 더하고 있다. 지금 우리가 아니라고 말해도, 먼 훗날 그들은 우리가 신화에 취해 살았다고 말할 것이다. 어쩌면 과거와 현재, 중국과 한국과 폴리네시아가 시공간만 바뀌었지, 그 본질은 신화 속에 가려져 계속 유전되고 있는지 모른다. 장소의 확장이고, 신화의 둔갑이다.

공간의 장소화는 지속된다. 그러면서 시간과 공간의 연결축으로 장소에서 각자의 의미 세계를 구축하려고 노력할 것이다. 그 의미 세계는 하이데거가 말한 세계-내-존재와 연계된다. 하와이의 화려함을 꾸미는 호텔과 해변도, 북경의 축선에 지어진 고대와 현대의 건축물도 그리고 한국의 대도시도 '거기(da)'에서 '현존재(dasein)'로 장소화하려는 틀을 벗어나지 못한다. "현존재는 자신이 여지를 만든 공간으로부터 자신이 보유하고 있는 '장소'로 돌아오는 방식으로 자신의 소재

9   이기봉, 『임금의 도시』, (사회평론, 2017), 133쪽.

를 규정한다."는 하이데거의 지적처럼.[10]

3.3 경계의 확장, 끝없는 장소화

과학 기술의 발전은 현상학의 발전을 촉발했다. 하이데거는 "자기 자신을 내보이는 그것을 그 자체에서부터 자기 자신을 내주고 있는 바 그대로 그 자체에서부터 보이게 해줌"이라고 했다.[11] 현상의 올바른 이해는 그 내용의 의미, 관련의 의미, 이행의 의미를 포함하여 이해해야 한다고 보았다. 그렇다면 이러한 것들을 통해 허무맹랑한 신화와 전설 같은 이야기는 종식을 고했을까?

 이것은 우리의 자만에 불과하다. 인간은 자신의 인식 범위를 넘어 생각하지 못한다. 뛰어봐야 부처님 손바닥 안이다. 마치 어항 속 물고기가 어항 안의 세계가 전부인 양 착각하듯, 인간도 인간에게 주어진 육체적·정신적 한계를 극복할 수 없다.

 롤랑 바르트(Roland Barthes)가 『현대의 신화』에서 예로든 우리가 상상했던 화성인이 너무나 인간적인 것처럼, 우리 선조들이 상상했던 세계도 너무나 인간적이었다. 하이데거도 경험을 넘어선 초월적 개념의 존재를 상정하지 않았다. 하이데거의 생각처럼 세계는 시간과 공간으로 형태를 얻게 된다. 그러면서 시간과 공간의 경계에서 우리는 경험 이상을 넘어서지 못한다. 세계의 형태는 제한적이고, 상대적이다.

 행여 그때는 틀리고 지금은 맞다고 주장할지 모르지만, 지금도 머지않아 그때가 된다. 같은 방식으로 여기는 장소고 거기는 공간이라고 주장

---

10 에드워드 S. 케이시, 『장소의 운명: 철학의 역사』, (박성관 옮김, 에코리브르, 2016), 507쪽.

11 마르틴 하이데거(2007), 34쪽.

할지 모르지만, 주체인 내가 사라지면 나의 장소는 나와 더불어 사라진
다. 현존재가 세계-내-존재의 관계를 통해 실현되듯, 장소도 공간-내-
존재를 통해 탄생한다. 공간은 여전히 존재하고, 누군가에 의해 장소로
탄생할 것이다. 그래서 장소의 본질에는 시간, 인간, 경험이 겹쳐진다.

신화도 마찬가지다. 신화는 경계를 확장하여 존재한다. 인류는 끊임
없이 이야기를 만들고, 이를 믿고, 즐기고, 부정하고, 부수고, 다시 만
들며 위로받는 과정을 외연의 확장 속에 지속하고 있다. 이는 인간의
본성이다.

아시아에 '남은' 한국과 중국의 신화에서도, 아시아에서 '이주한'
폴리네시아의 신화에서도, 자신들이 사는 공간을 장소로 만든 이야기
를 확인할 수 있었다. 우리는 우리의 장소를 벗어나 생각하지 못하기
에 알 수 없지만, 어쩌면 기원전 수세기 때 폴리네시아인들은 고향을
떠나오면서, '낯선 공간' 보다 '익숙한 장소' 로 돌아가는 신화를 만들
었을지 모른다.

렐프는 "우리들에게는 바위와 나무이지만 원주민에게는 조상과 영
혼으로 경험되는 신화적 역사의 기록이다."라고[12] 말했다. 이 말은 일
부는 맞고 일부는 틀리다. 맞다는 것은 지금의 관점이고, 틀리다는 것
은 시간과 공간의 경계를 넘어서 생각한 관점이다. 우리도 또 다른 누
군가에게 원주민처럼 보일 수 있기 때문이다. 그래서 원주민의 실존
공간은 '신성하고' 상징적인 반면, 기술적이고 산업화된 문화의 실존
공간은 '지리적' 이며 기능적·실용적인 목적에 의미가 있다고 한 것도
신화다. 결국 각자의 입장에서 보는 것이고, 이러한 과정 속에 공간의

장소화는 경계를 허물며 진행된다.

　　그래서 아리스토텔레스가 『자연학(Physics)』에서 "장소의 힘은 주목을 받을 것이다."는 말은 여전히 유효하다. 그 이유는 케이시의 말에서 찾을 수 있다. "시간과 공간에 대한 진실이 무엇이든 장소에 관해서라면 확실히 말할 수 있는 게 있다. 요컨대 우리는 장소 안에 푹 잠겨 있고, 그래서 장소 없이는 아무것도 할 수 없다. 무릇 존재한다는 것은, 즉 어쨌거나 실존한다는 것은 어딘가에 존재한다는 것이고, 어딘가에 존재한다는 것은 어떤 종류의 장소 안에 있다는 것을" 말하기 때문이다.[13] 투안도 장소는 인간 실존이 외부와 맺는 유대를 보여주는 동시에 인간의 자유를 확인해 준다고 본다. 이처럼 우리가 하는 모든 일이 장소와 무관하지 않기에 신화를 통한 공간의 장소화는 지속될 것이다.

4. 공간, 장소, 신화

공간은 신화를 통해 창조된 것이 아니다. '몰랐던' 공간이 내게 의미 있는 장소로 탈바꿈한 것이다. 신화는 인간(人間)과 공간(空間)과 시간(時間)의 '사이[間]'을 연결한다. 현실과 비현실의 사이, 신과 인간의 사이, 나와 너의 사이, 여기와 저기의 사이, 어제와 오늘의 무수한 사이를 인간이 가늠할 수 있는 인식의 범위에서 그럴듯하게 잇는다. 이것은 동물들이 자신의 영역을 표시하는 노력만큼 본능적이었다. 왜 중국의 황제는 중앙의 자리를 차지해야 하는지, 왜 하늘을 기리는 제단은 남쪽에 자리해야 하는지…. 이는 절대 권력의 권위와 위엄을

13　에드워드 S. 케이시(2016), 13쪽.

빛나게 하며, 곳곳의 공간에 거대한 혹은 기념비적인 장소를 세웠다.

　물론 개체만이 아니다. 집단을 이루어 한 장소에 살고 있는 군체(群體)도 마찬가지다. 바로 천하(天下)라는 장소의 역사적 변천에서 확인할 수 있다. 근대를 거치면서 만주족 청에서 벗어나 중화의 정통성을 계승하려는 대한제국, 동남아시아로의 확장을 기획한 월남, 제국의 확장을 노린 일본 등에 의해, 중원(中原) 중심인 중화(中華)의 천하는 각자의 상황에 맞게 해석되어 자신의 공간에 장소의 권위를 더하였다.

　신화 속 장소에 비춰진 인간의 욕구와 욕망은 여전하다. 신화에선 인간의 특성이 곳곳에서 발견되고, 각자 상황에 맞게 발전해 왔다. 그래서 "자연과 사람의 세계를 일관된 체계로 엮으려는 욕망은 어디서나 볼 수 있다"고[14] 말할 수 있다. 이것은 어디까지나 자기가 있는 장소에 국한되어 일어난다. 그래서 하이데거의 철학도 "상황을 떠난 철학은 없다. 시간과 공간을 벗어난 모든 시대의 전 인류를 위한 철학이란 없다"고 평가되는지 모른다.[15] 케이블도 철학이 시작할 수 있는 유일한 장소는 '여기, 사물들 가운데'라고 했다.[16] 신화를 통한 공간의 장소화는 개인이든 집단이든, 인간은 '자기'를 중심에 두고 세계를 지각하는 경향이 있기 때문이다.

　공룡이 살았을 때, 호랑이가 살았을 때, 인류가 살았을 때, 로봇이 있을 때…. 고구려인이 말 달리던 벌판, 여진족이 살았던 벌판, 만주족 청나라가 다스리던 벌판, 혼란기 무주공산의 벌판…. 각자의 장소는

14　이-푸 투안(2011), 42쪽.
15　이기상 편저, 『하이데거 철학에의 안내』, (서광사, 1993), 113쪽.
16　제프 말파스, 『장소와 경험-철학적 지형학』, (김지혜 옮김, 에코리브로, 2014), 54쪽.

누구의 공간에 불과했고, 누구의 공간은 누구의 장소였다. 그러면서도 누구의 장소는 또 다른 누구의 장소이기에 목숨 걸고 지켜야 할 소중한 장소였다. 인간의 감정과 인위적 요소가 가미되어 공간은 장소로 바뀌었다.

고대 신화든 혹은 현대 신화든 그 신화 속에는 끊임없는 이항 대립이 존재한다. 앞으로도 인류는 여기 지금을 벗어나지 못하기에, 이곳에 지금의 신화를 만들며, 공간을 자신만의 질서에 기초하여 장소로 만들 것이다. 그러므로 어떠한 형태의 이항 대립이든 그것은 서로의 충돌과 갈등으로 이어질 가능성이 크다.

과거 공간 장악 능력이 우수했던 칭기즈칸이 넓은 장소를 정복했던 것처럼, 공간 장악력이 확대된 오늘날 지역 전쟁이 세계전쟁으로 확대된 것처럼, 단군 이야기가 꽃피운 땅에 김씨 가문의 신화가 싹튼 것처럼, 반고 이야기가 자라난 땅에 중국특색 사회주의라는 신화가 움튼 것처럼, 마우이 이야기를 품은 땅에 원주민을 억누르는 미국의 신화가 만개한 것처럼, 인류의 공간 장악은 계속해서 확장될 것이고, 공간이 장소로 변하며 이해관계에 얽힌 충돌은 계속 일어날 것이다.

문제는 현재다. 현대에 이르러 교통 통신의 발달로 (상대적으로) 좁아진 공간에 대한 대립과 충돌, 분쟁이 잦아지고 있다. 원천적으로 해결할 수는 없다. 그나마 이에 근접한 방법이 있다면, 그것은 "공감하기 위한 노력"으로 자기의 입장에서만 보려는 자세에 대한 양보일 것이다. 이것은 "방문자의 환경 평가는 미학에 기울어져 있는 외부인의 시각이다. 외부인은 미에 대한 공식 규준에 따라 외관을 보고 판단할 뿐이다. 거주자의 삶과 가치에 공감하려면 특별한 노력이 필요하다"는[17]

---

17   이-푸 투안(2011), 106쪽.

주장처럼 각자의 시각과 입장을 뒤로하고, 역지사지(易地思之)하여 생각해 보려는 노력을 요청한다. 공감하기 위한 노력은 중첩된 장소에서 발생할 분쟁과 충돌을 해결할 단초이다.

신화는 인간이 만든 창조물이고, 장소는 인간이 만든 공간이며, 인간은 각자의 장소에 존재한다. 결국 인간이 중심이다. 인간이 중심이 되어 신화를 만들고, 공간을 장소로 만들며 자신의 장소에서 생사소멸(生死消滅)한다.

인간은 믿고 싶은 것만 믿고, 믿지 못할 것은 신화로 만들어 믿으려 하기 때문에 앞으로도 신화를 동반한 장소화는 계속될 것이다. 이때 우리가 잊지 말아야 할 것은 바로 온갖 신화로 덧칠된 이 공간은 나만의 장소가 아니라는 사실, 그리고 공존을 위해 공감하기 위한 노력이 필요하다는 역사의 가르침이다.

〔김덕삼〕

*이 글은 2019년 10월 부산대학교 한국민족문화연구소에서 간행하는 『로컬리티 인문학』에 실린 「장소화의 양상과 의미 탐구 − 신화 공간을 중심으로」를 수정 보완한 것이다.

[참고문헌]

가토 요코 지음, 박영준 옮김, 『근대 일본의 전쟁 논리』, 태학사, 2003.

가토 요코 지음, 양지연 옮김, 『왜 전쟁까지』, 사계절, 2018.

가토 요코 지음, 윤현명·이승혁 옮김, 『그럼에도 일본은 전쟁을 선택했다』, 서해문
집, 2018.

고정희(2011), 『신의 정원, 나의 천국』, 나무도시.

경상북도독도사료연구회 편, 『『竹島問題100問100答』에 대한 비판』, 경상북도,
2014.

김경희(2016), "패스트푸드 브랜드 개성에 따른 재포지셔닝 전략", 한국식생활문
화학회지 31(2): 121~30.

김기중, 『청록파시의 대비연구』, 고려대 대학원 박사, 1990.

김난도, 전미영, 이향은, 최지혜, 이준영, 김서영, 이수진, 서유현, 권정윤(2018),
『트렌드코리아 2019』, 미래의 창, 339~47.

김명기·이동원 공저, 『일본 외무성 다케시마 문제의 개요 비판』, 책과사람들,
2010.

김병익, 「사랑의 변증과 지성」, 『삼남에 내리는 눈』 해설, 민음사, 1975.

김성환(2008), 『17세기 자연 철학』, 그린비.

김용직(1996), 『한국현대시사』, 한국문연.

김태희, 윤지영, 서선희(2017), 『외식서비스 마케팅』, 파워북.

노명우(2010), "벤야민의 파사주 프로젝트와 모더니티의 원역사", 홍준기 엮음, 『발터 벤야민: 모더니티와 도시』, 라움.

농림수산식품부, 『녹색식생활 지침 개발 결과보고서』, 대한지역사회영양학회, 2010.

동북아역사재단 편, 『동아시아사 관련 참고 자료집』 비매품, 동북아역사재단, 2010.

모수미, 김창임, 이심열, 윤은영, 이경신, 최경숙(1986), "패스트푸드의 외식행동에 관한 실태조사-여의도아파트 단지를 중심으로-", 한국식생활문화학회지 1(3): 292~309.

문재원, 「문화전략으로서의 장소와 장소성」, 『장소성의 형성과 재현』, 부산대 한민족문화연구소, 2007.

박두진, 『그래도 해는 뜬다』, 어문각, 1986.

박목월, 『보랏빗 소묘』, 신흥출판사, 1958.

박목월 외, 『청록집』, 을유문화사, 1946.

박희성, 『원림, 경계 없는 자연』, 서울대학교 출판문화원, 2011.

배소영, 김동수, 김명종(2016), "패스트푸드 구매의도 유형에 따른 브랜드 이미지와 고객만족 차이 비교 분석에 관한 연구", 호텔리조트연구 15(4): 525~41.

배정한(2007), 『조경의 시대, 조경을 넘어』, 도서출판 조경.

서연선(2010), 『랭보의 시학』, 경상대학교출판부.

신강탁 외 편, 『사료로 보는 동아시아사』, 교육과학기술부, 2011.

신강탁 외 편, 『사료로 보는 세계사』, 교육과학기술부, 2011.

안자이 신이치, 최종희 옮김, 『신의 정원, 에덴의 정치학 – 영국 풍경식 정원의 미학』, 성균관대학교 출판부, 2005.

오경아(2010), 『영국 정원 산책』, 디자인하우스.

오세영, 「식민지문학의 상실의식과 낭만주의」, 『한국 근대문학과 근대시』, 민음사, 1996.

요시노 마코토 지음, 한철호 옮김, 『동아시아 속의 한일 2천년사』, 책과함께, 2005.

유인선 외, 『사료로 보는 아시아사』, 위더스북, 2014.

윤장섭, 『서양근대건축사』, 보성문화사, 1992.

이기봉, 『임금의 도시』, 사회평론, 2017.

이기상 편저, 『하이데거 철학에의 안내』, 서광사, 1993.

이영석, 민유기 외, 『도시는 역사다』, 서해문집, 2011.

이재선, 「집의 공간시학」, 『한국문학 주제론』, 서강대출판부, 1991.

이준규, 『영국 정원에서 길을 찾다』, 한숲, 2014.

이지혜, 김학선(2013), "패스트푸드 레스토랑 고객의 관여도, 고객 만족도, 브랜드 선호도간의 관계에 관한 연구", 관광학연구 37(8): 171~88.

이창남, 길로크 편저(2013), 『벤야민과 21세기 도시 문화』, 조형준 옮김, 새물결, 2018.

이형기, 「자연·생활·고향회귀」, 시집 『나그네』 해설, 미래사, 1996.

정기호 외(2013), 『유럽, 정원을 거닐다』, 글항아리.

최미경(2016), "2016년 식품소비행태조사 자료를 이용한 외식고객 가치체계 분석", 한국식품영양과학회지 47(3): 337~46.

최장근, 「일본 외무성의 독도 영유권 날조 방식」, 『한일군사문화연구』 25집, 2018.

한중일3국공동역사편찬위원회, 『한중일이 함께 쓴 동아시아 근현대사 2』, 휴머니스트, 2012.

현대송 엮음, 『한국과 일본의 역사 인식』, 유미림 옮김, 나남, 2008.

황동규, 『시전집 1』, 문학과지성사, 2003.

황희숙(2011), "DMZ, 어떻게 말할 것인가 – 생태운동을 위한 담론 전략", 『DMZ

연구』, 제2집, 1~30, 대진대학교 DMZ연구원.

황희숙(2016), "인공 지능 기술의 문화적 파장 – 토론자 리뷰", 2016 세계인문학포
　　럼, 세션 2-2.

Alexander, C.(2002), "The Garden as Occasional Domestic Space", Signs:
　　the Journal of Women, Culture and Society, 27(3): 467~85.

Andrea Kupfer Schneider(1998), Creating the Musee d'Orsay – The Politics
　　of Culture in France, The Pennsylvania State University Press.

Aragon, L.(1926), 『파리의 농부』, (오종은 옮김, 이모션북스, 2018).

Aristotle(1970), *Physica*, in McKeon, R. ed., The Basic Works of Aristotle,
　　New York: Random House.

＿＿＿＿(1970), *The Basic Works of Aristotle*, ed. and intro. by Richard McKe-
　　on, Random House, New York.

Arnold, D.(1996), 『인간과 환경의 문명사』, (서미석 옮김, 한길, 2006).

Attali, J.(1996), 『미로 – 지혜에 이르는 길』, (이인철 옮김, 영림카디널, 1997).

Augustinus(398), 『고백록(*Confessiones*)』, 최민순 옮김, 바오로딸, 2005.

Baschelard, G.(1957), 『공간의 시학(*La poétique de l'espace*)』, (곽광수 옮김,
　　동문선, 2003).

＿＿＿＿(1957), 『공간의 시학(*La poétique de l'espace*)』, (곽광수 옮김, 민음사,
　　1990).

Baudrillard, J.(1970), 『소비의 사회(그 신화와 구조)』, (이상률 옮김, 문예출판사,
　　1992).

Bauman, Z.(2000), 『액체근대(*Liquid Modernity*)』, (이일수 옮김, 강, 2005).

＿＿＿＿(2006), 『유동하는 공포(*Liquid Fear*)』, (함규진 옮김, 산책자, 2009).

＿＿＿＿(2007), 『모두스 비벤디(*Liquid Times*)』, (한상석 옮김, 후마니타스, 2010).

Benjamin, W., 『전집』, vol V.

Benoist-Méchin, J.(1975), 『정원의 역사 - 지상 낙원의 삼천 년』, (이봉재 옮김, 르네상스, 2005).

Bhatti, M. and Church, A.(2004), "Home, the Culture of Nature and Meanings of Gardens in Late Modernity", *Housing Studies*, 19/1 : 37~51.

Blanchot, M.(1955), 『문학의 공간(*L'espace littéraire*)』, (이달승 옮김, 그린비, 2010).

Buchmann, C.(2009), "Cuban Home Gardens and Their Role in Social-Ecological Resilience", *Hum Ecol*, 37 :705~21.

Buck-Morss, S.(1991), 『발터 벤야민과 아케이드 프로젝트』, (김정아 옮김, 문학동네, 2004).

Campbell, J.(1949), 『세계의 영웅 신화』, (이윤기 옮김, 대원사, 1991).

Casey, E. S.(1997), 『장소의 운명 : 철학의 역사』, (박성관 옮김, 에코리브르, 2016).

Cresswell, T.(2004), 『장소』, (심승희 옮김, 시그마프레스, 2012).

Davies, M. & Wallbridge, D., 『울타리와 공간』, (이재훈 옮김, 한국심리치료연구소, 1997).

de Botton, A.(2002), 『여행의 기술』, (정영목 옮김, 청미래, 2011).

Demeritt, D.(2002), "What is the 'social construction of nature'? A typology and sympathetic critique", *Progress in Human Geography* 26/6 : 766~89.

Descartes, R.(1641), 『방법서설·성찰, 데까르트 연구』, (최명관 역·저, 서광사, 1989).

_____(1984), *Principles of Philosophy*, tr. by V. Miller and R. Miller, Dortrecht : D. Reidel.

_____(1985a), Rules for the Direction of the Mind, in tr. by Cottingham, J., Stoothoff, R., Murdoch, D., *The Philosophical Writings of Descartes*, 2 vols., Cambridge: Cambridge University Press, vol. 1.

_____(1985b), *Principles of Philosophy*, in tr. by Cottingham, J., Stoothoff, R., Murdoch, D., vol. 1.

Dobbs, B.(1975), *The Foundations of Newton's Alchemy: The Hunting of the Green Lyon*, Cambridge: Cambridge University Press.

Dubos, R. J.(1980), 『지구는 구제될 수 있을까?』, (김용준 옮김, 정우사, 1986)

Einstein, A. and Infeld, L.(1938), 『물리는 어떻게 진화했는가(*The Evolution of Physics*)』, (조호근 옮김, 서커스, 2017).

Eliade, M.(2006), 『미로의 시련』, (김종서 옮김, 북코리아, 2011).

Ellard, C.(2015), 『공간이 사람을 움직인다』, (문희경 옮김, 더퀘스트, 2016).

Ferrier, J. L. 『20세기 미술의 모험』, (김정화 옮김, 도서출판 에이피인터네셔널, 1990).

Florida, R.(2017), 『도시는 왜 불평등한가』, (안종희 옮김, 매일경제신문사, 2018).

Galilei, G.(1974), *Two New Sciences*, tr. by Drake, S., Wisconsin: The University of Wisconsin Press.

Gilles Deleuze(1968), *Difference et Repetition*, (김상환 옮김, 동문선, 2003).

_____(1983) *Cinema 1 : L'Image-Movement*, (유진상 옮김, 시각과언어, 2002).

Gilles Deleuze, Felix Guattari(1980), *Mille Plateaux: Capitalisme et schizophrénie* 2, (김재인 옮김, 새물결, 2003).

Gilloch, G.(1996), 『발터 벤야민과 메트로폴리스』, (노명우 옮김, 효형출판, 2005).

Glaesser, E.(2011), 『도시의 승리』, (이진원 옮김, 해냄, 2011).

Gregg, M., Seigworth, G. J.(ed.)(2010), 『정동이론』, (최성희 외 옮김, 갈무리, 2015).

Grosz, E.(2001), 『건축, 그 바깥에서』, (탈경계인문학연구단 공간팀 옮김, 그린비, 2012).

Hardt, M.(2007), "Foreword: What Affects are Good For", Clough, P. T., Halley, J.(eds.), *The affective Turn*, Duke U.P.

Harvey, D.(1989), 『포스트모더니티의 조건(*The Condition of Postmodernity*)』, (구동회, 박영민 옮김, 한울, 2013).

Heidegger, M.(1927), *Sein und Zeit*, Max Niemeyer Verlag, Tübingen, 1972.

_____(1945), 「『형이상학이란 무엇인가』에 대한 서문(Einleitung zu 》Was ist Metaphysik?《, 1945」 in 『전집 9(*Gesamtausgabe* Band 9)』, Vittorio Klostermann, Frankfurt am Main, 1976.

_____(2007), 『존재와 시간(*Sein und Zeit*)』, (이기상 옮김, 까치, 2007).

Held, K.(1966), *Lebendige Gegenwart*, Martinus Nijhoff, 1966.

Husserl, E.(1913), *Ideen zu einer reinen Phänomenologie und phänomenologischen Philosophie*, erstes Buch, Martinus Nijhoff, 1976.

_____(1962), *Die Krisis der europäischen Wissenschaften und die transzendentale Phänomenologie*, Martinus Nijhoff, Den Haag. (『유럽학문의 위기와 선험적 현상학』, 이종훈 옮김, 이론과실천, 1993).

_____(1966), *Analysen zur passiven Synthesis, aus Vorlesungs- und Forschungsmanuskripten 1918-1926*, herausgegeben von Margot Fleischer, Den Haag, Martinus Nijhoff.

_____(1973), *Cartesianische Meditationen und Pariser Vorträge*, herausgegeben von und eingeleitet von Prof. Dr. S. Strasser. Haag, Martinus Nijhoff.

_____(1973), *Ding und Raum, Vorlesungen 1907*, Martinus Nijhoff, Den Haag, 1973. (『사물과 공간, 1907년 강의들』).

_____(1976), *Ideen zu einer reinen Phänomenologie und phänomenologischen Philosophie, erstes Buch allgemeine Einführung in die reine Phänome-nologie*, Martinus Nijhoff, Den Haag. (『순수 현상학과 현상학적 철학의 이념들-순수 현상학의 입문 일반』, 최경호 옮김, 문학과지성사, 1997).

_____(1981), "The World of the Living Present and the Constitution of the Surrounding World External to the Organism", tr. Elliston, F. and Langsdorf, L. in Elliston, F. and McCormick, P. eds., *Husserl: Short-er Works*, Notre Dame: Notre Dame University Press.

Jacobs, J.(1961), 『미국 대도시의 죽음과 삶』, (유강은 옮김, 그린비, 2010).

Janson, H. W.(1977), 『미술의 역사』, (권영필 외 옮김, 삼성출판사, 1992).

Kern, S.(1983), 『시간과 공간의 문화사 1880-1918』, (박성관 옮김, 휴머니스트, 2004).

Lefebvre, H.(1968), 『현대 세계의 일상성(*La Vie Quotidinne Dans le Monde Moderne*)』, (박정자 옮김, 기파랑, 2005).

_____(1991), 『공간의 생산(*The Production of Space*)』, (양영란 옮김, 에코리브르, 2011).

Leonardo Benevolo, 『세계도시사』, (윤재희 외 옮김, 세진사, 2003).

Levi-Strauss(1955), 『슬픈 열대』, (박옥줄 옮김, 한길사, 1998).

Lingis, A.(1994), 『아무것도 공유하지 않은 자들의 공동체』, (김성균 옮김, 바다출판, 2013).

Meghan R. Longacre, Keith M. Drake, Linda J. Titus, Lauren P. Cleveland, Gail Langeloh, Kristy Hendricks, and Madeline A. Dalton(2016). A toy story: association between young children's knowledge of fast food toy premiums and their fast food consumption. *Appetite*, Jan 1; 96, 473~80.

Malpas, J.(1999), 『장소와 경험(*Place and Experience: A Philosophical Topography*)』, (김지혜 옮김, 에코리브르, 2014).

Marcuse, P.(2006), "'도시'의 개념과 의미", Berking, H.(2006), 『국경 없는 세계에서 지역의 힘』, (조관연 외 옮김, 에코리브르, 2017).

Marsh, G. P.(1864), 『인간과 자연』, (홍금수 옮김, 한길사, 2008).

Massey, D.(1994), *Space, Place, and Gender*, Cambridge: Polity Press.

_____(2005), 『공간을 위하여』, (박경환, 이영민, 이용균 옮김, 심산, 2016).

Massumi, B.(2002), 『가상계』, (조성훈 옮김, 갈무리, 2011).

McKibben, B.(1980), 『자연의 종말』, (과학동아 편집실 옮김, 동아일보사, 1990).

Méchin, J. B., 『정원의 역사』, (이봉재 옮김, 르네상스, 2005).

Merchant, C.(1980), 『자연의 죽음』, (전규찬 외 옮김, 미토, 2005).

Merleau-Ponty, M.(1948), *Sens et Non-sens*, Editions Nagel, 1948.

_____(1962), 『지각의 현상학』, (류의근 옮김, 문학과 지성사, 2002).

Newton, I.(1953), *Opticks or A Treatise of the Reflections, Refractions, Inflections and Colours of Light*, New York: Dover Publications, Inc.

_____(1960), *Mathematical Principles of Natural Philosophy*, tr. by Motte, A.(1729), revised by Cajori, F., Berkeley: University of California Press.

Norberg-Schulz, C.(1971), 『실존, 공간, 건축』, (김광현 옮김, 태림문화사, 1994).

_____(1976), 『장소의 혼』, (민경호 외 옮김, 태림문화사, 1996).

_____(1986), 『건축의 의미와 장소성』, (이정국, 진경돈 옮김, 시공문화사, 1999).

Plato(1965), *Timaeus and Critias*, tr. by Lee, D., Penguin Books.

Pollan, M.(2009), 『세컨 네이처』, (이순우 옮김, 황소자리, 2009).

Relph, E.(1976), 『장소와 장소상실』, (김덕현·김현주·심승희 옮김, 논형, 2005).

Rogers, R.(1997), 『도시 르네상스』, (이병연 옮김, 이후, 2005).

Rovelli(2018), 『보이는 세상은 실재가 아니다(*Reality is not what it seems*)』, (김정훈 옮김, 이중원 감수, 쌤앤파커스, 2018).

_____(2019), 『시간은 흐르지 않는다(*The Order of Time*)』, (이중원 옮김, 쌤앤파커스, 2019).

Sandars, N. K.(1959), 『길가메시 서사시』, 1972(4th ed), (이현주 옮김, 범우사, 1978).

Segal R. A.(2004), 『신화란 무엇인가: 신화의 이론과 의미』, (이용주 옮김, 아카넷, 2017).

Short, J. R.(1989), 『인간의 도시』, (백영기 옮김, 한울, 2000).

Smith, P. D.(2012), 『도시의 탄생』, (엄성수 옮김, 옥당, 2015).

Snyder, G.(1990), 『야성의 삶』, (이상화 옮김, 동쪽나라, 2000).

Spinoza, B.(1675), *A Spinoza Reader: The Ethics and Other Works*, trans. by Edwin M. Curley, Princeton and Chichester: Princeton University Press, 1994.

Thoreau, H. D.(1854), 『월든』, (강승영 옮김, 이레, 1993).

Thrift, N.(2004), "감정의 심도: 감정의 공간 정치에 대하여", Berking, H.(ed.), 『국경 없는 세계에서 지역의 힘』, (조관연 외 옮김, 에코리브르, 2017).

_____(2010), "글래머의 물질적 실행에 대한 이해", Gregg, M., Seigworth, G. J.(ed.)(2010), 『정동 이론』, (최성희 외 옮김, 갈무리, 2015).

Tuan, Yi-Fu.(1974), 『공간과 장소』, (구동회·심승희 옮김, 도서출판 대윤, 2011).

_____(1976), 『토포필리아 – 환경 지각, 태도, 가치의 연구』, (이옥진 옮김, 에코리

브르, 2011).

Varela, F.(1984), 『앎의 나무(*Der Baum der Erkenntnis*)』, (최호영 옮김, 갈무리, 2015).

West, G.(2017), 『스케일』, (이한음 옮김, 김영사, 2018).

Westfall, R.(1971), *The Construction of Modern Science: Mechanisms and Mechanics*, New York: John Wiley & Sons, Inc.

_____(1993), 『프린키피아의 천재: 뉴턴의 일생』, (최상돈 옮김, 사이언스북스, 2001).

Wittgenstein, L.(1952), 『철학적 탐구』, (이영철 옮김, 책세상, 2006).

Wuketits, F. M.(1998), 『자연의 재앙, 인간』, (박종대 옮김, 시아출판사, 2004).

Young, D.(2012), 『정원에서 철학을 만나다』, (서정아 옮김, 이론과 실천, 2016).

공정거래위원회. 정보공개서 비교정보, http://franchise.ftc.go.kr/main/index.do. [2019.4.12.]

국립국어원. 표준국어대사전 https://stdict.korean.go.kr/[2019. 4. 12.]

데이터베이스「세계와 일본」홈페이지 (http://worldjpn.grips.ac.jp/indexPC.html).

매일경제, 40년 된 햄버거 패스트푸드 체인점 저렴한 한끼로 한국인의 '主食' 우뚝. [2019.2.12.]

일본 내각부 정부광보 홈페이지 (https://www8.cao.go.jp/intro/kouhou/).

일본 외무성 홈페이지 (https://www.mofa.go.jp/mofaj/).

NHK방송문화연구소 홈페이지 (http://www.nhk.or.jp/bunken/index.html).

Cambrige learner's dictionary (http://dictionary. combridge.org).

Eat out consumption Behavior. 2014. Available from: http://www.kfiri.org/ [2019. 5.]

[찾아보기]